EVELYN ROLL

Das Mädchen und die Macht

ANGELA MERKELS
DEMOKRATISCHER AUFBRUCH

ROWOHLT · BERLIN

1. Auflage Oktober 2001
Copyright © 2001 by Rowohlt · Berlin Verlag
GmbH, Berlin
Alle Rechte vorbehalten
Umschlaggestaltung any.way, Cathrin Günther
(Foto: Ute Mahler/OSTKREUZ)
Satz aus der Life PostScript PageMaker
Pinkuin Satz und Datentechnik, Berlin
Druck und Bindung Clausen & Bosse, Leck
Printed in Germany
ISBN 3 87134 429 X

Die Schreibweise entspricht den Regeln
der neuen Rechtschreibung.

*Je länger diese Debatte dauert, umso mehr verstärkt sich
mein Eindruck, dass wir wieder einmal die Grundzüge
unserer Demokratie miteinander besprechen sollten.*

(Angela Merkel im Deutschen Bundestag)

*Jeder Mensch erfindet sich früher oder später eine
Geschichte,
die er für sein Leben hält. Oder eine ganze Reihe
von Geschichten.*

(Max Frisch)

INHALT

Erstes Kapitel
DIE MUSTERSCHÜLERIN DER DEMOKRATIE

TEMPLIN 2001

Sie ist immer schon von draußen gekommen, aus einer anderen Welt. Und immer schon musste sie deswegen die Beste sein. Auf der anderen Seite der Mauer lebten Menschen, die sich für modern und fortschrittlich hielten, für klüger sowieso. Also galt es, die Regeln dieser Menschen zu analysieren und zu durchschauen, ihnen nicht zu verraten, was man sonst noch alles wusste, und: besser zu sein als alle anderen. So hat sie es gelernt als Kind. Tag für Tag. Und seither wiederholt sie das Muster dieser Kindheit. Man muss Angela Merkels Heimatort Templin gesehen haben, um das zu verstehen.

Trotzdem ist es seltsam, ausgerechnet an diesem Morgen noch einmal hinzufahren. Es ist der 29. Januar 2001. In Berlin haben sich Angela Merkel und Friedrich Merz zum Frühstück verabredet. Sie treffen sich im Büro der Parteichefin und versuchen zu retten, was noch zu retten ist. Nachher müssen sie vor das Parteipräsidium, erklären, wie die Sache mit dem Plakat und vor allem das große Durcheinander und Gezeter seither zustande gekommen ist. Sie müssen, das ist das Perverse an der Situation wie am politischen Geschäft in der Berliner Republik überhaupt, es also genau den Menschen erklären, die das Durcheinander und Gezeter selbst angerichtet haben.

Die Journalisten sind über das Wochenende wieder einmal fleißig gewesen. Und jeder der CDU-Granden, dem sie ein Mikrofon oder ein Ohr hingehalten haben, hat noch einmal etwas gesagt zu diesem Plakat und zum Führungsduo, das nicht funktioniert. Auf dem Plakat war der Kanzler der Republik als Rentenbetrüger von drei Seiten wie für ein Verbrecheralbum abgebildet. Es war der geschmacklose Fehlgriff eines Generalsekretärs, der in diesen Tagen selber von den meisten seiner Parteifreunde als Fehlgriff bezeichnet wird. Angela Merkel hat viel später einmal gesagt, dass es wohl ihr größter Fehler im ersten Jahr als Parteivorsitzende gewesen ist, dieses Plakat durchgehen zu lassen. Zur politischen Katastrophe, zum Sinnbild für Führungsschwäche im virtuellen Durchlauferhitzer einer Ereignisdemokratie aber wurde dieses Plakat erst durch die anhaltende, öffentliche Empörung der eigenen Partei und der CDU-nahen Medien.

Angela Merkels Popularitätswerte im Politbarometer stürzen dramatisch ab. Friedrich Merz kommt unter den zehn beliebtesten Politikern gar nicht mehr vor. Und auf den Fotos vom 29. Januar des Jahres 2001 sehen beide sehr unglücklich aus, nicht wirklich so, wie man sich die Parteichefin und den Fraktionsvorsitzenden einer großen deutschen Volkspartei vorstellt. Zwei brave Schulsprecher, die Krach bekommen haben mit den Großen und mit den Rüpeln in der eigenen Klasse, denen sie doch eigentlich nur gefallen wollten.

Man sollte in Berlin bleiben an so einem Tag und zuschauen, wie die Ventile des Dampfdruckkessels geöffnet werden, wie die Reflexe wieder einmal funktionieren. Mit der Meute würde man im Foyer der CDU-Parteizentrale an der Klingelhöferstraße lungern, warten, wer wann rauskommt und welches Gesicht er macht. Auch müsste man mit den Kollegen dringend durchsprechen, warum Angela Merkel wohl in der Pressekonferenz nach der Präsidiumssitzung mit diesem feinen, maliziösen Lächeln erzählt, Friedrich Merz habe in der Sitzung gesagt, dass die Fraktion eine dienende Funktion hat.

Vielleicht könnte man auch seinen Lieblingsinformanten kurz ansprechen oder ihm wenigstens signalisieren, dass man ihn nachher anrufen wird. Bestimmt sagt er doch noch etwas genauer als die Lieblingsinformanten der Konkurrenz, ob die

Beschimpfungen des bisher so zurückhaltenden CDU-Schatzmeisters Ulrich Cartellieri am Ende als Rücktrittsdrohung interpretiert werden müssen. Oder doch nur als Unvorsichtigkeit. Am Ende weiß so ein Mann, der seine Lebenserfahrung in der verlässlichen Welt der Wirtschaft gemacht hat, einfach nicht, dass man hinter den verschlossenen Türen des internen Führungskreises der Christlich Demokratischen Union noch nicht zu Ende gesprochen hat, schon ist alles draußen und im dpa-Ticker. Und dass man deswegen immer schön darauf achten muss, wer als Erstes zum Klo geht.

Wie lächerlich und unwichtig das alles wird, wenn man durch traurige, graue Ortschaften fährt, die Zehdenick heißen und Röddelin oder Hammelspring und Hindenburg. Der traurige, graue Osten beginnt gleich hinter dem traurigen, grauen Norden von Berlin. Im Winter, wenn die alles mildernde Natur sich karg gemacht hat und den Blick freigibt auf verwahrloste Höfe und Gärten, sieht man nur umso genauer: Hier ist die Zeit stehen geblieben. Die Menschen haben kein Geld. Sie haben keine Arbeit. Und sie haben keine Perspektive. Sie scheinen nicht einmal Farbe zu haben, um ihre Häuser zu streichen.

Berlin, das hochbeschleunigte, glitzernde, politische Berlin mit seinen virtuellen Skandalen und Sensationen, ist weit weg, wie auf einem anderen Stern mit einer anderen Geschwindigkeit. Sogar das Auto ist langsamer geworden. Weil der Lärm der Winterreifen auf dem alten Kopfsteinpflaster sonst den Sprecher von *InfoRadio* überdröhnen würde, der gerade berichtet, dass auch Volker Rühe von einem «großen strategischen Schaden» spricht, den das Plakat angerichtet hat.

Zwei Realitäten, die gleichzeitig geschehen und bloß achtzig Kilometer Autostraße voneinander entfernt sind. Und die doch nichts miteinander zu tun haben. Nur am Wahltag, wenn die Menschen aus Zehdenick und Hammelspring wieder einmal nicht hingegangen sind, wird es eine kleine Überschneidung geben. Ein kurzes Innehalten dahinten in Berlin, ein paar trocken hingeweinte Krokodilstränen. Und die für diesen Augenblick möglicherweise sogar ernst gemeinte Frage, was man tun könnte, um die Bürger draußen im Land und vor allem die jungen Menschen im Osten wieder für die Demokratie zu begeistern. Um sich dann mit noch größerer, besinnungsloser Wollust ins Laufrad zu stürzen. Und an Themen zu drehen, die mit den Menschen hier draußen überhaupt nichts mehr zu tun haben.

DIE LIEBE UND DER OSTEN

Templin ist anders als Röddelin und Hindenburg. Templin ist eine der schönsten Städte Brandenburgs, die *Perle der Uckermark*. So steht es auf dem Schild am Ortseingang. Und so sagt es Angela Merkel. Einmal habe ich sie nach dem Ort ihrer Kindheit gefragt, da leierte sie wie für den Heimatkundeunterricht auswendig gelernt herunter: «Templin ist die Perle der Uckermark, hat ungefähr 12 000 Einwohner, ist früher so eine Art Beamtenstädtchen gewesen mit seinem berühmten Joachimsthaler Gymnasium, hat eine wunderschöne Lage, hat neben Rothenburg ob der Tauber die besterhaltene Stadtmauer, ist ein Wegkreuz und hat für Kinder vielseitige Freizeitmöglichkeiten und viel Natur.»

Und dann schaut sie einen an, als sollte man jetzt sagen: Setzen. Danke.

So wie man über sie aufsagen könnte: Angela Merkel. Die steilste politische Karriere im Nachkriegsdeutschland. Von null auf hundert in zehn Jahren. Von der anonymen Doktorin der Physik zur Pressesprecherin des Demokratischen Aufbruchs und zur stellvertretenden Sprecherin der de-Maizière-Regierung. Von der einfachen Bundestagsabgeordneten zur Frauenministerin, zur ersten stellvertretenden Parteivorsitzenden der Bundes-CDU, zur Landesvorsitzenden der CDU in Mecklenburg-Vorpommern, zur Umweltministerin, zur Generalsekre-

tärin und schließlich zur ersten Chefin einer deutschen Volkspartei.

Hier also ist sie aufgewachsen. Am besten kann man die Topographie ihrer Kindheit von oben erklären, als Anflugskizze
oder über dem Stadtplan: In einer wunderschönen Landschaft
aus sanften Wiesen, dunklen Wäldern und geheimnisvollen
Seen, auf einer Art Halbinsel zwischen Kanal und Stadtsee, umgeben von einer dicken und gut erhaltenen Stadtmauer, liegt die
Altstadt von Templin. Sechs gerade Straßen längs, drei gerade
Straßen quer, macht 24 preußische Karrees aus geduckten,
hübsch renovierten und bemalten Fachwerkhäusern mit Blu-
menkästen vor den Fenstern. Auf dem frisch gepflasterten
Marktplatz in der Mitte sehr schön und frei stehend das Rathaus, drum herum beschauliche Läden und Cafés. Wirklich ein
schmuckes Städtchen, vor allem gemessen an der Tristesse der
umliegenden Dörfer. Als hätte jemand in all dem DDR-Elend
einen Mittelalter-Baukasten ausgepackt und sich große Mühe
gegeben, vor allem mit den prächtigen Stadttoren und Türmen
der Mauer und den hölzernen Segelschiffchen auf dem Stadtsee.

Wie ein Belagerungsfort mit einigem Sicherheitsabstand un-
terhalb der alten Stadtmauer und so groß wie ein eigenes, kleines Stadtviertel liegt der Waldhof, das Reich von Angela Merkels Vater, Pfarrer Horst Kasner. *Stephanus-Stiftung Waldhof,
Heimschule, Werkstatt für Behinderte, Röddeliner Straße 36*
steht auf dem Schild. Ein überraschend weitläufiges Gelände
aus lang gestreckten Steinbauten. Das verwinkelte Haupthaus
aus dem groben Steinmauerwerk des vorletzten Jahrhunderts
sieht ein bisschen aus wie ein alter Märklin-Bahnhof, auch die
Frakturschrift auf dem Emailleschild über dem Eingang
Waldhof könnte zu einer Bahnstation gehören. Es gibt eine
Förderschule für Geistigbehinderte – sie schreiben das dort tatsächlich in einem Wort: Geistigbehinderte –, es gibt eine
Schreinerei, Ställe mit Pferden, eine Gärtnerei, Gärten und

Werkstätten. Es gibt Hühner, einen gewaltigen Misthaufen, Seminarräume, eine Art Tagungshotel mit Unterkünften und einem Saal aus den zwanziger Jahren, der aussieht wie eine Pole-Poppenspäler-Bühne.

Das Reich des Vaters war ein Kirchenreich. Kein volkseigener Betrieb mit Planwirtschaft und Parteisekretär. Ein unabhängiger Kirchenbetrieb mit einem Fortbildungszentrum der evangelischen Kirche für Pfarrer und Prediger, das der Vater leitete, und einer Einrichtung der Inneren Mission für etwa 200 behinderte Menschen. Eine Art exterritoriales Gelände also zu DDR-Zeiten.

Mochten innerhalb der Stadtmauer von Templin die DDR-Kommunisten das Sagen haben. Mochten die anderen Kinder keine Ahnung haben, wer diese seltsame Leiche am Kreuz ist. Mochte es dort Lehrer geben, die sich über Pfarrerskinder lustig machten, weil christlicher Glaube doch reine Volksverdummung war, wissenschaftlich widerlegt und so was von unfortschrittlich. Einmal hat eine Schulfreundin der kleinen Angela vorgeschlagen, sag doch in Zukunft einfach immer: Fahrer. Dein Vater ist Fahrer, du bist die Fahrerstochter. Das wäre ja nicht direkt gelogen, nur ein bisschen anders betont.

Hier, im Reich des Vaters, galten die Werte des christlichen Abendlandes: Glaube, Ethik, Moral, Bildung. Hier gab es Bücher und Gespräche, die innerhalb der Stadtmauer verboten waren und die man deswegen geheim halten musste. Hier war von der Eigenverantwortung des Einzelnen die Rede und von bürgerlichen Werten, in denen humanistische Bildung, Geschichte und Kultur eine Rolle spielten. Von hier aus wurden die drei Kasner-Kinder jeden Morgen losgeschickt mit dem Auftrag der Mutter: Ihr müsst besser sein als alle anderen, sonst lassen sie euch niemals studieren.

Hinter der Mauer waren die anderen, denen man nicht sagen durfte, was man im Fernsehen erfahren hatte und welche Bücher die Eltern besaßen.

Auch dieses rätselhaft unschuldige, inzwischen schon beim Münchner Starkbieranstich besungene Pokergesicht der Angela Merkel, das im Fernsehen immer ein bisschen doof und arglos aussieht, lässt sich möglicherweise aus der Topographie ihrer Kindheit ableiten.

«Man durfte ja dem Lehrer auf keinen Fall erzählen, dass bei Pfarrers zu Hause der Westsender gesehen und auf Honecker geschimpft wurde, und auch nicht, was für Witze am Abendbrottisch erzählt wurden.»

Also hielt man dieses Gesicht bereit: Mein Name ist Kasner, sonst weiß ich von gar nichts.

Die Lebensphilosophie der Kasners war: Wir sind besser als die anderen. Wir haben die eigentlichen, die christlichen Werte. Mag sein, dass wir geächtet werden dafür. Mag sein, dass Mutter an deren Schulen nicht unterrichten darf, obwohl sie studierte Lehrerin ist für Latein und Englisch. Aber: Wir sind besser als die anderen. Was heute wie das frühe Übungsmantra für eine werteorientierte CDU im postmodernen Nirwana klingt, war damals das Muster einer Kindheit, das Muster einer Musterschülerin.

Als ein Lager würde sie der nächsten Generation die DDR beschreiben, hat Angela Merkel einmal gesagt: «Man konnte sich Freiräume suchen. Wer betreut werden wollte, fand Betreuung. Wer aber rauswollte aus dem Lager, der wurde daran gehindert.»

Und wenn man nun noch einmal von oben und mit Kinderblick auf die kleine Templiner Welt der kleinen Pfarrerstochter schaut, könnte man an Asterix und Obelix denken. Ganz Brandenburg war von den Ulbrichts und Honeckers besetzt. Ganz Brandenburg? Nein! Ein von unbeugsamen Christen bewohnter Waldhof vor der Stadtmauer von Templin hielt sich wie eine Rettungsinsel im roten Meer des DDR-Sozialismus.

«Wir sind immer die Außenseiter gewesen», sagt Angela Merkel.

Sie wuchs auf in dem Bewusstsein, von außen zu kommen, nicht wirklich dazuzugehören. Doppelt gehörte sie nicht zu denen da drinnen hinter der Stadtmauer. Sie war ja nicht einmal Templinerin. Sie, Angela Dorothea Kasner, war am 17. Juli 1954 in Hamburg geboren, eine Westdeutsche also bitte schön, darauf hat sie schon als Kind immer sehr viel Wert gelegt. Sie erzählt, dass sie «praktisch nie DDR-Klamotten getragen» und die DDR auch nicht als ihr Heimatland empfunden hat. Sie wusste schon mit neun Jahren die Namen aller westdeutschen Minister auswendig. Sie sammelte Kunstpostkarten. Und an den Westpaketen von der Tante und der Großmutter aus Hamburg, sagt sie, «hing unsere ganze Hoffnung».

Eine kleine Westdeutsche, die zu ihrem großen Kummer im Alter von drei Wochen in den Osten verschleppt worden war, in einer Tragetasche. Aus Liebe! Mutter Herlind Jentzsch hatte sich in ihrer Heimatstadt Hamburg in diesen gut aussehenden Berliner Theologiestudenten verliebt, der leider entschlossen war, nach dem Studium wieder zurückzugehen zu seiner brandenburgischen Landeskirche.

«Er war aufgewachsen in Pankow, das gehörte zur sowjetischen Besatzungszone», erzählt die Tochter. «Dann ist er nach Heidelberg und später nach Hamburg gegangen, weil man im Osten nicht Theologie studieren konnte. Und er war in den Westen gegangen mit der festen Absicht wiederzukommen, so wie das Bischof Forck und viele andere auch gemacht haben. Er hat es immer so empfunden, dass er als Pfarrer eine Aufgabe hatte, es müsse eben auch Pfarrer geben in der DDR. Dass ich in Hamburg geboren bin, verdanke ich meiner Mutter, die nicht sechs Wochen vor der Geburt noch umziehen wollte.»

Warum geht ein junger, evangelischer Theologe im Herbst 1954 freiwillig zurück vom Westen in den Osten, in die *Sowjetisch Besetzte Zone*? Der Terror mit Namen «Aufbau des Sozialismus» hatte seit dem 17. Juni 1953 doch längst erkennbare Konturen angenommen. Allein in den ersten fünf Monaten des

Jahres 1954 flohen deswegen 180000 Menschen aus der Ostzone in den Westen. Horst Kasner aber ging den umgekehrten Weg.

«Man wollte nicht bei den Fleischtöpfen Ägyptens rumhängen», sagt er. «Man wollte dahin gehen, wo man gebraucht wurde.»

Zum Dank schreiben sie in seine Stasi-Akte: *Kasner kam 1954 aus Hamburg/Westdeutschland und ist ein Gegner unseres Arbeiter- und Bauernstaates.*

Das Jahr 1954, in dem Horst Kasner seine erste Stelle als Jugendpfarrer in der brandenburgischen Prignitz antritt, in Quitzow bei Perleberg, ist das Jahr des 6. Deutschen Evangelischen Kirchentages in Leipzig, bei dem es zum ersten Mal seit langer Zeit wieder Kontakte zwischen ost- und westdeutschen Politikern gibt. Es ist das Jahr, in dem die Londoner Außenministerkonferenz die Wiederbewaffnung und Aufnahme der Bundesrepublik in die NATO beschließt. Innenminister Gustav Heinemann, der führende Repräsentant der evangelischen Minderheit in der Union und Präses der Synode der Evangelischen Kirche in Deutschland, war der Einzige im Kabinett gewesen, der Adenauers Wiederbewaffnungsplänen widersprochen hatte. Er war deswegen schon am 9. Oktober 1950 zurückgetreten und hatte ein Jahr später die Deutsche Volkspartei (DVP) gegen die Remilitarisierung gegründet.

Nach dem 10. März 1952, an dem Moskau den Westalliierten die Ausarbeitung eines Friedensvertrages unter unmittelbarer Beteiligung Deutschlands anbot, hatte Adenauer – wie man heute weiß, zu Recht – bei den Westmächten massiv dagegengehalten. Dadurch verfestigte sich nicht nur bei linken Protestanten und dem *FAZ*-Herausgeber Paul Sethe, sondern bis tief ins bürgerliche Lager hinein der Eindruck, Adenauer sei an einer Wiedervereinigung nicht interessiert. Er lasse eine historische Chance möglicherweise allein deshalb verstreichen, weil sich durch eine Wiedervereinigung die konfessionelle Balance

zu Lasten der Katholiken ändern könne und sich so die Wahlchancen der Union verschlechtern würden. Außerdem hatten
viele im Westen und Osten des Landes nicht verstanden, warum die Amerikaner am 17. Juni 1953 nichts unternommen hatten, um den aufständischen Arbeitern in Ost-Berlin zu helfen.
Wenn man Eltern oder Großeltern hat, die erzählen können,
wie das war mit der Debatte um die Remilitarisierung und um
die von Adenauer scheinbar verpatzte Wiedervereinigungs-
chance, die sich erinnern, wie verzweifelt sie damals diskutiert
haben, ob nicht das ursprünglich so viel sozialistischere Ahle-
ner Programm der sicherere Weg zu Nie-wieder-Krieg und
Bald-wieder-ein-Land gewesen wäre und warum sie damals
zum ersten und seither einzigen Mal nicht CDU gewählt haben,
dann kann man Horst Kasners Entscheidung nachvollziehen.
Gute Geschichtsbücher helfen auch. Sonst ist das aus heutiger
Sicht ja sehr schwer zu verstehen, wie so vieles aus der jüngeren deutschen Geschichte.

Aber offenbar umso leichter zu verurteilen: Auf einer der Regionalkonferenzen im März des Jahres 2000, die als «Angies
Roadshow» in den Parteijargon eingingen und auf denen Angela Merkel von der CDU-Basis zur Jeanne d'Arc der Spendenaffäre, zur Hoffnungsträgerin und schließlich zur Parteichefin
hochgejubelt wurde, stand ein distinguierter Herr auf und fragte seine Generalsekretärin mit investigativem Vibrato in der
Stimme, warum ihre Mutter in den fünfziger Jahren mit dem
Vater aus Hamburg in die *Sowjetisch Besetzte Zone* übergesie-
delt sei und nicht umgekehrt, wie es sich gehört hätte für die
Eltern einer CDU-Generalsekretärin.

«Aus Liebe», hat Angela Merkel da stolz geantwortet.

Und in dem Stolz schwang mit, dass die Tochter den Preis
für diese Liebe wohl immer als sehr hoch eingeschätzt hat,
möglicherweise als zu hoch.

Das Kind Angela Dorothea Kasner lief nicht. Es konnte schon erstaunlich früh sprechen, aber es lief nicht. Und als die kleine Angela schließlich anfing, sich aufrecht auf zwei Beinen zu bewegen, dauerte es noch Jahre, bis sie auch einen Berg oder eine Treppe hinuntergehen konnte. Sie sei ein «kleiner Bewegungsidiot» gewesen, hat sie der Fotografin und Journalistin Herlinde Koelbl für das Projekt «Spuren der Macht» erzählt.

«Meine geduldigen Eltern mussten mir immer sagen, wie man einen Berg hinuntergeht. Rein technisch. Was ein normaler Mensch ganz von selbst kann, musste ich erst geistig verarbeiten und mühsam üben.»

Sie haben sie, als die Geburt des Bruders anstand, eine Weile zur Großmutter nach Hamburg gegeben. Da war sie drei Jahre alt.

Und als sie zehn Wochen später wieder nach Hause kam, sagte sie in schönstem Hamburgisch zu ihrer Mutter: «Könnten Sie mir bitte einmal die Treppe runterhelfen?»

Noch Jahre später thronte sie im Laufstall und schickte den drei Jahre jüngeren Bruder, wenn sie etwas haben wollte. Der wetzte dann natürlich auch jedes Mal los, um es ihr zu holen.

Und noch im Alter von zwölf Jahren hat sie jeden Gang umständlich geplant, um nur nicht einmal zu oft eine Treppe hinabsteigen zu müssen.

Man nennt so etwas eine Bergabphobie. Und wer eine Bergabphobie hat, bleibt ja möglicherweise schon allein deswegen sehr gerne und mit großer Zähigkeit oben. Wenn er erst einmal oben ist.

Als Angela Merkel anfing, die Welt innerhalb der Templiner Mauer zu erobern, als sie sieben Jahre alt war und jeden Tag zur Schule gehen musste, da bauten böse Erwachsene in Berlin eine ganz neue Mauer.

Der 13. August 1961 war ein Sonntag. Pfarrer Kasner hielt den Gottesdienst, und es wurde an diesem Morgen viel geweint in der Kirche. Vor allem die Frauen weinten. Und am meisten weinte die Mutter. Das Kind versteht nicht wirklich, was passiert ist, nur, dass es etwas ganz Schreckliches und Trauriges sein muss, etwas sehr Einschneidendes. Ein großes Drama.

Bei Kasners zu Hause hieß es von nun an: Wenn die Mauer wieder fällt, gehen wir ins Kempinski Austern essen.

«Später hatte ich immer die Vorstellung, so im Jahr 2000 ziehen die Russen ab. Das war bei uns zu Hause die Diskussionsgrundlage. Gut, da hat man gesagt, 2000, dann bin ich 45. Und wann kann man wieder in den Westen fahren? Es hieß 2020. Da wäre ich dann 65 gewesen. Also habe ich mit meiner Mutter diskutiert, dass sie gut dran ist, weil sie schon lange vor mir so alt ist, dass sie in den Westen fahren kann. Es waren einfach so unendliche Perspektiven.»

Andererseits hat sie viel mit russischen Soldaten gesprochen, es gab ja viele russische Soldaten im Templiner Raum, und Angela Kasner hat sehr gerne Russisch gesprochen.

«Die standen ja manchmal tagelang an den Ecken herum, um auf irgendwas zu warten. Und die haben mir immer gesagt: Das Land wird viel früher wieder vereinigt. Für diese russischen Soldaten war es immer klar. So ein geteiltes Land ist ein unnatürlicher Zustand. Und man soll sich mal nicht solche Sorgen machen. Aber für uns war es keine Perspektive. Für uns gehörte zur Lebensperspektive zu diskutieren, dass man im Prinzip schon irgendwie in den Westen kommen würde, wenn es einem mal ganz schlecht geht.»

Darüber hat sie mit ihren Eltern oft gesprochen, weil die schließlich freiwillig in den Osten gegangen waren.

«Und meine Mutter hatte ihre Mutter ja nicht gefragt, sondern ist aus Liebe zu meinem Vater einfach mitgegangen. Umgekehrt war auch ich der Meinung, ich bin dieser DDR zu nichts verpflichtet, nur weil meine Eltern entschieden haben, dort leben zu wollen. Ich kann auch gehen, wenn es mir gar nicht mehr passt.»

Die Hamburger Mutter, die ihre Kinder zu den Kommunisten in die Schule schickte mit dem Auftrag, immer die Besten zu sein, und die am 13. August 1961 im Gottesdienst so sehr weinen musste, durfte erst 23 Jahre später zum ersten Mal wieder nach Westdeutschland fahren, nach Hause, nach Hamburg. Zur Beerdigung ihrer Mutter.

DER VATER, DIE KIRCHE UND DIE STASI-DEPPEN

Der 11. November 2000 ist für Templin der «Beginn einer neuen Zeit» gewesen. Jedenfalls hat die berühmte Tochter der Stadt, die Parteivorsitzende der CDU, es so gesagt, und die Lokalreporter haben es erst in ihre Blöcke und später in ihre Zeitungen geschrieben. Angela Merkel war an diesem Tag nach Hause gekommen, um die *Naturtherme Templin* einzuweihen. Für 29 Mark kann man jetzt mit der Bahn von Berlin nach Templin und zurück fahren, inklusive drei Stunden Aufenthalt in der Therme zum Baden im Wüstensand und in der Milch uckermärkischer Stuten, wenn man mag, oder eben in der jodhaltigen Sole, die in Templin aus 1630 Meter Tiefe sprudelt.

Während Angela Merkel sprach, machte ein gut aussehender Mann um die siebzig leise Bemerkungen zu den Menschen, die neben ihm standen und ehrfürchtig nickten. Wie man doch mal wieder merken könne, dass die Angela nicht aus dem hohlen Bauch heraus rede wie alle anderen, sondern wirklich tipptopp. Und als die CDU-Parteivorsitzende eine etwas konfuse Formulierung wagte, von Brettern, die in die Erde getrieben worden seien, schüttelte er irritiert, aber nachsichtig den Kopf.

Der Mann war Horst Kasner, Angela Merkels Vater, der «rote Kasner», wie sie ihn zu DDR-Zeiten in Brandenburg genannt haben. An der Art und Weise, wie die Umstehenden ihn und seine Frau ansahen, konnte man erkennen, dass beide in Templin hohes Ansehen genießen. Ein Ansehen, das sich nicht von der berühmten Tochter ableitet, sondern durch deren Erfolg nur noch vergrößert und bestätigt wird.

Der «rote Kasner» hat weiße Haare. Er ist ein großer, aufrechter Mann, der ein bisschen aussieht wie die DDR-Version von Richard von Weizsäcker. Offenbar denkt er auch so. 1992 schrieb er in einem Aufsatz für *Die Kirche*: «Wir bemerken nun, wie sich die etablierten Parteien den Staat zur Beute gemacht haben, und dass der Staat zum Selbstbedienungsladen für Politiker geworden ist. In der bequemen Proporzdemokratie wird der Klüngel zum System. Man schanzt sich wechselseitig Vorteile zu.»

1992 war die Tochter seit einem Jahr Frauenministerin im fernen Bonn und seit wenigen Monaten auch stellvertretende Parteivorsitzende der CDU. Wie sehr die schöne Bonner Republik tatsächlich in 25 Jahren Helmut Kohl zum Selbstbedienungsladen degeneriert war, wie machtversessen und machtvergessen, das konnte oder wollte 1992 so genau noch keiner in der Partei wissen, auch Tochter Angela nicht. Kohls Umgang mit Geld und Spenden waren zu der Zeit nur den unmittelbar Beteiligten bekannt. Und die große Krise der CDU, die Angela Merkel an die Spitze ihrer Partei katapultieren sollte, war nicht einmal am Horizont zu ahnen.

Es ist nicht schwer, Menschen zu finden, die die Familie Kasner zu DDR-Zeiten kannten. Jeder brandenburgische Pfarrer ist während seiner Ausbildung mindestens einmal für kurze Zeit im Waldhof gewesen, um bei Kasner das Predigen zu lernen. Zum Beispiel Rainer Eppelmann.

Als Theologiestudent ist er 1974 ein paar Wochen im Templiner Waldhof gewesen, zwischen seinem ersten und zweiten theologischen Examen, zum Predigerseminar bei Horst Kasner. Er erzählt, dass Vater Kasner auf ihn einen unangenehmen Eindruck gemacht hat.

«Der machte uns jungen Menschen, die sich da auf das Gemeindepfarramt vorbereiten sollten, nicht gerade Mut. Die Zukunft der evangelischen Kirche in einem sozialistischen Land werde vergleichbar sein mit der der Arbeiterpriester in Frankreich, hat der gesagt: ‹Also von Montag bis Freitag gehen Sie in irgendeinem Beruf arbeiten, und am Wochenende, wenn Sie mit Ihren bürgerlichen Tätigkeiten fertig sind, dann können Sie sich um die Gemeinde kümmern.› Und es werde nur wenige vollzeitbeschäftigte Theologen geben wie ihn, die entweder stark in der wissenschaftlichen Arbeit tätig sind oder in der Ausbildung wie er. So Sachen hat der uns erzählt. Da dachte ich damals natürlich, du Arsch. Ich fand das arrogant und herzlos.»

Eppelmann kam von der theologischen Fachschule Paulinum in Berlin. Er war also kein Volltheologe mit großem Latinum und allem, was sonst noch dazugehört. Und er hält es durchaus für möglich, dass er deswegen gegenüber studierten Kollegen besonders sensibel war, vor allem, wenn die arrogant auftraten.

«Möglicherweise hat der Kasner auch nur gemeint, er muss uns jungen Leuten sagen, auf was wir uns da einlassen. Und es war ja auch erst das Jahr 1974, also noch lange vor 1987, vor dem Spitzengespräch zwischen Bischof Schönherr und Honecker am 6. März, wo es zu einem Stück Gentlemen's Agreement gekommen ist und die Regierenden in der DDR zu erkennen gegeben haben: Wir haben uns mittelfristig damit abgefunden, dass es auch in der sozialistischen DDR eine Kirche gibt, also Leute, die immer noch ein Menschenbild vom Mittelalter haben.»

Ein Menschenbild vom Mittelalter. Eppelmann sagt so was nicht bitter und betont, eher belustigt und nebenbei. Dann hält er ein kleines Privatissimum über Pfarrer in der DDR. Der Pfarrer war, gemessen daran, wie lange er studiert hat, sehr schlecht bezahlt. Andere mit vergleichbaren Ausbildungsgraden haben deutlich besser verdient. Dafür hatten Pfarrer einen Freiraum, eine Unabhängigkeit, die es sonst in der DDR nicht gab. Pfarrer waren zwar seltsam, mussten deswegen auch genau beobachtet werden, galten aber doch als so etwas wie Elite, auch in den Augen der DDR-Oberen.

«Und die sind manchmal erschrocken gewesen, als sie feststellten, dass wir viel besser über ihre Bücher Bescheid wissen als sie über unseres.»

Eppelmanns alter Superintendent hat immer gesagt: Die Kirche ist das Loch im Fahrradschlauch DDR.

Und am Ende war der Schlauch dann leer. Nur dass nicht viele Pfarrer diese potenzielle Unabhängigkeit wirklich genutzt haben. Was in den letzten Jahren der DDR passierte, wurde nicht von *der* Pfarrerschaft veranstaltet. Es sind nur ganz wenige gewesen. Heute wird das ein bisschen verbrämt. Heute möchte man das zu gerne als *die* evangelische Kirche stehen lassen, die der DDR den Garaus gemacht habe.

«Das sind aber keine hundert gewesen, keine hundert unter uns allen. Und Kasner gehörte nicht dazu. Aus welchen Gründen auch immer. Ich weiß nicht, ob er einer war, der sich angepasst hatte, oder ob er gesagt hat, die DDR ist das Bessere.»

Wirklich angepasst hat Horst Kasner sich offensichtlich nicht. Und er hat auch die real existierende DDR nicht immer für das Bessere gehalten, obwohl er Mitglied des Weißenseer Kreises gewesen ist, der heute als SED-nah gilt, mit seinem linkselitären Anspruch aber sowohl die Kirche als auch die Partei immer wieder geärgert hat.

Auch Günter Nooke, der später, in der Wendezeit, mit Angela Merkel beim Demokratischen Aufbruch war, dann zum Bündnis 90 ging, um auf einigen interessanten Umwegen schließlich auch bei der CDU zu landen, ist oft auf dem Waldhof gewesen. Zwischen 1986 und 1991 haben sich dort bei Horst Kasner interessante und interessierte Menschen aus dem Osten zu privaten Diskussionsrunden getroffen, zu freien Gesprächen mit philosophischem und allgemeinem Hintergrund, erzählt er. Auch ein Professor aus Westdeutschland sei immer dabei gewesen.

«Sie dürfen nicht unterschätzen, wie viel es in einer Diktatur wert ist, über Räume zu verfügen, über die Möglichkeit, Kontakte in die freie Welt zu organisieren und offene Debatten zu führen, ganz andere Literatur im Schrank zu haben oder allein schon ein Kopiergerät.»

Kopierer waren kontingentiert in der DDR. Man musste sich jede Kopie genehmigen und stempeln lassen. Das ist ja nun alles vergessen. Obwohl es erst zwölf Jahre her ist.

«Wahrscheinlich würden unsere damaligen Debatten, wenn man aus heutiger, westlicher Sicht drauf schaut, als ziemlich linkslastig erscheinen», sagt Günter Nooke, der in den Schubfächern der neuen Zeit als ein konservativer Rechter einsortiert wird.

Es war in der DDR eben auch leichter zu rechtfertigen, wenn man die Gesellschaft von links und nicht frontal kritisiert hat, das sagt er auch noch.

Einmal, beim Treffen 1989, ist auch Angela Merkel dazugekommen, Doktor Angela Merkel, die Tochter von Horst Kasner, die inzwischen als Physikerin an der Berliner Akademie der Wissenschaften arbeitete und die an diesem Wochenende zufällig ihre Eltern besuchte.

Nooke erzählt es so: «Da gab es abends eine politische Diskussion mit etwa fünfzig Leuten. Und da war auch die Tochter von Pfarrer Kasner, die ich bisher nur aus Erzählungen des Bruders kannte, mit dem ich befreundet war und bin. Marcus Kasner ist Patenonkel meiner jüngsten Tochter.»

Und diese Angela Merkel hat an jenem Abend viel mutiger diskutiert als die anderen. Sie sagte, dass es nicht mehr darum gehen könne, wieder zu Besonnenheit und Ruhe aufzurufen, sondern darum, jetzt die Forderung für eine Öffnung nach Westen zu stellen.

Das war am 23. September 1989. Schon damals habe das bei Angela Merkel etwas mehr nach Wiedervereinigung als nur nach die DDR reformieren geklungen, sagt Nooke. Später im

Herbst haben ja dann viele so geredet. Im September 1989 sind das noch sehr ungewöhnliche und mutige Sätze gewesen.

Das ist etwas, was man als Westmensch unbedingt lernen muss, wenn man sich zwölf Jahre später noch einmal mit dem Ende der DDR beschäftigen will und wenn man das redlich tun möchte. Es kommt bei der Beurteilung von Geschichten aus der Geschichte der DDR immer ganz genau auf den Tag an. Was einer heute gesagt hat, kann irrsinnig mutig gewesen sein, so mutig, dass er noch fürchten musste, dafür in den Knast gesteckt zu werden. Drei Tage später war es dann möglicherweise schon Mainstream und freigegeben zum Nachplappern für jedermann.

Der 23. September, das war zwar nach der Öffnung der ungarischen Grenze und kurz nach der Veröffentlichung der Aufrufe vom Neuen Forum und von Demokratie Jetzt. Aber bis zum 9. Oktober, bis zur großen, friedlich verlaufenden Montagsdemo in Leipzig, war eben nicht klar, wie es ausgeht mit dem Bürgerprotest. Bis dahin war es relativ gefährlich, solche Sachen zu sagen.

Der Waldhof in Templin und der «rote Kasner». Wieder etwas aus der jüngeren Geschichte, was schwer zu verstehen ist, aber offenbar umso leichter zu verurteilen. Jedenfalls laufen einst bürgerbewegte CDU-Parteifreunde von Angela Merkel durch Berlin und erzählen einem, wie links und angepasst dieser Vater Kasner in der DDR gewesen sei und dass er sogar für die Stasi gearbeitet habe, wenn auch nur ganz kurz. Und sie erzählen ebenso unaufgefordert, aber mit dieser unangenehmen konspirativen Erregung in der Stimme, private Dinge aus dem Leben des Horst Kasner, die zwar möglicherweise in den Stasi-Akten stehen mögen, aber dort zu Recht geschwärzt, für die Öffentlichkeit also weder gedacht noch eigentlich zugänglich sind. Und sie tun das in einem Café Unter den Linden bei eingeschaltetem Tonband.

Der Tonfall solcher Mitteilungen hat etwas so befremdlich Indirektes, Denunziatorisches, in Bayern würde man schreiben,

Hinterfotziges, dass selbst einem Westmenschen ganz schwindelig wird davon. Als ob man im Jahr 2001 aus Versehen doch
noch einmal selbst in das schreckliche alte System geraten
wäre. Als liefen informelle Zuträger der Stasi immer noch un-
gehindert durch die Stadt.

«Sie werden aber doch hoffentlich in Ihre Biographie nicht
hineinschreiben, dass Angela Merkels Vater für die Stasi gearbeitet hat?»

«Wenn man weiß, was der Vater so gemacht hat, versteht
man, dass die Tochter Nägel kaut. Das werden Sie aber doch
auch nicht schreiben, oder? Töchter können doch nichts dafür,
wie ihre Väter sich benommen haben.»

Man hat das unwiderstehliche Bedürfnis zu duschen, wenn
man von solchen Gesprächen in die Redaktion zurückkommt.
Und doch hört man, wie vergiftet, diese Stellen immer wieder
ab vom Tonband und stellt schließlich einen Antrag auf Akten-
einsicht.

Horst Kasners Akte ist eine Betroffenenakte, eine Opferakte
mit einer IM-Vorlaufakte aus dem Jahr 1972 und dem vorläufi-
gen Decknamen «Waldhof». Sie wird von der Birthler-Behörde
nur herausgegeben, weil Kasner als Leiter des Waldhofes und
Mitglied der Kirchenleitung eine Person der Zeitgeschichte war,
und wenn man behauptet, man arbeite gerade an dem Thema:
Der Einfluss der Stasi auf die brandenburgische Landeskirche.

Sie haben versucht, ihn zu erpressen. Die alte Geschichte
also. Nur dass Horst Kasner offenbar den Königsweg gewählt
hat, um der Erpressung zu entkommen.

*Bisher ist er vorwiegend negativ in Erscheinung getreten. Zur
Zeit ergeben sich günstige Möglichkeiten einer Kontaktaufnah-
me* steht mit Datum vom 8. 11. 1972 in der IM-Vorlaufakte. Sie
hatten ihn vorgeladen, weil er einen Text von Sacharow besaß
(*34 Seiten in dreifacher Ausfertigung*). Und für eine kurze Zeit
haben sie offenbar auch geglaubt, dass es ihnen gelungen sei,
ihn zu erpressen.

Im Gespräch soll erreicht werden, dass Pastor Kasner das Verwerfliche seiner Handlungsweise einsieht und die Broschüre übergibt.

Kasner hat in diesem Gespräch dann offenbar zugestimmt, den Sacharow-Text abzuliefern und sich in gewissen Abständen zu bestimmten Fragen konsultieren zu lassen, aber nur, wenn das offiziell und in seinem Arbeitszimmer geschehe.

Was die Helden der Staatssicherheit nicht gleich gemerkt haben, war, dass Kasner seiner Kirchenleitung von den Gesprächen berichtete und auch davon, womit sie ihn erpressen wollten. Als er schließlich vor der endgültigen Konfiszierung der Sacharow-Texte eine offizielle Quittung verlangte, und als bei dieser Gelegenheit die Stasi-Menschen kapierten, dass Kasner seine Vorgehensweise offenbar mit der Kirchenleitung und den Kirchenjuristen abgestimmt und überhaupt seinen Bischof von Anfang an informiert hat, da schreiben sie enttäuscht: Er hat eine *stark ablehnende Haltung zum MfS. – Er hat sich dekonspiriert.* Die Akte wird geschlossen.

Angela Merkel erzählt, dass sie es selbst auch immer so gemacht hat, wann immer Leute vom MfS etwas von ihr wollten. So war es mit den Eltern abgesprochen.

«Man musste einfach sagen, wissen Sie, ich kann wahrscheinlich den Mund nicht halten, ich könnte es ziemlich sicher nicht verhindern, dass ich meinem Mann davon erzähle, wenn ich für Sie arbeite.»

So hat sie es gemacht, als zwei Stasi-Offiziere sie an der Technischen Hochschule in Ilmenau ansprachen, an der Angela Merkel eigentlich ihre erste Arbeitsstelle gefunden hatte.

Die Leute von der Staatssicherheit haben ihre Werbungsversuche dann eingestellt. Aber den Job in Ilmenau hat sie auch nicht bekommen.

Das wirklich Interessante an diesen Akten ist also zum einen der inoffizielle Umgang damit im Jahr 2001. Dass *Parteifreunde* aus der CDU auch die geschwärzten Teile aus der Akte des

Vaters kennen und herumerzählen. Dass sie aus einem Erpressungsversuch und einer schnell wieder geschlossenen IM-Vorlaufakte eine *Stasi-Mitarbeit* machen. Und dass es gerade solche Parteifreunde sind, die wirklich besser wissen müssten, was mit diesem Stasi-Dreck angerichtet werden kann.

Und noch etwas ist interessant: der gewaltige Bildungsunterschied, der sich in der erbärmlichen Sprache der Akten manifestiert und noch einmal dokumentiert, auf was für einer Eliteinsel Angela Merkel aufgewachsen ist.

Hier Merkels Vater, der unabhängige Kopf, ein Mann der Kirche, der so recht in kein Schubfach passt, der gegen den Wehrdienst ist und gegen die Notstandsgesetze in der Bundesrepublik, also ein Roter, der zum Weißenseer Kreis gehörte, also fortschrittlich im Sinne der SED, der aber partout nicht wählen gehen wollte und auch gegen den Wehrdienst in der DDR war, der sehr freie Reden hielt, also doch ein Feind des Arbeiter-und-Bauern-Staates.

Dort die Deppen von der Stasi, die alles, was ihnen im Waldhof zu Ohren kam, in bedeutsamer Schwurbelsprache aufschrieben, am innigsten das, wovon sie am wenigsten verstanden. Nicht einmal auf die Schreibweise seines Namens konnten sich diese Analphabeten einigen, die der Arbeiter-und-Bauern-Staat sich für seine Spitzeldienste herangezüchtet hatte:

Am einflussreichsten in Templin ist der Pfarrer Kastner. Dieser ist intelligent. Er übt einen solchen Einfluss aus, dass er Personen bewegen kann, an politischen Versammlungen, Aussprachen, oder NAW-Einsätzen teilzunehmen oder sie davon abzuhalten.

Debiliushörig *ist Pfarrer* Kassner.

Er ist der obersten Kirchenleitung hörig und führt alle Weisungen derselben aus.

Kartner *lehnt in der Bundesrepublik auch die* Konzessionsschulen *ab und sagt ganz offen, dass, wenn sie dort leben wür-*

den, keineswegs ihre Kinder in eine Konzessionsschule *schicken würden.*

Pfarrer Kasner besitzt ein Material, ein Phamfleth *eines gewissen Sacharow.*

Wenn es nicht ein so finsteres Kapitel deutscher Geschichte wäre, gäbe es eben auch immer einiges zum Lachen in diesen Akten.

AN DER MAUER AUF DER LAUER

Die Mädchen, die am 29. Januar des Jahres 2001 mit Schlaghosen und 30er-Jahre-Frisuren vor der Goethe-Schule in Templin stehen, sehen aus wie die Mädchen im Charlottenburg des Jahres 2001. Die Jungs tragen Bomberjacken.

Staatssicherheit, Mauer und Schießbefehl, das war lange vor ihrer Zeit. Das ist für sie Geschichte, ungefähr so weit weg wie die alten Römer. Sie spüren möglicherweise, dass es da etwas gibt, über das manche Eltern nicht so gerne sprechen. Sie fragen nicht danach. Noch nicht.

Ein beeindruckend großer, neugotischer Backsteinbau zwischen Havel-Kanal und Stadtmauer ist diese Goethe-Schule von Templin. Je länger man drinnen über endlos lange PVC-Flure geht und unter weiß gekalkten Gewölbedecken, deren Bögen und Schlusssteine grün abgesetzt sind, desto mehr riecht es nach Bohnerwachs und Schulangst.

Der Direktor ist ein freundlicher Mann Anfang sechzig mit einem gut durchbluteten Gesicht, das im Laufe eines langen Gespräches immer freundlicher wird. Er trägt Flanellhosen und einen hellgrauen Lacoste-Pullover. Und wir haben uns schon einmal gesehen. In Berlin. Das war am 4. März des Jahres 2000 auf der Regionalkonferenz der CDU im Internationalen Congress Center (ICC). Da hat er sich zu Wort gemeldet und mit fester Stimme ins Mikrofon gesagt, er wünsche der

CDU, dass Angela Merkel es packt, dass sie Parteivorsitzende wird.

«Aber ich habe auch dazu gesagt, es wird nur klappen können, wenn sie eine Mannschaft hat, eine Mannschaft, die wirklich hinter ihr steht.»

Das erzählt er mit einem Gesicht, als wollte er sagen: Und genau das hat sie nicht. Und genau das habe ich schon damals befürchtet.

Jedenfalls kam dann im ICC der Moment, in dem die Generalsekretärin oben auf dem Podium sich zu Eberhard Diepgen gewandt hat, dem Eberhard Diepgen, der sie später bei der Abstimmung im Bundesrat über die Steuern so hinterhältig verraten hat.

«Und da konnte ich aus dem Saal an ihren Lippen ablesen, wie sie zu dem Diepgen sagt: ‹Der da eben gesprochen hat, das war mein Mathelehrer.›»

Er war ihr Mathelehrer. Jetzt ist sie seine Parteivorsitzende. Hans-Ulrich Beeskow ist nicht nur Direktor der Schule, sondern auch Vorsitzender der örtlichen Baptistengemeinde. Und er ist der Chef der CDU-Fraktion von Templin.

Und sie war also die Beste der Klasse?

«Beste der Klasse?»

Mathelehrer Beeskow kann wie alle Lehrer für Mathematik bei einer falschen Antwort oder Frage sehr routiniert so schauen, als höre er wohl nicht ganz richtig.

«Sie war die Beste überhaupt.»

Und dann erzählt er von Mathematik- und Russisch-Olympiaden. Da war sie ja sogar Weltspitze, die Angela. Ein Sprachgenie war Angela Kasner, hat Erika Benn gesagt, die damals die Leiterin vom Russisch-Klub war.

Mit den Olympiaden, das ging so: Die Besten aus allen Klassen nahmen an der Schul-Olympiade teil. Wer die, zum Beispiel an der Goethe-Schule in Templin, gewonnen hatte, fuhr zur Kreis-Olympiade. Die Gewinner dort durften zur Bezirks-Olympiade und schließlich zur DDR-Olympiade. Wer dort gewann, und Angela Kasner gewann natürlich, der fuhr zur Internationalen Russisch-Olympiade nach Moskau.

Was Beeskow sehr bedauert ist, dass seine Musterschülerin Angela Merkel nicht Landesvorsitzende von Brandenburg geworden ist. Kohl habe sie da im November 1991 viel zu spät ins Rennen gegen Ulf Fink geschickt. Und leider, leider hat der Ulf Fink gewonnen.

«Die Angela wäre ja für uns hier in Templin und für die ganze CDU Brandenburgs so viel besser gewesen.»

Die Fernsehbilder vom 23. November 1991 zeigen diese junge, unbekannte Frauenministerin aus Ostdeutschland, in deren Gesicht man jede Phase der Enttäuschung über die Wahlniederlage miterleben konnte.

Heute sieht man ihr nicht mehr an, was sie denkt. Wenn sie zum Beispiel sagt: «Natürlich wäre man in Templin froh, wenn ich mich mehr um die Stadt kümmern könnte. Ich kann das nicht. Meine politische Heimat ist Mecklenburg-Vorpommern, und fertig.»

Und fertig?

Auch ihr alter Mathelehrer fragt sich, was alle sich fragen. Warum gerade sie? Wie kam es, dass die Einserschülerin von Templin zur Musterschülerin der Demokratie wurde? Warum macht die CDU ausgerechnet diese Pfarrerstochter aus dem Osten, die sympathische Gewinnerin von Russisch- und Mathematik-Olympiaden, die später Physik studierte und dann acht lange Jahre vor sich hin promovierte, zur Hoffnungsträgerin? Warum wird gerade sie zur Jeanne d'Arc der Spendenaffäre, gerade in dem schauerlichen Augenblick, in dem die Parteimitglieder unter großer Anteilnahme des ganzen Landes einmal kurz in den Abgrund geschaut haben, der sich in den angeblich so vorbildlichen Jahren der Bonner Republik und in 25 Jahren Helmut Kohl aufgetan hatte? Und was bedeutet das für das Land? Was hat die Macht seither aus dem Mädchen gemacht und was das Mädchen mit der Macht?

Fragen, die sich in Templin finden, aber nicht beantworten lassen. Dafür kann man mit Schuldirektor Beeskow noch eine Weile darüber diskutieren, warum der Leistungswille der Schüler in der Demokratie so erbärmlich absinkt, warum die neue Freiheit von den Schülern nicht als Chance gesehen wird, warum sie faul und dumm bleiben wollen, warum er manchmal glaubt, ein bisschen mehr Druck wie früher würde ihnen gut tun. Obwohl doch gerade er nichts so gehasst hat wie diese Mischung aus Repression und Belohnung, die die DDR von ihren Lehrern verlangte und an ihnen vorführte.

Damals gab es für gute Leistungen ja sogar richtige Orden. Als am Ende von Angela Merkels erstem Schuljahr zum ersten Mal solche Auszeichnungen zum Anstecken verliehen wurden, rief die Lehrerin in die Klasse: Ihrke, du wirst als bester Schüler ausgezeichnet.

Eberswalde ist nicht sehr weit weg von Templin. Man muss nach Eberswalde fahren, um Bodo Ihrke, den besten Schüler der ersten Klasse, zu besuchen. Er ist heute Landrat des Kreises Barnim. Und er sagt sofort, dass er gar nicht der beste Schüler gewesen ist. Diese wirklich ungerechte Sache mit dem Orden ist die erste Erinnerung, die er an die Schulzeit überhaupt hat.

Und er ist heute noch ein bisschen stolz darauf, wie er damals gesagt hat: «Aber die Angela hat doch mindestens auch so ein Zeugnis wie ich.»

Die Lehrerin machte zwar so ein Gesicht, als fände sie das auch ungerecht, sagte dann aber nur ganz flau: «Aber du bist eben der beste Pionier.»

Kein Pionier, kein Orden. Damit das schon mal gleich klar war.

Angela Merkel erzählt: «Meine Eltern haben uns die Entscheidung, ob wir Pionier werden oder in die FDJ gehen, selbst überlassen. Sie haben gesagt, jeder Mensch muss in die Schule gehen, aber nicht jeder Mensch muss Pionier werden. Und deshalb durften wir in der ersten Klasse nicht Pionier werden. Am Ende der ersten Klasse wurde es dann noch einmal diskutiert.»

Und «als Schutzprogramm» durfte Angela Kasner dann schließlich doch zu den Pionieren und auch in die FDJ, aber nicht zur Jugendweihe.

Angela Merkels Leben in der DDR ist ein Schutzprogramm gewesen, kein Leben im Widerstand, höchstens im Abstand zur DDR. Und, was eines Tages noch einmal sehr wichtig werden könnte: Sie hat auch nie etwas anderes behauptet.

Bodo Ihrke blieb Angela Merkels Mitschüler von der ersten Klasse bis zum Abitur. Die besseren Noten in Ordnung, Mitarbeit, Betragen und Fleiß hatte sie von Anfang an. Hat sich ja jetzt auch für die Wiedereinführung von Kopfnoten eingesetzt. Dafür ist er heute in der SPD. Und im Sport war er besser.

Laufen und Springen konnte sie überhaupt nicht. Fünfundvierzig Minuten hat sie gebraucht, um einmal vom Dreimeterbrett zu springen. Sie ist gesprungen. Aber erst in der letzten Minute, als es schon geklingelt hatte. Später hat Angela Merkel ihren Dreimetersprung ein paar Mal in Interviews ausprobiert, um Journalisten zu erklären, wie sie funktioniert, wieso ausgerechnet sie so mutig war, den *FAZ*-Artikel gegen Kohl zu schreiben, als alle anderen sich noch gar nicht trauten, so weit zu denken.

«Ich bin, glaube ich, im entscheidenden Moment mutig. Aber ich brauche beachtliche Anlaufzeiten, und ich versuche, möglichst viel vorher zu bedenken. Spontan mutig bin ich nicht. Ich bin zu sehr kopfgesteuert.»

CLUB DER UNGEKÜSSTEN

Auf der EOS, der Erweiterten Oberschule, war sie dann *die* Einserschülerin. Sie hatte in allen Fächern einen Riesenvorsprung vor allen anderen.

«Was glauben Sie, auf was für Bücher die da im Waldhof zurückgreifen konnte», erzählt Bodo Ihrke.

Angela Kasner muss dieser besondere Typ Einserschülerin gewesen sein, der trotzdem nett ist, der dazugehört, der die anderen abschreiben lässt, der hilft, der Spaß daran hatte, seinen Vorsprung und sein Wissen weiterzugeben.

«In Russisch war es so», sagt Bodo Ihrke, «wir haben uns gefragt, was kann drankommen. Dann hat sie es für mich ausgearbeitet. Und ich habe es dann auswendig gelernt und bestanden. Sie hat in unseren Diskussionen immer Wert darauf gelegt, dass einer den anderen ausreden lässt. Sie hat uns alle vorangebracht.»

Eine gute Clique mit gutem Zusammenhalt ist das gewesen. Sie haben Feten gefeiert, auf denen Bier getrunken wurde und Kirsch-Whisky. Sie haben nächtelang über alles sehr offen diskutiert. Sie haben die Außenstelle für Segelsport der Gesellschaft für Sport und Technik unterwandert und Bootsfahrten unternommen mit einem großen Kutter. Nach dem Abitur sind sie einmal eine ganze Woche unterwegs gewesen auf diesem Holzkahn, bis Fürstenberg. Sie haben gelernt und gelebt und geliebt und getrunken. Und einige von ihnen haben später untereinander geheiratet. Doris Schulz zum Beispiel hat den Bodo Ihrke geheiratet. Silberne Hochzeit war auch schon.

«Nur die Angela hatte, ehrlich gesagt, nie was mit Jungen», sagt Bodo Ihrke.

Und Harald Löschke, der Klassenkamerad, der heute Polizeipräsident in Templin ist, sagt: «Sie war halt damals schon in der CDU, im Club der Ungeküssten.»

Ungeküsst, aber immer dabei. Die Clique traf sich ja auch sehr oft bei ihr zu Hause im Waldhof, da gab es Platz und Freiheit.

Und doch war sie anders. Sie war die Pfarrerstochter. Sie war die Beste. Sie sammelte Kunstpostkarten. Sie küsste nicht.

Bodo Ihrke sammelte keine Kunstpostkarten, das machte

überhaupt sonst kein Mensch damals. Er hat aus West-*Bravos* die Bilder der Popstars abfotografiert und damit gehandelt. Und er war Gitarrist bei den Piggies. Die spielten natürlich Stones und Beatles, hatten aber auch eine DDR-Instrumental-nummer auf der Pfanne, wenn sie mal offiziell vorspielen muss-ten. Das war ja dann schon unter Honecker, der Beatmusik zu-gelassen hat, auch wenn das Verhältnis West- zu Ostmusik immer genau festgelegt war. Angelas Lieblingssong war *Je t'aime*. Ziemlich gewagt für eine, die nicht küsste.

Fast alle Jungs hatten Mopeds. Und einer der Väter konnte Decoder bauen, mit denen man ZDF empfangen konnte. Auch damit haben sie Geld verdient. Und wenn ihnen jemand gesagt hätte, dass sie zwanzig Jahre später alle zusammen in der ZDF-Sendung *Klassentreffen* auftreten würden, weil Angela im ver-einigten Deutschland Vorsitzende der CDU geworden ist, hät-ten sie sich gleich noch einen Kirsch-Whisky eingegossen und herzlich gelacht.

«Vor allem wegen Angela und CDU», sagt Ihrke.

Bodo Ihrke kann sehr schön aus Schülertagen erzählen. Und es klingt auch alles ein bisschen wie im Westen zur gleichen Zeit.

War es aber nicht. Abends um acht wurden vor allen Fens-tern des kleinen Ortes hinter der alten Stadtmauer die Jalou-sien runtergelassen. Dann ertönte die Melodie der Tagesschau und die FDJ war aufgefordert, herumzugehen und zu denunzie-ren, wer Kanal Fünf sah, also DDR, und wer den verbotenen Kanal Sieben.

Schuldirektor Gabriel war ein Hardliner.

«Wenn mein Bruder mir Pakete aus dem Westen schickt, dann nehme ich sie nicht an», erzählte der immer. «Und wenn der Ihrke nicht aufhört, mit seinen *Bravo*-Bildern zu schachern, fliegt er von der Schule.»

Jeder Schüler, der es wagte, mit einer Karstadt-Tüte zur Schule zu kommen, wurde nach Hause geschickt. Es war schließlich eine saubere Schule. Da gab es keine Westreklame.

Noch als 17-Jährige mussten die Schüler morgens vor der ersten Stunde strammstehen. Einer machte Meldung, dann wurde *die Internationale* gesungen oder *Brüder, zur Sonne, zur Freiheit.* Derjenige, der Meldedienst hatte, machte dann die Zeitungsschau. Und Zeitung, das war immer das *Neue Deutschland.*

ANGIES AGITPROP

Es war im Templiner Staatsbürgerkunde-Unterricht, und es war interessanterweise genau in dem Jahr, in dem Joschka Fischer in Frankfurt am Main Häuser besetzte und Steine schmiss.

1972, das Jahr, in dem die meisten westdeutschen Schüler mit Leidenschaft ein Kulturprogramm für Vietnam veranstaltet hätten, wenn die Lehrer es nur erlaubt haben würden. Im Westen konnte man in diesem Jahr beinahe von der Schule fliegen, nur weil man aus Übermut in der Kunststunde den Papierkorb angezündet und gerufen hatte: Dieses ist ein Happening. Weil die Lehrer in der Provinz selber nicht ganz genau wussten, was noch Happening ist, also Kunst, und was schon Agitprop oder wie diese neuen linken Vokabeln so hießen. Das Anzünden von Papierkörben jedenfalls war vorsichtshalber schon mal politisch, also links und bei Schulverweis verboten.

Im Osten war es umgekehrt: Angela Merkel flog im Jahr 1972 beinahe von der Erweiterten Oberschule in Templin, weil sie sich weigerte, eine ordentliche Agitprop-Stunde für Vietnam zu machen. Es sollte ein Kulturprogramm für den Vietkong werden. Charly Horn, der Klassenlehrer, den sie sowieso alle nicht mochten, hatte diese Agitprop-Aufgabe viel zu spät angesagt, hatte Druck von oben bekommen, und dann sollte es plötzlich ganz schnell gehen.

Aber die Schüler weigerten sich. Für Vietnam sowieso nicht. Und so plötzlich schon mal gleich gar nicht. Ein Riesenkrach lag in der Luft. Da hat Vater Kasner, der sich Sorge um Angelas Studienplatz in Leipzig machte, gesagt: Mensch, macht das doch. Haut doch ein bisschen was zusammen. Riskiert doch kurz vor Schluss nicht alles.

«Damals musste man sich ja schon in der 11. Klasse für einen Studienplatz bewerben, und Angela hatte einen bekommen für Physik in Leipzig. Eine Pfarrerstochter und einen Studienplatz, das war schon eine tolle Sache.»

Also traf sich die Clique im Waldhof. Und in drei Stunden stand das Agitprop-Programm der etwas anderen Art. Erst haben sie Christian Morgensterns Gedicht vom Mopsleben aufgeführt. In diesem Gedicht sitzen die Möpse so gerne *auf Mauerecken, die sich ins Straßenbild hinaus erstrecken, um von sotanen vorteilhaften Posten die bunte Welt gemächlich auszukosten.* Dann haben sie nicht für Vietnam, sondern für die *Frelimo* gesammelt. Und am Schluss haben sie zwar die Internationale gesungen, aber auf Englisch.

Dann war die Hölle los. Christian Morgenstern galt als bürgerlicher Autor. Das Wort Mauer war in der DDR sowieso und in jedem Kontext eine eindeutige politische Provokation. Englisch war die Sprache des Klassenfeindes. Und weil keiner unter den Lehrern die durchaus marxistische Befreiungsorganisation Mosambiks *Frelimo* kannte, wurde sie kurzerhand zur imperialistischen, wahrscheinlich auch noch kirchennahen Organisation erklärt. Wozu hatte man schließlich den Kalten Krieg?

Richtig ernst wurde es, weil Direktor Gabriel am nächsten Tag tatsächlich die Staatssicherheit in die Schule holte. Alle wurden verhört. Allen wurde angedroht, dass sie keinen Studienplatz bekommen, wenn sie die Verantwortlichen für diese subversive Aktion nicht verraten. Klassenlehrer Charly Horn übte sich in öffentlicher Selbstgeißelung.

Die Schuldigen sind bald gefunden: Brigitte und Hartmut, noch ein paar andere Mädchen und natürlich Angela, die

40

Pfarrerstochter. In der Elternversammlung war dann der offene Hass der Lehrer gegen diese Schülerclique zu besichtigen, die immer mit Westkleidern und Nietenhosen in die Schule kam.

Aber dann kam es, ausgerechnet über die Klamottenfrage, in Templin zu etwas, was das Städtchen später erst wieder zu Wendezeiten erlebt hat, zu einer erstaunlich wehrhaften Aktion, zu einem Aufschrei der Eltern, fast schon so etwas wie Widerstand: Was die Lehrer sich eigentlich einbildeten? Unter größter Mühe besorge man den Kindern anständige Kleider, jetzt sei aber bald mal Schluss.

Vater Kasner ist es dann gewesen, der mit seinen guten Kontakten zur obersten Kirchenleitung die Angelegenheit von der «Stasi-Schiene zurück auf die Schulschiene geholt» hat. Er schaltet seinen Bischof Albrecht Schönherr ein. Es wird sogar eine Petition verfasst, die Angela Merkel selber zum obersten Kirchenjuristen der DDR, zu Manfred Stolpe nach Berlin ins Stephanusstift bringt.

Niemand fliegt von der Schule. Alle dürfen studieren. Die Täter kommen mit einem Verweis beim Fahnenappell davon.

Der Lehrer Charly Horn aber knallt noch heute jedem die Tür vor der Nase zu, der an seiner Wohnung klingelt und mit ihm über Angela Merkel und eine Agitprop-Stunde des Jahres 1972 sprechen will. Ganz ohne Schuldigen ging es eben nicht. Sie haben ihn bald nach dem Vorfall versetzt, weil er diese Propagandastunde zu spät angesetzt, nicht genug beaufsichtigt und damit den Eklat verursacht habe. Charly Horn ist heute nicht mehr Lehrer. Er trinkt, sagen die Menschen in Templin. Es ist eine traurige Geschichte.

Und es ist spät geworden an diesem 29. Januar des Jahres 2001. In Berlin werden längst die ersten Zeitungen des nächsten Tages ausgeliefert. Die Schlagzeilen heißen: *Das ungeliebte Führungsduo – Merkel sucht nach Profil – Harsche Kritik an Merkel und Meyer – Merkel erklärt Streit für beendet.*

Auf dem Rückweg über holpriges Kopfsteinpflaster geht mir noch einmal durch den Kopf, was die Lehrer und Mitschüler über die Wende erzählt haben, die Wende in Templin.

Seit Oktober 1989 gab es auch in dem kleinen, eingemauerten Städtchen Friedensgebete, Montagsveranstaltungen und ein *offenes Mikrofon* in der Kirche, wie überall. Nach Weihnachten entstand dann eine Pause, so eine Art Vakuum. Da hat Pfarrer Kasner in der Kirche losgepoltert, dass nichts vorbei ist, dass es jetzt erst losgeht: «Politik ist Schicksal. Jeder muss erkennen, dass Politik auch sein Schicksal ist. Wenn ihr wollt, dass sich wirklich was verändert, dann müsst ihr jetzt aktiv werden und kandidieren für die Wahl, ihr müsst jetzt in die Parteien gehen.»

Familie Kasner hat es dann vorgemacht. Der Vater schloss sich dem *Neuen Forum* an. Die Mutter trat in die SPD ein und wurde die hoch geachtete Präsidentin des Kreistages. Der Bruder, von dem immer geschrieben wird, er sei bei den Grünen, verließ im Gegenteil das *Bündnis 90* wieder, als dies sich mit den Grünen zusammentat. Wie sein Freund Günter Nooke. Nur dass der weitergemacht hat mit der Politik und schließlich bei der CDU gelandet ist.

Mathelehrer Beeskow ist gleich zur CDU, obwohl er große Probleme mit den Blockflöten hatte.

In frühen Interviews hat auch Angela Merkel noch recht freimütig erzählt, wie entsetzt ihre Eltern waren, als ihre Tochter mit dem *Demokratischen Aufbruch* zur CDU wechselte. Früher sei die Ost-CDU auch für sie eine schlimme Partei gewesen, hat sie noch 1994 dem *Spiegel* gesagt. Die Ost-CDU galt ja mehr oder weniger als Unterabteilung Kirche der SED. Dann habe sie gelernt, «dass diese Partei auch ein Hort war», was immer das heißt. Heute kann sie an das Thema Blockflöten nur schwer erinnern, ohne viele alte Mitglieder ihrer Partei im Osten zu kränken. Und im Berliner Lager-Wahlkampf gegen die PDS wäre eine Erinnerung an die Ost-CDU und deren Anteil an

Mauer und Schießbefehl auch eher hinderlich. Darum spricht sie nicht mehr so gerne darüber.

Lehrer Beeskow spricht darüber: «Da waren dann plötzlich Leute, die noch am 40. Jahrestag der DDR, am 7. Oktober 1989 also, heiße Reden gehalten haben gegen die Bundesrepublik und den bösen Kapitalismus. Und die wollten weiter in der ersten Reihe bleiben.»

Andererseits hatte Angelas Mutter auch mit der SPD so ihre Probleme. Bei Beeskow hat sie sich mal beklagt, dass die sich da alle duzen und mit Genosse anreden.

«Genosse, das muss man sich mal vorstellen, nach allem, was war.»

Beeskow hat dann ein bisschen zurückgeklagt über die Blockflöten in der CDU.

«Wir wollten doch beide, ich in der CDU, Frau Kasner in der SPD, etwas bewegen für Templin. Das war unser Anliegen. Und das haben wir auch erreicht.»

Und Lehrer Beeskow gerät fast noch ein bisschen mehr ins Schwärmen, wenn er von Angela Merkels Mutter erzählt, als wenn er über seine beste Schülerin spricht.

«Eine sehr kluge Frau, sehr direkt, zugänglich, ehrlich, offen. Es hat großen Spaß gemacht, mit dieser Frau zusammenzuarbeiten im Kreistag und im Stadtparlament.»

1993 gab es die Kreisgebietsreform. Der Altkreis Templin wurde aufgelöst. 1998, bei der letzten Wahl, hat Herlind Kasner noch einmal für das Stadtparlament kandidiert – da war sie schon über 70 – und ist nicht mehr reingekommen.

«Auf diese Weise ist sie jetzt weg», sagt der Fraktionsvorsitzende der CDU über die SPD-Mutter seiner Parteivorsitzenden.

Und er schaut traurig durch das Schulfenster in die Dunkelheit, noch trauriger als vorhin, als er davon berichtete, wie Angela Merkel nicht Vorsitzende der Brandenburger CDU geworden ist.

Die Schüler waren ja alle nicht mehr in Templin zur Wendezeit. Bodo Ihrke arbeitete inzwischen als Ingenieur in Eberswalde. Er hat die feurigen Reden des Pfarrers Kasner nicht gehört. Er wusste, dass Angela in Leipzig studiert hatte, vielleicht wusste er auch, dass sie verheiratet war und in Berlin an der Akademie der Wissenschaften gelandet war. Man hatte sich aus den Augen verloren.

Eines Abends im März 1990 saß er dann mit seiner Frau zu Hause in Eberswalde vor dem Fernseher, als die plötzlich rief: «Guck mal Bodo, die Angela. Ich glaube es nicht.»

Der Chef des *Demokratischen Aufbruchs*, Wolfgang Schnur, war an diesem Tag als Informeller Mitarbeiter der Staatssicherheit enttarnt worden. Und die *Tagesthemen* zeigten das Haus der Demokratie in Berlin. Eine schwere Tür ging auf. Aus der Tür kam eine zornige junge Frau rausgelaufen, die diese Tür dann sehr wütend wieder zuschmiss.

Da hat Doris zu ihrem Bodo gesagt: «Siehst du, die Angela ist natürlich nicht so feige wie wir. Die tut jetzt was. Die macht jetzt mit. Die ist da beim *Demokratischen Aufbruch* dabei.»

Zufällig trat am selben Abend in Eberswalde der Vater von Stephan Hilsberg auf und stellte die neu gegründete SDP vor. Zwei Menschen sind an diesem Abend in Eberswalde in die SDP, die spätere Ost-SPD, eingetreten und haben einen richtigen Kreisverband gegründet. Einer von ihnen ist heute Landrat des Kreises Barnim.

«Die Angela ist also, wenn Sie so wollen, auch Schuld, dass ich jetzt hier sitze und Politik mache», sagt er.

Da war sie also wieder aufgetaucht, die Musterschülerin von Templin, und sie war mitten drin im Berliner Wendegeschehen, mitten unter Bürgerrechtlern und Dissidenten, mit denen sie vor dem Mauerfall noch nichts zu tun hatte. Wieder war sie von draußen gekommen, aus einer anderen Welt, zu Menschen, die sich für modern und fortschrittlich hielten, für klüger sowieso, die alle spät Dazugekommenen noch heute etwas abschätzig

Novemberrevolutionäre nennen. Und so wiederholte sich das Muster der Musterschülerin. Wieder galt es für Angela Merkel, die Regeln dieser Menschen zu analysieren und zu durchschauen, ihnen nicht zu verraten, was man sonst noch alles wusste, und: besser zu sein als alle anderen.

Sie war auf dem Weg, die Musterschülerin des vereinigten demokratischen Deutschlands zu werden.

Zweites Kapitel
1968

BUSSE TUN MIT JOSCHKA

Zwei Tage nach dem Ausflug in die Vergangenheit bin ich mit der Musterschülerin von Templin verabredet, ganz oben im Himmel über Berlin, im Telecafé vom Fernsehturm am Alexanderplatz. Sie ist ja jetzt selbst ganz oben: Parteivorsitzende der gesamtdeutschen CDU. Und in den letzten Tagen im Bundestag hatte es sich manchmal so angehört, als wolle sie uns deswegen nicht mehr nur die Musterschülerin, sondern am liebsten gleich auch noch die Oberlehrerin der Demokratie geben.

Als es unter Norman Fosters Reichstagskuppel um Joschka Fischers Vergangenheit als Häuserbesetzer und Straßenkämpfer ging, war sie aufgestanden, hatte den linken Zeigefinger gehoben und vollkommen ernst und unironisch belehrend gesagt: «Je länger diese Debatte dauert, umso mehr verstärkt sich mein Eindruck, dass wir wieder einmal die Grundzüge unserer Demokratie miteinander besprechen sollten.»

An den Schulbubengesichtern des Bundeskanzlers und des Außenministers, die der Parlamentskanal dankenswerterweise in diesem Augenblick in Großaufnahme zeigte, konnte man eine schon fast bestürzte Fassungslosigkeit ablesen: Da kommt so eine aus dem Osten, ist durch Helmut Kohls unappetitliche Spendenaffäre Parteivorsitzende der gesamtdeutschen CDU geworden und will ausgerechnet uns alten 68ern die Grundzüge der Demokratie erklären.

Die Gesichter wurden nicht viel anders, nur noch ein bisschen fassungsloser, als Angela Merkel dem deutschen Außenminister dann allen Ernstes nahe legte, Buße zu tun. Sie sagte wirklich: Buße tun. Sie sagte: «Herr Vizekanzler, ich erwarte von Ihnen nicht nur, dass Sie sich für das Werfen von Steinen auf einen konkreten Menschen entschuldigen. Ich erwarte von Ihnen vielmehr auch, dass Sie sagen: Ich hatte in der damaligen Zeit eine total verquere Sicht von der Bundesrepublik Deutschland. Ich habe mich geirrt. Ich habe eine falsche Sicht gehabt. Dies war nicht die richtige Sicht, und ich habe deshalb Buße zu tun und das anzuerkennen.»

Da war es für einen unterhaltsamen Moment im postideologischen Deutschland noch einmal so wie früher, in den guten alten Zeiten, als das Links- oder Rechtssein noch geholfen hat.

Die Linken jaulten auf wie Pawlowsche Hunde: Was glaubt die eigentlich, wer sie ist? Was erlaubt die sich? Gerhard Schröder sprach von einem «hochmoralisch aufgeladenen Kulturkampf».

Die Kommentatoren schrieben: «Die weiß doch gar nicht, was damals los war in Deutschland.»

Sie haben natürlich in Westdeutschland gemeint. Sie meinen immer Westdeutschland, wenn sie Deutschland schreiben.

Und die Rechten jubelten über den überraschend pastoralen Tonfall ihrer Parteivorsitzenden, hatten ja auch lange nichts mehr zum Jubeln gehabt.

Die Redakteure der Springer-Zeitungen probierten mit Unterstützung einiger 68er-Renegaten in diesen Tagen an Joschka Fischer und Jürgen Trittin ohnehin gerade etwas angeblich Neues aus, etwas, was sie «Thesenjournalismus» nannten. War aber dann doch nichts anderes als der alte, verlogene und verleumderische Kampagnenjournalismus des Kalten Krieges.

Man konnte hier zum ersten Mal, wie später im Wahlkampf um das Rote Rathaus von Berlin, den Eindruck gewinnen: Weil sie für die Entscheidungen von heute auf die Fragen von morgen noch keine Antworten und Programme haben, stellen sie erst mal die Schlachten von gestern noch einmal nach. Das lenkt eine Weile von der eigenen Unentschiedenheit ab und unterhält das Publikum. Das schließt auch die eigenen Reihen noch einmal so schön fest zusammen wie früher im gerade zurückliegenden Jahrhundert, als es noch klare Fronten gab und stabile Feindbilder.

Wenn da nicht dieser seltsam ernsthafte Tonfall der Angela Merkel gewesen wäre. Wenn man nicht den Verdacht gehabt hätte, die meint das möglicherweise sogar ernst. Vielleicht ist das bei der ja gar nicht nachgestellt. Am Ende geht es der tatsächlich noch einmal um die Grundzüge unserer Demokratie.

Man kann einen richtigen Schreck kriegen, wenn man Angela Merkel eine Weile nicht gesehen hat. Wie sie da im Maggie-Thatcher-Sturmschritt über den Alexanderplatz auf den Fernsehturm zukommt, eine Kampfmaschine im schwarzen Hosenanzug, den Kopf voraus, im Gesicht diese angestrengte, konzentrierte und unendliche Müdigkeit. Im Gehen redet sie auf ihre Pressesprecherin ein, die ihrerseits über Funktelefon auf jemand anderen einredet. Dahinter die Bodyguards. Der Gesichtsausdruck zur kurzen Begrüßung etwa: Und jetzt lassen Sie uns mal schnell diesen blödsinnigen Termin hinter uns bringen. Mir fliegt, wie Sie wissen, wieder mal der Laden um die Ohren.

Schon die Lektüre der Zeitungen muss an diesem Morgen ein Vergnügen gewesen sein. Der Dampfdruckkessel Berlin wartet auf das Urteil des Berliner Verwaltungsgerichts zur Millionenstrafe der CDU. Biedenkopf hat seinen bekanntesten Minister gefeuert und steuert zum Ende seiner glanzvollen Karriere auf ein politisches und persönliches Fiasko zu. Die Kampagnenjournalisten haben mutwillig, aber nachhaltig das Gerücht in die Stadt gesetzt, dass der Schatzmeister der CDU aus Ärger über das Schröder-Plakat das Handtuch werfen wollte. Die Angriffe auf Joschka Fischer haben sich nicht gelohnt. Im Gegenteil: Der Außenminister hat wunderbare Umfrageergebnisse. Jetzt erst recht. Dafür sind die Wahlprognosen für die CDU in Baden-Württemberg und vor allem in Rheinland-Pfalz eher schlecht. Und ein Parteifreund namens Stroetmann, der in Schröders Heimatstadt Hannover zur Bürgermeisterwahl kandidiert, hat sich selbst als Verbrecher plakatiert, um mit einem anbiedernden «Sorry, Gerhard» wenigstens noch einmal bundesweit in die Zeitungen zu kommen. Und um sich an Angela Merkel zu rächen. Es ist – was die meisten Beobachter im hochbeschleunigten Berlin vergessen haben – der Clemens Stroetmann, den eine junge Umweltministerin aus dem Osten einst zum Erstaunen des Publikums sehr zügig aus dem Amt des Staatssekretärs entfernt hatte.

Sie schaffen es nicht. – Sie sind vor die Pumpe gelaufen. – Sie können es nicht. Merz kann es nicht, Meyer kann es überhaupt nicht, und Merkel eben leider auch nicht. – Aus, das Merkel-Wunder. So steht es in den Kommentaren der CDU-nahen Blätter.

Es ist also, wenn man so will, ein ganz normaler Merkel-Morgen. Seit Beginn der Spendenaffäre sind ja nicht gerade sehr viele Tage im Leben der Angela Merkel sehr viel anders gewesen als dieser hier.

Umso erstaunlicher wieder einmal die Verwandlung, als wir oben im Telecafé angekommen sind. Wir bestellen Matjes mit Ofenkartoffeln und Schmand. Angela Merkel schaut hinunter auf Berlin. Die goldene Kuppel der Synagoge leuchtet im fahlen Winterlicht. Und die Vorsitzende der CDU Deutschlands sagt auf, was sie sieht, wie ein Kind:

«Da, die Spree. Der Dom. Die Museumsinsel. Der Palast der Republik. Der Reichstag, dahinter das neue Kanzleramt. Der Potsdamer Platz. Da war ja nun früher gar nichts. Und da, die goldene Else.»

Die Ränder der Stadt verschwimmen im Dunst.

Als sie sich wieder umdreht, hat sie plötzlich dieses verschmitzte Merkel-Lächeln angeknipst, das Fernsehzuschauer nur noch so selten zu sehen bekommen, und sagt ganz entspannt, fast schon behaglich: «Ich muss doch sagen, das ist wirklich ein sehr schönes und freiheitliches Gefühl, von hier oben einmal auf das freie Berlin zu schauen.»

Eigentlich ist sie genervt und unter Zeitdruck. Es ist bei ihr ganz offensichtlich eine Form von Aggressionsabwehr oder Übersprungshandlung, einfach sehr gut gelaunt zu tun und in die Pathosoffensive zu gehen.

Dass wir unten an der Kasse und am Fahrstuhl nicht eine Sekunde anstehen mussten, lag nicht an Angela Merkels Zeitdruck oder Berühmtheit, sondern am Untergang der DDR. Heutzutage fährt hier ja am frühen Morgen kaum noch jemand auf den Turm. Damals hat es immer mehr als eine Stunde gedauert, bis man an der Reihe war und den Aufzug betreten konnte. Damals wollten alle DDR-Insassen wenigstens einmal vom Berliner Fernsehturm aus fern sehen in den verbotenen und unerreichbaren Teil der Stadt. Deswegen war die Warteschlange immer sehr lang.

Damals, vor der Wende, ist auch Angela Merkel oft oben auf der Aussichtsplattform gewesen. Wenn zu viele Menschen vor dem Fernsehturm warteten, ist sie rüber ins Hotel *Stadt Berlin*. «Da konnte man kostenlos in die 35. Etage fahren. Das war der Geheimtipp, wenn man drüben nicht so lange anstehen wollte. Da hatte man auch einen guten Blick.»

Auf der Plattform vom Fernsehturm drängten sich damals alle immer nur auf der einen Seite, von der aus man in den goldenen Westen schauen konnte.

«Dann haben die Eltern oder die Westverwandten einem erzählt: Da, das Brandenburger Tor und dahinter ist der Tiergarten. Und dann hat man die goldene Else gesehen.»

Der Engel auf der Siegessäule wird eigentlich Goldelse genannt. Wie fremd und sehnsuchtsmächtig das heute noch klingt, wenn eine aus dem Osten sagt: Die goldene Else. Die goldene Else dahinten im einst unerreichbaren goldenen, freien Westen.

«Vielleicht hätte ich ja erst auf den Fernsehturm fahren und mir einen Überblick verschaffen sollen, bevor ich die Sache mit dem Plakat entschieden habe», sagt sie etwas später.

Und da mag man ihr wirklich nicht widersprechen.

«Es kann sein, dass ich nicht mehr genug Abstand hatte in dieser Rentensache. Das hat aber auch mit meiner Enttäuschung zu tun, weil ich mich sehr lange für den Riester stark gemacht und gesagt habe: Wir versuchen das im Konsens. Und dann musste ich erleben, dass er so ein schwacher Fachmann ist, der unglaublich viel Mist macht. Diese Erfahrung und Enttäuschung ist dann offensichtlich in eine zu große Härte und in mangelnde Distanz umgeschlagen.»

Das versucht sie immer: Einem die schärfsten Krallen aus der Fragepranke zu ziehen. Das geht bei ihr schmerzfrei, durch den Charme und die örtliche Betäubung eines freiwilligen Eingeständnisses. Das funktioniert auch in Sälen.

Wenn man ihr direkt gegenübersitzt, wie jetzt im Himmel über Berlin, stellt man sich immer wieder dieselben Fragen: Was ist das überhaupt für eine Frau? Wie macht sie das? Warum wirkt sie so anders, wenn man sie direkt vor sich hat, als wenn man sie im Fernsehen agieren sieht? Was für eine Art Charme ist das? Wieso erzählen die meisten, die sie einmal näher kennen gelernt haben, dass man Angela Merkel einfach mögen muss?

Kann es sein, dass sie ständig getarnt ist? Dass sie in Wirklichkeit genau weiß, was sie tut, was sie sagt, wem sie was sagt, wie sie es sagt und wann? Und dass es immer nur so naiv und offen, spontan und vollkommen ungeplant erscheint? Vieles wirkt so unentschieden und beeinflussbar. Dabei handelt sie, wenn man es genauer analysiert, sehr entschieden, strategisch kalkuliert und, wenn es sein muss, knallhart. Im Gespräch bildet sie ständig kategorische Hauptsätze, macht klare Ansagen. Und schaut einen dabei trotzdem so an, als sei ein «Oder-was-meinen-Sie?» immer mit gemeint. Sie wirkt so dünnhäutig. Dabei hat sie ja nun anscheinend wirklich ein dickes Fell.

Dazu diese kindlichen, tollpatschigen Bewegungen. Wie sie die Ellenbogen aufstützt und das Glas Mineralwasser mit beiden Händen ganz fest hält. Wie sie vor ein paar Wochen in Stuttgart auf dem Parteitagspodium saß und Erwin Teufel applaudierte: Zwei leicht nach außen gebogene Patschehändchen schlagen etwas ungeschickt und direkt vor dem strahlenden Gesicht aufeinander – backe, backe Kuchen.

Unten in der ersten Reihe sitzt dann möglicherweise Roland Koch, wie Django, breitbeinig die Füße links und rechts weit von sich ausgestellt, die Arme stramm vor der Brust verschränkt. Geballte Fäuste in den Achselhöhlen. Eine einzige Drohgebärde.

Und oben wieder sie, die immer noch ein wenig rot werden kann, wenn die Leute im Saal zu lange klatschen. Die ihre linke Hand zu einem kleinen Förmchen macht, wenn sie Vorträge hält – die Fingernägel übrigens männlich kurz, aber gepflegt und gefeilt. Eine Musterschülerin eben, aber eine, die auch abschreiben lässt. Eine mit Talent zur Oberlehrerin, die den anderen wieder und wieder geduldig und gerne erklärt, was sie offenbar immer noch nicht kapiert haben. Die verlegen ihre Ponyfransen aus der Stirn pustet, wenn der Applaus gar nicht mehr aufhören will. Die immer noch nicht in jeder Situation weiß, wohin mit ihren Händen.

So begeistert man keine Massen. Aber so gewinnt man die Einzelnen in einer Masse.

Es ist das genaue Gegenteil der Körpersprache von George W. Bush oder Roland Koch, deren Haltung und Gestik offenbar in jeder Situation Testosteronüberschuss und Aggressionsbereitschaft signalisieren sollen und dieses immer ein wenig lächerliche: Glauben Sie ja nicht, wen Sie vor sich haben.

Von Körpersprachenforschern und Verhaltenspsychologen kann man sich erklären lassen, wie nützlich so ein ganz anderer Auftritt in der Politik sein kann, vor allem, wenn er nicht aufgesetzt oder gespielt ist. Das funktioniert bei Angela Merkel wie ein Kindchenschema und weckt Schäferhundinstinkte, also den unbewussten Wunsch, beschützen zu wollen. Niemand hat das präziser gefühlt und besitzergreifender ausgedrückt als Helmut Kohl, der sie «das Mädchen» nannte oder gleich «mein Mädchen».

Die Psychologen sagen, dass Kindchenmuster nicht nur Beschützerinstinkte hervorlocken, und zwar bei Männern und Frauen, sondern außerdem Männer und Frauen dazu verführen, so einen Menschen unbewusst, also gegen jede Beobachtung und Erfahrung, immer wieder und weiter zu unterschätzen, selbst wenn er längst an allen anderen vorbei Generalsekretärin und Parteivorsitzende geworden ist.

Viele im politischen Betrieb der Berliner Republik haben beobachtet, wie machtbewusst, zielstrebig und zäh, politisch, rational, vom Ende her denkend und strategisch kühl kalkulierend Angela Merkel ihre Blitzkarriere von der unbekannten Ost-Abgeordneten zur Parteivorsitzenden der CDU angelegt hat. Und alle sind dann doch in konkreten Situationen immer wieder dieser Beißhemmung ausgeliefert, die als Angela Merkels geheime Defensivwaffe wirkt, vor allem im Nahkampf.

Schröders Leute geben zu, dass sie damit ein Riesenproblem haben. «So wie die den Kanzler angeht, können wir nicht mit ihr umgehen im Wahljahr. Das würden sogar die eigenen Leute uns übel nehmen», sagt Michael Donnermeyer, der Sprecher der SPD.

Heiner Geißler sagt: «Angela Merkel anzugreifen ist gefährlich. Sie mobilisiert Sympathien. Es würde ganz einfach von der Öffentlichkeit und von der Partei nicht akzeptiert oder auch nur geduldet, wenn man die Frau angreift, ohne dass ein erkennbar wichtiger, wirklich plausibler und triftiger Grund vorhanden ist.»

Edmund Stoiber hat das grandios begriffen. Es war noch völlig offen, ob er oder Merkel Spitzenkandidat der Union für die Wahl 2002 werden sollte, und Stoiber wollte es auch unbedingt noch eine Weile offen halten, als er sie bei ihrem ersten Auftritt auf einem CSU-Parteitag im November 2000 geradezu als Starkandidatin herausgestellt hat. Seine Partei hat er damals aufgefordert, ihr nur ja tüchtig zu applaudieren. Und als sie sich im Gedränge der Kameras durch die Münchner Messehalle zur Bühne vorarbeitete, ließ er den Tom-Jones-Hit «She's a Lady» spielen anstatt den Bayerischen Defiliermarsch. Den Journalisten sagte er gegen Ende des Parteitages zum ersten Mal, was er danach noch so oft versichert hat, er selbst wolle auf keinen Fall den Spitzenkandidaten machen. Stoiber hat instinktiv zur Wahrung seiner eigenen Chancen das einzig Richtige getan, weswegen, und das hat ja damals noch niemand beachtet, der Text bei Tiger Tom auch hoffnungsvoll weitergeht: «... and the Lady is mine».

Friedrich Merz hat diese Zusammenhänge möglicherweise nie, oder vielleicht auch einfach nur zu spät, begriffen. Je mehr er sich zu Merkels Antagonisten machte oder zuließ, dass die Hektiker seiner Fraktion ihn im Zusammenspiel mit noch hektischeren Journalisten dazu machten, desto rapider sanken seine Umfragewerte bei den Wählern und seine Popularität an der Parteibasis.

Manchmal sind die Erkenntnisse über den Zusammenhang von Psychologie und Politik eben nicht nur hochinteressant, sondern auch machtentscheidend.

Mittags auf dem Fernsehturm, das ist wie abends am Kamin oder auf einer Bank am See. Die Gespräche dürfen Pausen haben. Dann schaut man gemeinsam ins Feuer, auf den See. Oder eben auf Berlin. Dahinten, in der Wilhelmstraße, war eine von Angela Merkels vielen Berliner Wohnungen.

«Das Brandenburger Tor haben Sie? Dann gehen Sie mal rüber zu diesem grün bedachten Gebäude, das ist das Adlon. In dem Ausläufer einer der Neubauten, an der Behrenstraße ganz oben mit Ausblick, da habe ich gewohnt bis vor zwei Jahren.»

Und rechts unten, hinter der Museumsinsel am Kupfergraben, gegenüber vom Pergamonmuseum wohnt sie jetzt. Im Erdgeschoss hat Lothar de Maizière seine Anwaltspraxis. Nein, man sieht sich eher selten, sagt sie.

Angela Merkel wohnt im vierten Stockwerk mit ihrem Ehemann, dem Chemieprofessor, der es von dort aus nicht weit hat zur Humboldt-Uni. So, wie sie am Wochenende schnell mal eben zu Fuß zu den Hauptstadtstudios gehen könnte. Das tut sie aber nicht. Nicht mehr. Weil man nach einem flotten Fußmarsch im Kameralicht immer so fleckig und angestrengt aussieht.

Was der größte Unterschied zu früher ist, beim Blick auf Berlin?

«Dass ich mich heutzutage auch im Westen sehr gut auskenne. Und dass die Dächer so ordentlich repariert sind», sagt sie.

Man kann auf dem Fernsehturm des Jahres 2001 gar nicht mehr genau unterscheiden, wo der Osten aufhört und der Westen beginnt. Außer vielleicht, wenn man über das Jahr spricht, in dem der Berliner Fernsehturm gebaut wurde, als «Sensation» und «sozialistische Höhendominante».

Das war das Jahr 1968. Da wird der Unterschied zwischen Ost und West doch noch einmal sehr deutlich.

Angela Merkels 1968 geht so: Sie war vierzehn und machte mit den Eltern und Geschwistern Urlaub im Riesengebirge, in Pec pod Sněžkou. Sie erinnert sich noch sehr genau, auch weil sie bei der tschechischen Familie, bei der ihre Eltern eine Ferienwohnung gemietet hatten, einen, wie sie sagt, größeren Schaden angerichtet hat, als sie eine Mineralwasserflasche in ein Waschbecken fallen ließ.

«Das Waschbecken bekam einen Sprung, was unter sozialistischen Bedingungen eine ziemliche Katastrophe war.»

Vater Kasner musste ein neues Waschbecken organisieren.

«Eines Tages saß dann auf dem Hang hinter dem Haus der Junge unserer tschechischen Gastfamilie und zerriss genüsslich

Briefmarken, eine nach der anderen. Auf den Briefmarken war der Kopf von Novotný. Ich eilte da hin und fragte, was denn nun los wäre. Und der erklärte mir, dass jetzt eben Dubček der große Held sei und dass deswegen die Briefmarken, auf denen Novotný war, in den Orkus gehörten.»

Dann fuhren die Eltern zwei Tage nach Prag, weil das alles so spannend war dort. Die Kinder mussten in Pec pod Sněžkou bleiben, obwohl sie auch sehr gerne erlebt hätten, was auf dem Wenzelsplatz los war.

«Da sollte es ja ganz offene Gespräche geben und West-zeitungen. Es muss alles irgendwie irre gewesen sein.»

Gegen Ende der Sommerferien hat sie dann wie immer die Großmutter in Pankow besucht.

«Dann kam der 21. August, und ich stand beim Frühstück in der Küche. Die hatten so ein kleines Radio, und es kam: Russische Truppen sind in Prag einmarschiert. Das war dann ganz schrecklich.»

Nach den Ferien mussten die Templiner Kinder in der Schule erzählen, was sie erlebt hatten und wie ihre Empfindungen waren. Die kleine Angela meldete sich und sagte, dass sie sehr traurige Ferien gehabt habe. Mit der Geschichte von den Brief-marken wollte sie ihren Ferienbericht beginnen.

«Dann sah ich schon an dem Blick des Lehrers, dass die Sa-che brenzlig wurde, und bin natürlich abgeschwiffen.»

Sie sagt tatsächlich «abgeschwiffen». Und es könnte ja auch gar kein Wort besser passen zu dem Gesicht, das sie mögli-cherweise schon damals in solchen Situationen gemacht hat. Sie erinnert sich nicht mehr daran, was genau sie gesagt hat im Sommer 1968 und mit welcher Geschichte sie eigentlich abge-schwiffen ist. Aber die Zuhörerin weiß plötzlich noch einmal sehr genau, woher die berühmte Pokermiene der Angela Mer-kel kommt. Wenn man als Kind schon gelernt hat, sich ganz schnell ganz blöd zu stellen, dann bietet sich dieses «Ich-weiß-auf-einmal-überhaupt-gar-nichts-mehr-Gesicht» eben an.

«Ja, es ist ein großer Vorteil aus DDR-Zeiten, dass man gelernt hat zu schweigen. Das war eine der Überlebensstrategien», sagt sie. «Ist es ja noch.»

Auf die Frage nach ihrer Lieblingstugend hat Angela Merkel im *FAZ*-Fragebogen «Verschwiegenheit» geantwortet.

Als Helmut Kohl sie 1994 gefragt hatte, ob sie Umweltministerin werden will, da hat sie so lange und so vollkommen dichtgehalten, dass es wochenlang nicht eine einzige kleine Meldung gab, nicht den Hauch eines Gerüchtes in Bonn, nicht einmal auf den Fluren des Ministeriums. Kohl, der so etwas im politischen Betrieb offenbar schon lange nicht mehr erlebt hatte, war schließlich schon ganz verunsichert und erkundigte sich eines Tages bei ihr: Es bleibt doch bei dem, was wir besprochen haben, oder?

Und als Wolfgang Schäuble sie zur Generalsekretärin machen wollte, hatte er ihr sogar extra gesagt, dass sie nicht darüber sprechen soll.

«Also habe ich mich eisern dran gehalten. Dann war ich plötzlich umgeben von mindestens fünfzig Menschen, die es alle wussten, mit vielen davon hatte Schäuble selbst gesprochen. Ich aber bin immer tapfer dabei geblieben, dass ich ja darüber nicht spreche. Heute bin ich mir gar nicht mehr sicher, ob Schäubles Bitte, darüber nicht zu sprechen, nicht eigentlich nur bedeuten sollte, zu dem Thema noch keine Interviews zu geben.»

Angela Merkel glaubt, dass dieses permanente Alles-weiter-Erzählen – wer mit wem wann was besprochen hat, wer was zu wem wie laut in der Präsidiumssitzung gesagt hat – in Bonn noch nicht ganz so schlimm gewesen und erst im Dauerscheinwerferlicht der Berliner Republik so richtig aufgeblüht ist.

«Nur ein paar Menschen aus der Wirtschaft können überhaupt noch wirklich dichthalten», sagt sie.

Sie jedenfalls würde zu gerne das Motto «Erst denken und dann reden» zum verbindlichen Parteislogan machen.

Wenn man aber versucht, Angela Merkel vorsichtig zu er-

muntern, doch einmal ein wenig ausführlicher über die Parteifreunde im Westen zu klagen, die alles Mögliche können mögen,
nur eben nicht schweigen, nur eben nicht erst denken und dann
sprechen, dann erntet man natürlich wieder diesen abgeschwif-
fenen Gesichtsausdruck und ein: «So war 1968 also bei mir.»
Das ist abschließend gemeint, sagt sie. Und dass sie höchstens intellektuell, aber auf keinen Fall politisch daran interessiert ist, jetzt, aufgehängt an Joschka Fischer, eine 68er-Debatte
zu führen.

Von oben, vom Berliner Fernsehturm aus mit Blick auf beide
Teile Berlins und aus der Erzählperspektive der Ostdeutschen
Angela Merkel sieht die Zeit von 1968 und danach tatsächlich
ein wenig anders aus, als man es sich als Westmensch so hübsch
zurechtgelegt hat.

Man könnte die Geschichte zum Beispiel auch so zusammen-
fassen: Während im Prager Frühling sowjetische Panzer alle
Hoffnungen auf Reformen und damit für jeden denkenden
Menschen im Osten zugleich auch überhaupt die Idee von einem real existierenden Sozialismus endgültig niederwalzten,
machte die Studentenbewegung im Westen die sozialistischen
Theorien und Ansprüche erst richtig modern.

Wer im Osten trotz des 17. Juni 1953 und trotz des 13. August 1961 immer noch an die Reformfähigkeit der kommunistischen Ideale und Länder geglaubt hatte, war jetzt geheilt, war
jetzt dagegen. Zur gleichen Zeit lähmte der wohlwollende Blick
der politischen 68er-Generation im Westen auf den Realsozia-
lismus in der DDR die ohnehin schwache Opposition im Osten
und schnürte sie ideologisch ein.

Man könnte es auch wie Vera Lengsfeld ausdrücken, dann
klingt es noch ein bisschen bitterer: «Während die Last des
kommunistischen Feldversuches jahrzehntelang auf dem Osten
Deutschlands ruhte, palaverten die 68er im Westen beim tem-
perierten Chianti von der deutschen Schuld und der Zweistaat-
lichkeit als Buße und notwendigem Friedensfaktor.»

Wenn man anfängt, Angela Merkel von den Notstandsgesetzen zu erzählen, von Globke und Oberländer, von den getarnten Nazis an den Universitäten und in den Parteien, von schweigsamen Vätern und von Politikern, die Intellektuelle als Ratten und Pinscher bezeichnet haben, vom elenden Mief der sechziger Jahre also und auch davon, dass man 1972 so wie sie im Osten auch im Westen beinahe von der Schule fliegen konnte wegen eines Happenings in der Kunststunde, das von aufgeregten Lehrern politisch interpretiert wurde, dann unterbricht sie bald und sagt:

«Ich habe ja nie bestritten, dass es im Westen autoritäre Erziehungsmethoden gab, dass man da versucht hat, Druck auszuüben, wobei ja wahrscheinlich die Dinge in Ost und West im Jahr 1968 auch miteinander korrespondiert haben. Das ist mir jetzt erst in der Debatte aufgefallen.»

Viele Parteifreunde haben ihr nach der Fischer-Debatte im Bundestag gesagt: Wissen Sie, 1968 und danach, das war eine Zeit, in der viele Verkrustungen aufgebrochen wurden. Und da waren auch wir dabei, bei den Demonstrationen. Jetzt fangen Sie bloß nicht an, das alles in eine falsche Richtung zu bringen.

«Einige aus der SPD und von den Grünen haben ja fast gelacht über mich neulich im Deutschen Bundestag, weil sie glaubten, ich sei naiv oder ich habe nichts gerafft, als ich sagte, diese Bundesrepublik war 1949, 1959, 1969, 1979 und 1989 eine freiheitlich verfasste Republik. Ich meinte damit doch nicht, dass es da keine autoritären und verkrusteten Strukturen gab. Sondern ich meinte, dass immerhin das deutsche Grundgesetz gegolten hat, dass man sich im Westen auf den Rechtsstaat doch mehr oder weniger verlassen konnte und dass freie Wahlen stattgefunden haben. Und da ist für mich ein systematischer Unterschied zur DDR.»

Es kommt also, wie so oft beim Erzählen von Geschichten und Geschichte, auf die Perspektive an. Für Angela Merkel hinter der Mauer ist die Bundesrepublik der sechziger und siebziger Jahre eben nichts anderes als ein bewundernswert demokratisches, freies und begehrenswertes Land gewesen. Der Idealstaat, gemessen an dem, was man in der DDR hatte.

«Deshalb tue ich mich so sehr schwer …», sagt sie und schaut noch einmal hinunter auf die Stadt, deren Ostdächer und Westdächer man im Jahr 2001 nicht mehr voneinander unterscheiden kann.

«Ich war und bin eben nur baff, dass Fischers Steinwürfe ausgerechnet in einer Zeit spielen, in der Willy Brandt Bundeskanzler war. Für mich ist diese Zeit verbunden mit Günter Grass im Wahlkampf, mit mehr Demokratie wagen, mit der Öffnung nach Polen, mit dem Kniefall und weiß der Himmel was. Also hatte ich den Eindruck, dass es sich irgendwie um ein sehr offenes Land gehandelt hat, das man nicht mit Gewalt bekämpfen musste. Und jetzt habe ich mit Erstaunen gelernt, dass für große Teile der Linken Helmut Schmidt offensichtlich ein größerer Feind gewesen ist als Konrad Adenauer. Das ist ein echter Lerneffekt für mich.»

Hat sie sich eigentlich nach der Wende systematisch mit westdeutscher Nachkriegsgeschichte beschäftigt?

«Nein, dazu hatte ich gar keine Zeit. Ich habe seit der Wende noch nicht einmal Zeit gehabt, einen Stadtbummel durch Westberlin zu machen oder Austern essen zu gehen im Kempinski. Systematische Studien konnte ich nicht beginnen. Ich habe jeweils nach politischem Anlass nochmal genauer hingeschaut. Durch meine Frauenministerzeit habe ich die Feministinnenbewegung kennen gelernt, durch meine Umweltministerzeit die Anti-Atomkraft-Bewegung, Startbahn West, Genehmigungsverfahren, Wackersdorf, was so die Höhepunkte bundesdeutscher Auseinandersetzungen waren. Durch die Spendenangelegenheiten hatte ich wieder andere Einblicke in die Flick-Affäre und die erste Parteispendenaffäre. Und jetzt eben die 68er. Ich habe inzwischen schon einen ganz guten Überblick. Im Grunde Learning by Doing.»

Im Bundestag hatte sie ihren Gedankengang zu 1968 mit bei-
ßender Polemik serviert, und den Frauen und Männern in der
CDU/CSU-Fraktion hatte auch das sehr gut gefallen: «Es geht
um die Frage, ob die damalige Republik, die von Bundeskanzler Willy Brandt regiert wurde, ein liberales Land war oder ob
sie eine Diktatur war. Ich sage, sie war ein liberales Land, obwohl wir nicht regiert haben.»

Hier oben, auf dem Fernsehturm, sagt sie etwas nachdenkli-
cher: «Und dann erlebe ich, dass natürlich, wie so oft, meine ja
aus einer anderen Perspektive kommende Sichtweise auf diese
Zeit fröhlich von Erlebniswelten des Westens okkupiert wird.»
Und die leicht bittere Stimme auf dem Tonband will später
beim Abhören so gar nicht mehr zu dem ironischen Gesicht
passen, an das man sich für diesen Augenblick erinnert.

Jedes Land erfindet sich früher oder später Geschichten, die es
für seine Geschichte hält. Oder eine ganze Reihe von Geschichten. Je nachdem, wer gerade die Deutungshoheit hat im Land.

«Als Joschka Fischer im Bundestag sagte, er wäre von der
Gewalt weggekommen und es hätte ja damals auch keine *massenrevolutionäre Situation* gegeben, da habe ich mich doch
sehr heftig und mit einigem Grausen an meinen Staatsbürgerkunde-Unterricht in der DDR erinnert», erzählt sie.

«Dann läuft bei mir eben die ganze schreckliche Spule ab:
Erst einmal, frei nach Lenin, in die Produktion zu Opel, weil
man keine massenrevolutionäre Situation vorfand, dann die
Mittel eskalieren. Und der Mann, der heute Außenminister ist,
hat diesen ganzen Quatsch, den wir in der DDR gezwungener-
maßen über uns ergehen lassen mussten, freiwillig geglaubt und
mit Verve vertreten.»

Und wenn man Angela Merkel erklären will, dass Joschka
Fischer, anders als mancher andere Politiker, ja nun gerade
auch wegen und nicht trotz seiner Vergangenheit gewählt wird
im Westen, sagt sie: «Aus der Zeit des Kalten Krieges sind
eben bei einigen noch alte Denkweisen zurückgeblieben.»

Und die merkwürdig pastoralen Vokabeln, die sie in der Debatte um Joschka Fischer benutzt hat? Wo in ihrem Gehirn wohnen so Sachen wie, Fischer müsse Buße tun und Demut zeigen?

Da winkt sie mit der linken Hand ab, nimmt mit der rechten das Glas Mineralwasser und sagt lachend: «Ich sage Ihnen, ich habe in dem Moment, als ich das sagte, schon gewusst, dass ich mich lächerlich mache und dass mir das um die Ohren gehauen wird. Ich war relativ erregt über die Schlauch-Rede. Ich wollte artikulieren, was ich von Fischer verlange. Dieses Wort ‹Buße› passt da überhaupt nicht. Aber dann war es raus. Es war offenbar das Einzige, was mir in der Schnelligkeit eingefallen ist. Sagen wollte ich, dass einer, der selber gewalttätig war und das dann aber aufgehört und verarbeitet hat, nicht so lax damit umgehen darf, wenn andere gewalttätig sind. Fischer hätte schon Anfang der neunziger Jahre bei den Castor-Transporten aufschreien müssen in seiner eigenen Partei und sagen, wo das hinführt mit den Blockaden und den Eisenkrallen auf den Hochspannungsleitungen. Jeden Tag hätte er Anlass gehabt zu sagen: Ihr habt das Recht zu demonstrieren, aber ihr habt kein Recht, Gewalt anzuwenden. Aber mir war, während ich es sagte, schon klar, dass das mit dem Bußetun jetzt für alle Satiresendungen wieder ein gefundenes Fressen ist.»

Später sagt sie: «Joschka Fischer aber war offenbar damals wie heute überzeugt, dass er derjenige ist, der am besten weiß, wie die Menschen es haben sollten. Und davon hat er sich leiten lassen. Es war schon eine gewisse Arroganz im Spiel.»

Und Arroganz ist nicht im Spiel, wenn Angela Merkel sagt: Wir in der Union haben den Wertekompass, eine christliche Grundlage. Und die anderen, ätsch, haben so etwas nicht?

«Ja gut. Wir ersparen uns da gegenseitig nichts. Wenn Müntefering sagt, die CDU war die große deutsche Nachkriegspartei für die Zeit des Kalten Krieges. Der Kalte Krieg ist vorbei, und damit hat die CDU ihre Aufgabe erfüllt und steht jetzt außerhalb der Mitte am rechten Rand. Dann sage ich: Wir haben einen Wertekompass, die anderen haben gar nichts außer einem undemütigen Menschenbild.»

Und dann muss sie selber lachen und sagt, bevor man überhaupt etwas einwenden kann: «Ja, stimmt, jetzt komme ich wieder mit einem meiner komischen Kirchenbegriffe.»

HÄUSER BESETZEN MIT ANGELA

Weil das Telecafé auf dem Berliner Fernsehturm sich dreht und also wieder einmal der Osten in unseren Blickwinkel gekommen ist, lenkt sie schnell ein wenig ab und sagt:

«Da, in der Marienstraße, da habe ich gewohnt, vergleichsweise illegal.»

Und in den fragenden Blick sagt sie dann auch noch: «Obwohl ich später noch illegaler gewohnt habe, in der Templiner Straße.»

Vergleichsweise illegal? Noch illegaler?

Ablenkungsmanöver gelungen.

Es ist tatsächlich so: Angela Merkel hat als junge Frau Wohnungen besetzt in Berlin.

Und noch während sie die Einzelheiten ihrer vergleichsweise illegalen und noch illegaleren Wohnungen erzählt, sitzt deswegen plötzlich doch wieder der virtuelle Straßenkämpfer und Hausbesetzer Joschka Fischer mit am Tisch, von dem sie ja eigentlich ablenken wollte durch ihren Blick hinunter in den Osten.

Vor vielen Jahren, als die Mauer noch stand und Joschka Fischer der dicke, grüne Umweltminister in Hessen war, betrat er eines Tages zum ersten Mal die Altbauwohnung der damaligen SZ-Landeskorrespondentin im Frankfurter Westend, schaute zur Begrüßung kurz und fachmännisch zu den hohen Stuckdecken hinauf und sagte dann fröhlich: «Tja, sehr schön hier. So was hätten wir früher besetzt.»

Und jetzt sitzt Angela Merkel im Himmel über dem wieder vereinigten Berlin und zeigt auf ihre vergleichsweise illegalen und noch illegaleren Wohnungen.

Sie erzählt: «In Berlin kriegte man ja sehr schwer eine Wohnung. Dann sind mein damaliger Mann und ich in eine Einraumwohnung eingezogen, die ein Bekannter meiner Eltern sich seit dem Studium im Hinterhaus gehalten hatte. Die haben wir dann renoviert und genutzt. Man musste sich erst sukzessive legalisieren. Das dauert eine Weile. Zu Beginn, als ich mal um Rechnungen für Farbeimer nachsuchte, wurde mir gesagt: Warum sind Sie nicht wieder zu sich nach Hause gezogen, dann brauchten Sie hier in Berlin unseren Kindern nicht die Wohnungen wegzunehmen. Da habe ich gesagt, dass man als Physikerin auf dem Lande keine Arbeit bekommt. Und die sagte ganz kess, Sie hätten ja früher überlegen können, was anderes zu studieren.»

Noch illegaler war es dann in der Templiner Straße. Die Details erzählt ein paar Tage später Professor Hans-Jörg Osten. In den Jahren vor dem Mauerfall hat Osten mit Angela Merkel an der Berliner Akademie der Wissenschaften gearbeitet. Heute verhandelt er in Frankfurt an der Oder mit den Amerikanern und einem Ölscheich darüber, ob der von ihm entwickelte und patentierte Mikrochip in die Massenproduktion geht und etwa 3000 Arbeitsplätze in die Region holt.

Er erinnert sich noch gut an die Besetzungsaktion Templiner Straße: «Eines Abends, das wird so 1980 oder 1981 gewesen sein, stand Angela bei mir in der Tür und sagte: Es geht nicht mehr. Ich bin gerade von zu Hause ausgezogen. Ich lasse mich scheiden. Kann ich bei dir wohnen?»

Angela Kasner hatte ihren ersten Mann, Ulrich Merkel, beim Physikstudium in Leipzig kennen gelernt. Kommilitonen beschreiben ihn als einen ruhigen, introvertierten Menschen, der lange um sie geworben habe.

Er ist inzwischen wieder verheiratet. Außer einem eigenen

Sohn hat er noch zwei angeheiratete Kinder. Er arbeitet in Dresden am Institut für Halbleiter- und Mikrosystemtechnik. Manchmal gibt er der *Super-Illu* Interviews und erzählt von der Hochzeit im September 1977 in der Templiner Kirche. Sie im hellblauen Hochzeitskleid. Er im dunklen Anzug und eigentlich Atheist. Das mit der Kirche hat er ihr zuliebe mitgemacht.

An Ulrich Merkels Spind im Zimmer 204 der Technischen Universität Dresden hängt eine *Titanic*-Karikatur von Helmut Kohl. Der sitzt eng verschnürt und gefesselt auf einem Stuhl. Drunter steht: Pass auf, Angela, dass es dir nicht auch mal so geht!

Es war, wie es oft ist mit frühen Studentenehen. Er war gerne zu Hause. Sie ist lieber ausgegangen mit Kollegen oder ins Theater. Nach sieben Jahren war es vorbei, sagt er.

In ihrer Erinnerung waren es nur drei Jahre. «Wir haben geheiratet, weil alle geheiratet haben. Das hört sich heute blödsinnig an, aber ich bin an die Ehe nicht mit der nötigen Ernsthaftigkeit herangegangen», hat Angela Merkel Herlinde Koelbl erzählt. «Nach drei Jahren waren wir wieder geschieden. Ich hatte mich getäuscht.» Seinen Namen hat sie behalten.

Jedenfalls hatte sie seit jener Nacht, in der sie aus ihrer Einraum-Ehe davongelaufen war, ein Riesenproblem. Über die offizielle Berliner Wohnungsvermittlung hätte sie nie eine Chance gehabt, wieder eine Wohnung zu bekommen. Ein paar Tage hat sie bei Hans-Jörg Osten gewohnt. Dann bei einer Freundin.

Aber auch in Ost-Berlin gab es damals, was die Behörden hier wie dort «Wohnungsleerstand» nannten. Und die zuständige Verwaltung hatte, wie alle Behörden in der DDR, auch ein wenig den Überblick verloren.

«Also kurzum, es war unter jungen Menschen gang und gäbe, insbesondere in der Gegend um den Prenzlauer Berg, dass man eine leer stehende Altbauwohnung besetzte. Man hat sie sich einfach geöffnet und ist eingezogen», erzählt Osten.

Das Schloss aufgebrochen und rein?

«Ja. Und dann haben wir mit Schnaffi Schneider, mit Utz Havemann, einem Sohn von *dem* Havemann, und ein paar anderen Freunden von der Akademie ein neues Schloss eingebaut und das ganze Wochenende renoviert, die Wände geweißt und so. Die war so fürchterlich runter, die Wohnung.»

Angela Merkel hat dann wieder damit begonnen, was sie «sich sukzessive legalisieren» nennt. Sie hat sich bei den Nachbarn, deren Wohnung etwa gleich groß war, erkundigt: Was zahlen Sie? Und hat dann einfach Miete überwiesen an die Wohnungsverwaltung.

Und dann?

«Vor den Wahlen in der DDR hatte man ja immer noch Chancen, bestimmte Dinge durchzubekommen. Ich bin also vor der Kommunalwahl zur Meldestelle geschritten, um mich eintragen zu lassen. Und da der Vorgang eben nicht so ganz legal war, habe ich meinen Dienstausweis von der Akademie gezückt, weil das einen relativ substanziellen Eindruck machte, wenn man Akademiker war; und zweitens habe ich charmiert mit der Tatsache, dass ich in Templin als Hauptwohnsitz eingetragen war und nun selbst in die Templiner Straße gezogen war; was das doch für ein wunderschöner Zufall ist. Und davon war die Polizistin so beeindruckt, dass sie mir, ohne große Fragen zu stellen, die Eintragung in den Ausweis gegeben hat.»

Nach einem Dreivierteljahr wurden die Häuser an der Templiner Straße komplett saniert. Also kam ein Stab von Staatsdienern und verhandelte mit allen Mietern, wo die denn hinziehen könnten. Und dann haben sie Angela Merkel im Tausch für die besetzte Wohnung eine wunderschöne, sanierte und endlich legale Altbauwohnung an der Schönhauser Allee angeboten.

«Mit Vertrag und allem.»

Wie es wohl wäre, wenn Angela Merkel und Joschka Fischer sich eine Nacht lang Geschichten erzählen könnten bei temperiertem Chianti: Davon, wie es bei uns war und wie es bei denen war. Wie gerne man da zuhören würde. Am liebsten mit

Tonbandgerät. Im Bundestag lohnt sich so ein Tonbandgerät ja meistens nicht mehr.

Schon wieder ist der Dom ins Bild gekommen und der Palast der Republik. Das Telecafé dreht sich schnell heutzutage, doppelt so schnell wie vor der Wende.

«Das ist allerdings symptomatisch für die Veränderungen des Lebens. Früher war es eine Stunde. Und dann musste man den Tisch verlassen. Heute, für den eiligen Wessi, eine halbe Stunde, bitte sehr. Aber dafür darf man auch noch länger sitzen bleiben, wenn man will.»

Angela Merkel ist jetzt richtig gut gelaunt.

Ist alles schneller geworden seit dem Fall der Mauer?

«Aber nicht für alle. Wer im Erwerbsleben steht, für den hat die Geschwindigkeit nach der Wende ungeheuer angezogen. Aber für die vielen, die ihren Job verloren haben, ist das ganz anders. Und die Differenzen sind nicht nur im Materiellen, sondern eben auch in der Lebenswahrnehmung groß. Für die Arbeitslosen dahinten in den Außenbezirken und den Dörfern ist das Leben unheimlich lang geworden, besonders im Winter.»

Angela Merkel schaut Richtung Norden. Der Horizont ist mit den Rändern der großen Stadt, mit den Dörfern, die Zehdenick heißen und Röddelin oder Hammelspring und Hindenburg, im Großstadtdunst verschwommen.

«Für die einen da draußen gibt es nichts zu arbeiten. Um vier ist es dunkel, am nächsten Morgen wird es erst um neun Uhr hell.»

Dann schaut sie zur Reichstagskuppel: «Und die anderen kommen überhaupt nicht mehr zur Ruhe. Dafür haben sie ständig die Möglichkeit, an ihre Leistungsgrenze zu gehen. In der DDR gab es rundherum Grenzen, und trotzdem sind sie nie an ihre Grenzen gekommen und sind deshalb auch nicht in der Lage gewesen, ihre eigentlichen Fähigkeiten realistisch einzuschätzen. Es ist eine große Chance, das jetzt zu dürfen, die eigenen Grenzen austesten.»

Und Angela Merkel schaut einen dabei tatsächlich so an, als sei alles, was sie als Chefin dieser hoch verunsicherten gesamtdeutschen CDU da unten in Berlin tun und erleben muss, nichts anderes als eine einzigartige, tolle Chance, die eigene Leistungsgrenze auszutesten.

Ob sie nicht längst schon angekommen ist an dieser Grenze?

Drittes Kapitel
DIE PHYSIKER

ALS BARDAME IN LEIPZIG

Es ist, wie es früher auch war in Vorlesungen, in denen man den Faden verloren hat. Unten vor der Tafel steht der Professor in Jeans und offenem Hemd. Er sagt auch noch etwas, aber der angenehme, beruhigende Singsang dieser männlichen Stimme ist längst nur noch das Grundrauschen für die eigenen Gedanken. Der Professor wird Mitte fünfzig sein, und er ist ein gut aussehender Mann. Nur scheint er sich ein wenig erkältet zu haben, oder er ist sehr unausgeschlafen. Die Kreide ist ihm jetzt schon ein paar Mal abgebrochen bei dem Versuch, Punkte an die Tafel zu malen, die in seinem Koordinatensystem für Fehlerstreuung stehen.

Dafür hat er eben ein hochinteressantes Wort gesagt: «Quickprop». Auch das intensiv duftende Reinigungsmittel, mit dem sie hier die Flure schnell und sauber desinfizieren, könnte so heißen. Dass Universitäten von innen immer und überall gleich riechen und immer nach sechziger Jahre aussehen. Jetzt auch im Osten. Auf fotokopierten Zetteln am schwarzen Brett wird *MFG gegen BKB nach München* angeboten und *ein Zimmer in Dreier-WG, 15 Quadratmeter für 350 DM, Riemannstraße warm, mit Waschmaschine im Haus.* Und die Studentenkinogruppe zeigt Mittwochabend «den Kultfilm» *Die Feuerzangenbowle.*

Aus so einem fensterlosen Hörsaal wie diesem hier mit seinem brutalen Neonlicht muss Angela Merkel vor fünfundzwanzig Jahren einmal aus der Marxismus-Leninismus-Vorlesung geflogen sein, weil sie heimlich Physikaufgaben gemacht hat. Drei Reihen hinter ihr saß ein Dozent, der sie verpetzt hat:

«Herr Professor Kannegießer, hier macht eine Übungsaufgaben.»

Der Hörsaal hat nur einen Ausgang, ganz oben rechts an der Seite. Es ist bestimmt ein blödes Gefühl für eine Musterschülerin, vor den Augen der anderen ihre Sachen vom verkritzelten Holzpult zusammenzuklauben und an der Sprelacart-Verkleidung entlang hoch zu diesem Ausgang zu gehen, weil man rausgeschmissen worden ist.

«Wir haben hier ganz offensichtlich eine Fehlerlandschaft, die man näherungsweise als eine Parabel beschreiben kann.»

Das schöne Wort Fehlerlandschaft beendet die kleine Träumerei. Wir befinden uns im Jahr 2001. Sprelacart heißt jetzt auch im Osten Resopal. Angela Merkel ist nicht mehr Physikstudentin, sondern Parteivorsitzende der CDU. Und das hier ist nicht Professor Kannegießer mit seinem Marxismus-Leninismus irgendwann in den siebziger Jahren, sondern die ganz gegenwärtige Neuroinformatik-Vorlesung von Professor Der, montags 9.15 Uhr–10.45 Uhr im Hörsaal Eins der Universität Leipzig.

Es geht um selbst lernende neuronale Netze. Und das ist ja auch wirklich interessant, weil neuronale Netze als Modell für kognitive Prozesse im Gehirn taugen. Das kann man sogar als Geisteswissenschaftler verstehen. Auch, dass selbst lernende neuronale Netze das Bildungsgesetz von Zeitreihen erkennen und lernen können, wenn diese Zeitreihen so ein Bildungsgesetz haben. Professor Der erläutert das dankenswerterweise an den Schwankungen von Aktienkursen sowie an der Entwicklung von Studentenzahlen im Laufe des Semesters bei Vorlesungen, die montags, morgens um 9.15 Uhr beginnen.

Wenn man den Namen Ralf Der in eine Internet-Suchmaschine eintippt, fließen seitenlang die Titel seiner Publikationen heraus. Einige davon hat er zusammen mit anderen Wissenschaftlern geschrieben, zum Beispiel 1980: *On the Influence of Spatial Correlations on the Rate of Chemical Reactions.* Die Coautorin hieß Angela Merkel.

Erst hat er ihre Diplomarbeit betreut. Dabei hat er sich mit ihr befreundet. Dann, als Angela Merkel schon an der Akademie der Wissenschaften in Berlin war, haben sie zusammen publiziert.

Ralf Der hat eine außerplanmäßige Professur für Neuroinformatik und Robotik in Leipzig. Eigentlich ist er Physiker. Weil er nicht in der Partei war, hatten sie ihn zu DDR-Zeiten ein bisschen geparkt am Institut für Strahlenforschung in der Akademie der Wissenschaften am Rande der Stadt. Er durfte nie ins Ausland, weil er kein Reisekader war, wie es in diesem schrecklichen Funktionärsdeutsch hieß. Außer einmal, da haben sie ihn für ein Jahr in die Antarktis geschickt, um Wasser- und Luftkreisläufe zu untersuchen. Weglaufen aus der Antarktis geht ja nicht so gut.

Nach der Vorlesung sitzt Ralf Der in seinem Büro vor einem großen Panoramafenster, durch das er einen herrlichen Blick über den Augustusplatz zur Oper und zum Gewandhaus hat, und versucht zu erklären, was er und seine Lebensgefährtin Marianne den großen Bruch in Angela Merkels Leben nennen.

Sie hat von 1973 bis 1978 in Leipzig studiert. Ralf Der saß damals am Rande der Stadt in seinem kleinen, dunklen Akademie-Zimmerchen, zwei mal zwei Meter mit niedriger Decke, wie er sagt. Unter der Decke hingen dicke Heizungsrohre, an denen man sich, wenn man aufstand, den Kopf stoßen konnte. Eine der Aufgaben vom Ralf Der war es, die Diplomanden von Professor Haberland aus der Sektion Physik zu betreuen.

Eines Tages ging die Tür zu der kleinen Kammer auf, und eine Studentin kam herein. Professor Der erzählt:

«Sie sah toll aus, jung, offen, frecher kurzer Haarschnitt, Westklamotten. Aber das war eben nicht nur einfach West, sondern auch sehr gut ausgesucht und zusammengestellt, sagt Marianne, immer nur, was zu ihr passte. Sie war mir sofort sympathisch. Ich habe dann möglicherweise etwas großspurig erklärt, was wir da an der Akademie Bedeutendes tun und um was es bei ihrem Thema aus der theoretischen Physik ging, wie man also die Grundlagen von chemischen Reaktionen beschreibt.»

Die Studentin aus Brandenburg muss sehr intensiv zugehört haben, hatte aber auch so eine Skepsis im Gesicht, etwa: Das ist ja alles sehr interessant, was Sie mir da erzählen, aber schau'n wir doch erst mal.

«Und ich wusste sofort, die packt das. Dafür, dass die noch so jung ist, hat die ganz schön was drauf.»

Sie haben sich schnell angefreundet. Und Angela Merkel ist dann oft dazugekommen zu einem Kreis von Leuten in Leipzig, bei denen es «ziemlich bunt» zuging.

Was das heißt, ziemlich bunt? Professor Der wird tatsächlich ein bisschen verlegen. Man habe ja damals, möglicherweise als Gegenreaktion darauf, dass man nie rauskommen oder eine große wissenschaftliche Karriere machen würde, so richtig High Life gemacht, sagt er.

«Das heißt, wir sind rumgezogen, sind ausgegangen, haben uns die Nächte um die Ohren gehauen, haben gesoffen, wie immer Sie es nennen wollen.»

Gesoffen mit Angela Merkel?

Manchmal schon tagsüber. In Ralf Ders winzigem Stübchen saßen oft zehn Leute und haben geraucht wie die Schlote. Eine Freundin von Angela war Chemikerin. Die besorgte immer Laboralkohol. Ein anderer hatte eine Gitarre, und dann haben sie diskutiert und geraucht und getrunken und Lieder gesungen.

«Nein, keine DDR-Schlager, was glauben Sie denn, sondern das, was auch im Westen dran war in dieser Zeit.»

In Leipzig gab es damals eine Szene von Kunst- und Theatermenschen, Schauspielern, Musikern, Malern, Literaten und Möchtegernliteraten. Es war etwas anders als in Berlin am Prenzlauer Berg, nicht so abgeschottet. Auch Wissenschaftler kamen da ganz gut rein. Professor Der zum Beispiel bekommt heute noch ganz leuchtende Augen, wenn er von den alten Tagen im Café Corso erzählt und von den Nächten in der Pfeffermühle.

Angela Merkel ist da oft mitgegangen. Sie hat aber offenbar trotzdem nicht wirklich dazugehört, eher zugeschaut. Und wenn sie etwas beeindruckt hat – das hat sie später mal der Marianne erzählt –, dann sicher nicht die Sauferei, sondern dass da außerdem auch noch hochgeistige Dinge besprochen wurden.

«Es hat sie alles interessiert und fasziniert, was wir taten. Aber sie war zu integer, um sich blenden zu lassen. Sie hatte sehr viel Energie für die Dinge, die wirklich wichtig sind: Was man denken muss, wo man sein muss, was man lesen muss. Sie hatte neben dem, was wir alle machten, ein starkes eigenes, inneres Leben. Und durch dieses innere Leben hatte sie eine große Ausstrahlung auf uns alle.»

Eine Heilige?

Eine Heilige, die als Bardame gearbeitet hat?

Fast alle Studentenwohnheime in der DDR hatten so eine Art Bar im Keller, den Studentenklub. Meistens waren es Physikstudenten, die Verstärker basteln konnten und also eine Musikanlage hatten. Und meistens waren es die aktiven Leute in so einem Wohnheim, solche, die sich im freien Westen vielleicht politisch engagiert hätten, die da abends Disco veranstaltet und Getränke verkauft haben.

Kirsch-Whisky war der Hit.

Sie hat sich eine Menge einfallen lassen, um die Sache mit der Disco am Laufen zu halten. Ist mit der Straßenbahn für den Kirschmost durch die ganze Stadt zum Getränkehändler und zurück.

«Aber daraus eine Rotlichtszene machen zu wollen …»

Wieso Rotlicht?

«Ich bitte Sie. *Angela Merkel gesteht: Ich war damals Bardame.* So stand es in der *BILD*-Zeitung.»

Angela Merkels Freunde in Leipzig meinen natürlich, die Vorsitzende der CDU gegen einen so anrüchigen Begriff wie Bardame in Schutz nehmen zu müssen.

Sie selbst hat solche kleinen Spießigkeiten längst hinter sich gelassen. Sie weiß, was Journalisten gerne schreiben. Also hat sie bei der Eröffnung eines Fahrradweges in Leipzig dem Reporter der *BILD*-Zeitung augenzwinkernd gesagt: Ich habe damals die Bardame gemacht in der Studentendisco in Leipzig.

Wegen der enorm erstrebenswerten Wirtschaftskompetenz für eine CDU-Vorsitzende, die aus dem Osten kommt, erzählt sie bei besseren Zeitungen natürlich dazu, dass sie sich mit dem Kirsch-Whisky selbst so etwas wie eine erste Lektion in Marktwirtschaft und freiem Unternehmertum verpasst hat. Sie hat die Zutaten unter schwierigen Umständen organisiert, zusammengemixt und, zu dreißig Pfennig pro Glas, mit einem hübschen Gewinn verkauft. In der Woche ist sie so auf zwanzig bis dreißig Mark Einnahmen gekommen. Ludwig Erhard hätte seine Freude daran gehabt.

Nur dass die Angela Merkel, die man heute im Fernsehen sehen kann, offenbar nichts mehr mit der zu tun hat, die die Leipziger Freunde damals gekannt haben. Nicht, dass sie älter geworden ist und ein bisschen schwerer. Das sind sie alle.

«Nein, da muss es einen Bruch gegeben haben, den wir nicht verstehen», sagt Ralf Der. «Der Bruch von dieser integren, stimmigen Persönlichkeit, die wir erlebt haben, zu einer Person, bei der ich immer denke, das ist sie doch gar nicht. Sie tut doch Dinge, die sie gar nicht ist. Dieses CDU-Zeug. Sie ist ja gar nicht mehr derselbe Mensch. Geht mit ihrem *Demokratischen Aufbruch* zur CDU. Und zieht da als Umweltministerin diese Castor-Transporte durch. Wenn man mir damals gesagt hätte, die wird eines Tages die Vorsitzende einer großen, gesamtdeutschen Volkspartei, dann hätte ich gesagt: In Ordnung, der Angela traue ich eine Menge zu. Aber CDU? Da hätte ich gesagt: auf keinen Fall CDU.»

Professor Der sagt das alles sehr vorsichtig und zögernd, aber bestimmt.

«Verstehen Sie mich nicht falsch. Ich habe ganz viel Hochachtung davor. Dass sie diesen Weg geschafft hat, dass sie da ganz oben sitzt, dass sie es diesen ganzen CDU-Heinis mal zeigt, dass sie als Einzige den Mut hatte, Kohl zu widersprechen, dass sie diesen *FAZ*-Artikel geschrieben hat, dass man spüren kann, wie ernst sie das demokratische System nimmt. Ich verteidige sie auch immer bei den anderen. Sage, dass sie wegen ihres christlichen Hintergrunds da reingeraten ist, dass ich sie trotzdem menschlich sehr schätze und auch ihren Blick auf die Menschen, und dass sie genauso gut auch in der SPD sein könnte.»

Dass sie wegen ihres christlichen Hintergrunds da reingeraten ist und er sie trotzdem sehr schätzt. Das klingt, als wäre die CDU eine dubiose Sekte. Und als ob der grüne Umweltminister einer SPD-Regierung mit Castor-Transporten so ganz anders verfahren würde.

Wie glühend die Menschen im Land noch an die fundamentalen weltanschaulichen Unterschiede zwischen den Parteien glauben. Während man in Berlin Tag für Tag vor allem eines spürt: dass die Strategen von SPD und CDU schon kaum noch wissen, wie sie sich im postideologischen und globalisierten Zeitalter überhaupt voneinander abgrenzen sollen. Dass sie hauptsächlich darüber nachdenken, mit welcher Werteglasur sie ihre immer ähnlicher werdenden pragmatischen Politikansätze überziehen und sie so wenigstens symbolisch unterscheidbar und für ihre Restmilieus schmackhaft machen könnten.

Und wie oft man das hört, wenn man mit ehemaligen Freunden von Angela Merkel redet: Sie ist ja gar nicht mehr dieselbe. Sonst wäre sie nicht in dieser Blockflöten-Partei. Wie oft man überhaupt so etwas hört, wenn man mit Menschen redet, die früher gemeinsam nicht in der SED waren. Damals hat man sich doch verstanden. Man war gegen die DDR, und damit war alles klar. Wegen dieses gemeinsamen Dagegenseins haben sie gedacht, der andere denkt ganz genauso wie ich. Aber *wofür* jeder Einzelne im Ernstfall sein würde, wenn die DDR tatsächlich einmal abgeschafft wäre, ob die eine vielleicht christlich motiviert war und der andere gar nicht, ob die eine die Schwärmerei für die damals virtuelle soziale Marktwirtschaft möglicherweise sehr wörtlich und ernst nahm und der andere von einem demokratischen Sozialismus träumte, darüber hat man sich nie so genau ausgetauscht.

Wenn Angela Merkel von ihrer Leipziger Zeit erzählt, ist etwas weniger von Laboralkohol und von Nächten in der Pfeffermühle die Rede als von regelmäßigen Besuchen in der Studentengemeinde. Und davon, wie beeindruckt sie war von Rainer Kunze, den sie bei einem Wochenendseminar der Studentengemeinde auf Schloss Mansfeld kennen gelernt hat, kurz bevor er aus der DDR ausgewiesen wurde. Jeden Tag solle sie ein Stück große deutsche Literatur lesen, um so den sozialistischen Gedankenmatsch ertragen und übersehen zu können, hat Kunze ihr geraten.

«Ja, sie hatte wohl noch ein Nebenleben. Sie war ja außerdem verheiratet mit diesem Merkel, der nie bei uns auftauchte. Und sie hatte ihren Kirchenkreis», sagt Professor Der.

Ein Nebenleben. Von ihrer Ehe in dieser Zeit spricht Angela Merkel allerdings auch nur, wenn sie sehr eindringlich danach gefragt wird.

Es wird bei den Freunden in Leipzig und bei Angela Merkel so sein, wie es bei uns allen ist. Jeder erinnert sich aus seinem Leben am liebsten an das, was am besten zum gegenwärtigen Lebensentwurf passt. Jeder Mensch erfindet sich früher oder später eine Geschichte, die er für sein Leben hält. Oder eine ganze Reihe von Geschichten.

1980, nach Ralf Ders Antarktis-Jahr und zwei Jahre nach Angela Merkels – natürlich mit *sehr gut* benotetem – Diplomabschluss, haben die beiden sich noch einmal in Leipzig verabredet. Angela Merkel war für ein paar Tage zu Besuch nach Leipzig gekommen, auch, um eine gemeinsame Veröffentlichung zu besprechen.

An den Abschied erinnert sich Professor Der noch, als sei es erst gestern gewesen: «Ich habe sie zum Bahnhof gebracht. Und dann hat sie zum Abschied zu mir gesagt: Pass mal auf, Junge. Du musst hier raus. Das taugt doch alles nichts mehr für dich. Du kommst hier nicht weiter. Sie hat sich ja immer über andere den Kopf gemacht und analysiert, was läuft da, wie ist der eingebunden in sein Umfeld?»

Sie kommt also nach Leipzig und sagt einem, der zwölf Jahre älter ist, der der Betreuer ihrer Diplomarbeit war und der gerade aus der Antarktis zurückgekehrt ist, wo es langgeht? Pass mal auf, Junge?

Und, hatte sie Recht?

Professor Der nickt und zuckt dann mit den Schultern.

«Ich weiß nur, dass ich in dem Augenblick sehr berührt war. Sie hat mir noch so einen kosmischen, möglicherweise auch christlichen Spruch geschenkt zum An-die-Wand-Hängen. Was immer du tust oder lässt, das Universum ist groß, oder so ähnlich, nur viel schöner ausgedrückt. Und dann ist sie abgefahren. Ich denke, dass sie mich ganz gut leiden konnte», sagt er ein wenig wehmütig.

Und Sie? Konnten Sie sie auch ganz gut leiden?

Auf einmal sitzt Professor Der in seinem Büro wie einer, der seit jenem Tag im Jahr 1980 allein am Leipziger Bahnsteig zurückgeblieben ist. Er schaut aus seinem Panoramafenster auf den Augustusplatz, macht ein sehr nachdenkliches Gesicht und schweigt.

1968 gab es da unten auf dem Platz die großen Demonstrationen. Die Stasi hat die Studenten damals regelrecht weggetragen. Am 30. Mai 1968 haben sie dann die Universitätskirche gesprengt. Die Gefängnisse in und um Leipzig sind voll gewesen mit zornigen Christen und Studenten. Die neue Sandsteintafel am Hörsaalgebäude aber erinnert in deutscher Selbstzerknirschungsmanie nur daran, dass weder die damals aktiven Stadtverordneten, noch die Offiziellen der Universität etwas gegen die Sprengung unternommen haben. «Sie widerstanden nicht dem Druck eines diktatorischen Regimes.» Warum sollten sie auch? Stadtverordnete und Offizielle waren ja nun gerade Teil des diktatorischen Regimes.

Plötzlich antwortet Ralf Der doch noch: «Ich habe Angela damals sehr gemocht. Aber das blieb immer auf einer freundschaftlichen Basis.»

BERICHT VON EINER AKADEMIE

Ende Januar 2000, als die CDU-Spendenaffäre auf ihren Höhepunkt zulief, habe ich Angela Merkel im Konferenzraum der provisorischen CDU-Parteizentrale an der Berliner Mauerstraße nach ihrem Leben als Physikerin in der DDR gefragt.

Wenn man sich in dieser Zeit mit dem Taxi «in die Mauerstraße 85, bitte» bringen ließ, konnte es passieren, dass der Taxifahrer einen während der gesamten Fahrt beschimpfte und schließlich dermaßen über die als jüdische Vermächtnisse getarnten schwarzen Gelder der CDU pöbelte, dass man doch noch sagte, was man am Anfang der Tirade, aus Neugier möglicherweise, unterdrückt hatte: Hören Sie, ich bin Journalistin. Ich habe mit dieser Partei genauso viel und genauso wenig zu tun wie Sie.

Die öffentliche Meinung über die CDU und längst ja auch die Meinung der Partei über sich selbst war so tief im Keller wie niemals zuvor und danach.

Damals, im Januar 2000, war Angela Merkel noch Generalsekretärin. Der *FAZ*-Artikel, mit dem sie, wie man heute weiß, Helmut Kohl zur Seite geschoben und sich selbst an die Spitze der Partei katapultiert hat, war ja erst im Dezember erschienen. In den Wochen seither hatte man dabei zuschauen können, wie sich in der CDU einer nach dem anderen, von der Basis bis hinauf in die Parteiführung, aus der Schocklähmung wieder aufrappelte und auf die Linie einstellte, die die Generalsekretärin in diesem Artikel und in etlichen Folgeinterviews und Fernsehauftritten vorgegeben hatte.

Wie bei einer chemischen Kettenreaktion hatte das funktioniert, wie einer dieser Großversuche mit Dominosteinen, nur rückwärts vorgeführt. Angela Merkel hatte sich als Erste wieder hingestellt und nach vorne geschaut, dann hatte sich einer nach dem anderen hinter ihr und an ihr wieder aufgerichtet, sechshunderttausend Parteimitglieder. Ein hochinteressantes Schauspiel von der Massenpsychologie einer Volkspartei war das gewesen und auch ein großartiges Beispiel für die suggestive Dynamik von politischer Führung, wenn sie im richtigen Moment angeboten wird.

Auch Wolfgang Schäuble, der neue Parteivorsitzende, war ja inzwischen enorm unter Druck wegen dieser seltsamen 100 000-Mark-Spende. Angela Merkel hatte ihn vor zehn Tagen gerade noch einmal davon abhalten können zurückzutreten. Seitdem aber auch noch unter hässlichsten Begleitumständen die 24 Millionen Mark Schwarzgelder in Hessen aufgeflogen waren, drohte die CDU-Führung unter dem ungeheuren Rechtfertigungs- und Erklärungszwang zu explodieren.

Draußen in Berlin war also Hochdruck. Drinnen in einem schlecht beheizten, nur mit einem kalbfleischfarbenen Konferenztisch und wuchernden Hydropflanzen möblierten Raum, legte Angela Merkel eine kleine, schwarze Armbanduhr zwischen uns auf den Tisch, um zu signalisieren: Sie bekommen diese eine verabredete Stunde und keine Sekunde mehr.

Erste Frage also: Wie haben Sie eigentlich gelebt als Physikerin und hinter der DDR-Mauer zu der Zeit, als im Westen die heute alten Männer der CDU die unappetitlichen Zutaten zusammenrührten, die Sie jetzt auslöffeln sollen?

«Da war ich schon berufstätig und promovierte gerade. Im Herbst 78 bin ich ja nach Berlin an die Akademie der Wissenschaften gegangen.»

Und dann erzählte Angela Merkel von dem langen Jahrzehnt, in dem sie als wissenschaftliche Mitarbeiterin am Zentralinstitut für physikalische Chemie der Akademie der Wissenschaften in Berlin-Adlershof gearbeitet hat. Während im Westen Kohl und Kiep und Kanther aus der ersten Parteispendenaffäre keinerlei Konsequenzen zogen und einfach so weitermachten, nur noch etwas raffinierter getarnt, hat sie im Osten acht lange Jahre vor sich hin promoviert an diesem Institut, das Robert Havemann 1956 gegründet hatte. Und noch zwei weitere Jahre ist sie dort geblieben, bis zum Dezember 1989, als sie Mitarbeiterin beim *Demokratischen Aufbruch* wurde.

Diese zehn Jahre in einer dunklen Baracke hinter den Schlehenbüschen und Stacheldrahtzäunen von Adlershof könnte man den Dornröschenschlaf der Angela Merkel nennen, ihre Verpuppungsphase.

Sie selbst würde wahrscheinlich eher von ihrer Hamsterzeit sprechen. In diesem letzten Jahrzehnt der morbiden und inzwischen ja auch erkennbar moribunden DDR war die Zeit stehen geblieben. Alle, die intelligent genug waren, um sehen und zwischen den Zeilen lesen zu können, wussten, so wird es nicht weitergehen. So kann es nicht weitergehen. Das Eis wird brüchig. Es wird etwas passieren. Es muss etwas passieren. Ein Land in Agonie.

Und ein Leben im Wartestand. Angela Merkel hat damals in diesem Nischen-Jahrzehnt zwischen ihrem 24. und ihrem 34. Lebensjahr getan, was junge Menschen überhaupt tun sollten: Sie hat gelesen, gelesen und gelesen, alles, was sie in die Finger bekommen konnte, Quantenphysik und die Fachliteratur der physikalischen Chemie sowieso, aber auch Politik und politische Philosophie, Geschichte und Literatur, Weizsäcker-Reden, Sacharow-Aufsätze, Bahro, Marcuse, Gorbatschow, Popper,

Ernst Fraenkel, Uwe Johnson, die deutschen Klassiker, Bulgakow. Alles.

Ihre Leselust bescherte ihr auch die frühe Erkenntnis, dass der Mut der Menschen im freien Westen auch nicht viel größer sein konnte als der Mut der Menschen in der eingemauerten DDR.

«Schon, wenn es darum ging, im Osten nicht erhältliche Bücher bei Besuchen mit über die Grenze zu bringen, hörte bei den meisten die Courage ja auf.»

Viele haben die gelähmte Zeit in den Wartezimmern und Nischen der DDR mit Lesen verbracht. Darum haben wir es mit so vergleichsweise gebildeten, belesenen, kultur- und geschichtsinteressierten Menschen zu tun bei den Politikern, die aus dem Osten in den westdeutschen Politikbetrieb gekommen sind.

Heute, wenn für die Parteivorsitzende der CDU nach einer hektischen Politikwoche wieder einmal gerade noch der Sonntag übrig geblieben ist, wenn sie tagelang nur reagiert hat auf Zurufe aus der eigenen Partei und schnelle Schlagzeilen des politischen Gegners, wenn da kaum noch Platz geblieben ist zum Nachdenken und selbstbestimmten Agieren, geschweige denn zum fundierten Lesen, sagt sie: «Zum Glück funktioniert der lesende Mensch ja so wie ein Hamster, der sich Polster angesammelt hat. Die kommen ja auch durch den Winter.»

Und während wir uns da im Januar des Jahres 2000 am Konferenztisch in der Mauerstraße klar machten, was während der entschleunigten DDR-Zeit und den Hamsterjahren der Angela Merkel einerseits – und andererseits jeweils zur gleichen Zeit im Westen geschah, war im Kopf so etwas wie ein kleiner Film entstanden. Ein kleiner Film mit großen Schnitten.

1973. Leipzig: Angela Kasner, eine junge Studentin aus Templin, besucht – wie immer in Westklamotten – ihre Physikvorlesung. Dann fährt sie mit der Straßenbahn zum Getränkehändler, Kirschmost kaufen. Am Abend wird sie Kirsch-Whisky in der Kellerbar des Studentenwohnheims mixen. Und wahrscheinlich wird dieser junge Mensch, ihr späterer Ehemann, sie wieder liebevoll belagern.

Zur gleichen Zeit in Frankfurt am Main: Der Straßenkämpfer Joschka Fischer setzt seinen Helm auf. Er wird an diesem Tag einen Polizisten verprügeln im Häuserkampf um den Kettenhofweg 51. Insgesamt 65 Menschen werden verletzt.

Bonn im selben Jahr: Ein junger Ministerpräsident aus Rheinland-Pfalz wird unter dem großen Jubel der Delegierten in der Beethoven-Halle zum Parteivorsitzenden der CDU gewählt.

In Berlin stirbt Walter Ulbricht.

Und weiter: In den Jahren 1974 bis 1980, Angela Kasners Studien- und Promotionsjahren, zahlt der Flick-Konzern insgesamt 26 Millionen Mark an Parteien und Politiker. 1977, als Angela Kasner in der Templiner Georgen-Kapelle ihren Ulrich heiratet und fortan Angela Merkel heißt, stirbt Ludwig Erhard. Es ist das Jahr, in dem Jürgen Ponto und Hanns-Martin Schleyer ermordet werden und Günter Wallraff mit seiner *BILD*-Enthüllung *Der Aufmacher* an die Öffentlichkeit geht. Als Angela Merkel ein Jahr später ihr Diplom macht, tritt im Westen Hans Filbinger zurück.

1981, als sie bei Hans-Jörg Osten an der Tür klingelt und sagt, es geht nicht mehr, ich lasse mich scheiden, und die jungen Leute in Ost-Berlin eine Wohnung besetzen, wird auf der anderen Seite der Mauer Richard von Weizsäcker Regierender Bürgermeister von Berlin. Eines der wirklich komplizierten politischen Themen seiner Amtszeit ist die Hausbesetzerszene von Kreuzberg.

1982, als die Scheidung durch ist, bricht in Bonn die sozialliberale Koalition auseinander. Helmut Kohl wird mit einem konstruktiven Misstrauensvotum Bundeskanzler.

Im Kino würde man das dann so weitererzählen: Bilder aus dem Jahr der ersten Parteispendenaffäre 1984, vom Rücktritt

Lambsdorffs, vom Rücktritt Barzels, lange Listen aus dem Flick-Konzern in Schwarzweiß, Listen, bei denen hinter sehr großen und mittelgroßen Summen immer wieder die Wörtchen «wg. Kohl» auftauchen. Nachrichtenfetzen von Amnestie und einem neuem, viel besseren Parteiengesetz. Suggestive Bilder von den Herren Kohl und Kiep und Kanther aus den angeblich so sauberen Bonner Jahren danach. Bilder mit Koffer und ohne.

Und dann wieder ein scharfer Schnitt: Berlin-Adlershof 1985, die Akademie der Wissenschaften, das Dienstgebäude 2.14 des Zentralinstituts für Physikalische Chemie: eine trostlose Baracke am Rand des riesigen Forschungsgeländes zwischen den Stacheldrahtzäunen des Stasi-Wachregiments Feliks Dzierzynski und den Stacheldrahtzäunen des DDR-Fernsehfunks. Die Kamera fährt über die Stacheldrahtzäune auf dichte Schlehenbüsche zu, dann durch die Schlehenbüsche, die kaum noch Licht hindurchlassen, in das Fenster eines kleinen, dunklen Büros. Neben dem Schreibtisch vor dem Fenster steht eine altmodische Kurbel-Rechenmaschine von Hewlett-Packard auf einer Ablage. Es ist ein Gerät aus den sechziger Jahren, das die junge Physikerin, die in diesem Büro arbeitet, aufgehoben hat, aus Sentiment. Spätere, neuere Rechenmaschinen aus dem Westen gab es nicht am Institut.

Die junge Physikerin erscheint wie jeden Morgen um 7.15 Uhr in ihrem Büro, wirft das *Neue Deutschland* auf den Schreibtisch und streift Ärmelschoner über ihre dicke Strickjacke. Sie hat das *Neue Deutschland* schon in der S-Bahn gelesen.

«Die besseren Sachen waren ja immer schon ausverkauft. Wenn man um 6.15 Uhr in Berlin eine *Für Dich* haben wollte oder die *Prawda*, war man schon zu spät, die waren vergriffen.»

Um 6.15 Uhr ist sie auch an diesem Morgen aus der Wohnung gegangen.

«Eine erbärmlich frühe Zeit nach den Studienjahren in Leipzig. Und viel zu früh für geistige Arbeit.»

Wie jeden Morgen und jeden Tag ist sie in Berlin als Erstes an die Berliner Mauer gelaufen und wurde wieder einmal daran erinnert, wo sie ist, obwohl sie doch eigentlich in Hamburg geboren war.

«Man rannte ja in diesem Leben immer auf die Mauer zu. Ich wohnte Ecke Schlauch-/Marienstraße. Mauer. Dann stieg ich Friedrichstraße um. Da hörte man schon morgens auf dem Nachbargleis die Hunde vom Westbahnsteig. Dann fuhr man mit der S-Bahn immer schön an der Wand lang zum Ostbahnhof, nach Treptow rüber, dann immer weiter Plänterwald, Schöneweide. Immer die Mauer. Dann kommt Adlershof.»

Über einen zugewachsenen Plattenweg läuft die junge Frau mit der Strickjacke auch an diesem Morgen rüber zum Rechenzentrum des Instituts. Da steht ein haushoher, riesiger Rechner in russischer IBM-look-alike-Technik, der ober- und unterirdisch gewaltige Gebäudekomplexe beansprucht. Dabei hat er nur die gleiche Kapazität wie die Heimcomputer, die gerade in diesem Jahr zu Weihnachten im Westen der Verkaufsrenner waren.

Die junge Physikerin will ihre Rechnungen von gestern abholen. Sie hat die Programme selbst in die Fortron-Lochkarten aus Pappe gestanzt. Weil aber eines der Löcher offenbar falsch gestanzt war, ist der Rechner wieder einmal auseinander geflogen, sobald die Routinen eingeschoben waren. Sie wandert also mit ihrem Stapel nutzloser Lochkarten zurück in ihre Baracke, schaut eine Weile nachdenklich durch die Schlehenbüsche auf den Stacheldraht.

«Ein denkbar trübsinniger Ausblick.»

Dann brüht sie nach der türkischen Methode Kaffee auf für sich und den jungen, neuen, sympathischen und gescheiten Kollegen Michael Schindhelm, mit dem sie das Büro teilt. Die beiden besprechen kurz die verzweifelte Lage im eigenen, traurigen Land, dafür etwas länger und leidenschaftlicher die aufregenden Vorgänge in Perestroika-Land. Und weil die junge

Physikerin die *Prawda* und auch die Reden des neuen KPdSU-Generalsekretärs Gorbatschow im Original liest, weiß sie viel mehr, als die DDR ihren Bürgern im *Neuen Deutschland* über die demokratischen Entwicklungen im großen, sozialistischen Bruderland verraten wollte.

Kurt Hager hatte ja gesagt: «Wenn unser Nachbar seine Wohnung neu tapeziert, dann sind wir noch lange nicht verpflichtet nachzudenken, ob wir auch renovieren.» Offensichtlich war es eine Bestrafung für Hager gewesen, dass ausgerechnet er das sagen musste, weil wahrscheinlich er von den Leuten im Politbüro noch am ehesten die Überzeugung hatte, dass eigentlich nur Gorbatschows Weg die DDR hätte retten können. Das hat man natürlich damals höchstens geahnt, aber nicht erfahren.

Der junge Kollege Schindhelm, der heute interessanterweise Intendant des Baseler Theaters ist, hat später in seinem autobiographischen Roman *Roberts Reise* wunderschöne Sätze über die stillen Tage von Adlershof geschrieben. Angela Merkel heißt in diesem Roman Renate.

Die Uhren gingen hier noch langsamer als anderswo, der Stoffwechsel mit der Welt war restlos entschleunigt, die Sträucher vor den Fenstern hatten die Jahreszeiten vergessen und trugen noch im Winter Früchte. – Renate, mit der ich das Büro teilte, war das Vorbild einer illusionslosen Jungwissenschaftlerin. Sie promovierte seit etlichen Jahren vor sich hin. – Die sieben Herren der Abteilung und Renate unterhielten sich leis-vertraulich und unmittelbar mit dem Weltgeist. – Wir zogen in unserer Sandkiste schöne Kreise, bis der nächste Regen kam oder ein Kaninchen hineinpinkelte. – Traf ich Herrn Professor Altenburg mit seiner blütenweißen Haarpracht und ebensolchem Kittel, der von unpassenden Bügelfalten nach allen Seiten abstand, auf dem zwielichtigen Gang unserer Abteilung, überkam mich der traurige Eindruck, eigentlich schon seit undenklich langer Zeit hier zu sein. Altenburg sah aus wie ein müde gewordener Engel der Wissenschaft.

Schindhelm sagt: «Angela Merkel war die einzige Frau in unserer Abteilung, und sie war der einzige Mensch, mit dem ich reden konnte über Theater und Literatur, darüber, wie schön es ist, an der Ostsee Fahrrad zu fahren, und über Politik, über den Westen vor allem.»

Am längsten und leidenschaftlichsten sprechen die beiden also auch an diesem Morgen über alles, was drüben, hinter der Mauer, geschieht, im demokratischen, freien, marktwirtschaftlichen Westdeutschland, im begehrenswerten, bunten, wohlriechenden, aber leider virtuellen Wunderland BRD. Beide kennen das Wunderland hinter der Mauer seit ihrer Kindheit nur aus Erzählungen von Westverwandten. Und aus dem Fernsehen.

«Das Westfernsehen als eine ständige Präsenz führte uns diese andere, bessere deutsche Republik vor Augen», sagt Schindhelm.

«Wir haben immer mitgelebt mit der Bundesrepublik», sagt Angela Merkel, «wenn auch aus der Ferne.»

«Und wir haben uns da in unserer merkwürdig verstaubten, vom offiziellen Wissenschaftsstrom links liegen gelassenen Nische nach dem Westen verzehrt», sagt Schindhelm. «Ich kann mich zum Beispiel gut erinnern, mit Angela lange geredet zu haben über die großartige Rede von Weizsäcker am 8. Mai 1985, die ja nachhaltig die Frage gestellt hat über die Schuld der Deutschen, in einer Form, wie es bis zu diesem Zeitpunkt öffentlich von einem Bundespräsidenten noch nie geschehen war.»

Angela Merkel besaß natürlich eine Abschrift der Rede. Und sie zeigte sie den wenigen Kollegen, denen sie vertraute. So einen tollen Präsidenten hatten die anderen Deutschen drüben im Wunderland hinter der Mauer. Und dazu eine anständige, parlamentarische Demokratie, Wohlstand, das Grundgesetz und den Rechtsstaat, die geniale soziale Marktwirtschaft und: Freiheit. Freiheit vor allem. Reisefreiheit. Meinungsfreiheit. Pressefreiheit.

Und was für eine Pressefreiheit. Sogar ihren Bundeskanzler

Kohl öffentlich verkohlen durften die, durften ihn Birne nennen und für einen provinziellen Döskopp halten in ihren Kommentaren.

«Angela und ich, wir waren fassungslos darüber, wie Kohl am Anfang lächerlich gemacht worden ist. Dass so etwas möglich und erlaubt ist. Meine Verblüffung war dann allerdings nochmal genauso groß, als dann zehn Jahre später niemand mehr daran gezweifelt hat, dass Helmut Kohl ein großer Staatsmann ist», erzählt Schindhelm.

Einmal in einem ganz anderen Leben, nur sechs Jahre später, im Sommer 1991 auf einer Reise nach Amerika, hat der Bundeskanzler Helmut Kohl sein Mädchen, wie er die Frauenministerin Angela Merkel so gerne nannte, gefragt, was sie eigentlich damals von ihm gedacht hat, drüben in der DDR. Er fragte sie das im Reisebus unterwegs an der Ostküste und vor den mitreisenden Journalisten. Es war auch nicht irgendeine Amerikareise. Kurz vor der Reise war Lothar de Maizière als stellvertretender Parteivorsitzender zurückgetreten. In Washington hatte Kohl Angela Merkel dem amerikanischen Präsidenten George Bush vorgestellt und gesagt: Meine Neue. Und kurz nach der Reise wurde Angela Merkel stellvertretende Parteivorsitzende. Kohls einzige Stellvertreterin.

«Mir war die Frage unangenehm», sagt Angela Merkel heute. «Mein Bild von Helmut Kohl war ja durch die westdeutschen Medien geprägt, die Kohl nicht gerade zugetan waren.»

Sie traute sich also nicht so recht, sie wollte freundlich sein und auch höflich. Sie druckste etwas herum und sagte schließlich, dass sie über Kohls historisches Wissen immer wieder erstaunt sei und auch darüber, wie er damit Zusammenhänge einordne.

Sie ärgert sich heute noch über ihre flaue Reaktion. Kohl erzählte später, was er wohl gerne von ihr gehört hätte: Er habe seine Frauenministerin ja damals schon einige Zeit im Kabinett beobachtet und spüre, dass sie Mühe habe, das Bild, das sie aus den Medien von ihm hatte, in Einklang zu bringen mit dem, was sie da jetzt in Wirklichkeit erlebe.

So etwas passiert Angela Merkel immer nur einmal. Heute könnte Helmut Kohl, oder wer auch immer, sie jederzeit aus tiefstem Schlaf aufwecken und fragen, was sie zu DDR-Zeiten vom Kanzler der Bundesrepublik gehalten hat. Sie würde dann eine Geschichte aus dem Jahr 1987 erzählen, eine Geschichte, die sie seither schon oft erzählt hat und die zu dem Bild, das sie heute von Helmut Kohl hat, so viel besser passt. Und vor allem passt diese Geschichte auch besser zu dem Bild, das sie inzwischen von sich selber hat.

«Es war am 7. September des Jahres 1987 in meiner Wohnung am Prenzlauer Berg. Im Fernsehen lief der Bericht vom Bonn-Besuch Erich Honeckers. Was Helmut Kohl damals in seiner Tischrede dem Honecker direkt ins Gesicht sagte, hat mich damals so beeindruckt, dass ich es immer noch auswendig weiß: ‹Die Menschen in Deutschland leiden unter der Trennung. Sie leiden an einer Mauer, die ihnen buchstäblich im Wege steht und die sie abstößt. Wenn wir abbauen, was Menschen trennt, tragen wir dem unüberhörbaren Verlangen der Deutschen Rechnung: Sie wollen zueinander kommen können, weil sie zusammengehören.› Diese Sätze haben mein Bild von Helmut Kohl damals in der DDR geprägt. Sie haben uns in der DDR Hoffnung gegeben. Sie waren ein Mosaikstein auf dem Weg zur Wiedervereinigung.»

Ja, natürlich habe sie ihn damals schon bewundert, sagt sie heute.

Schindhelm sagt: «Heute sind ja viele Dinge überlagert durch die Erfahrungen, die man inzwischen mit der realen und nicht mehr mit der virtuellen Bundesrepublik gemacht hat. Viel von dem, was damals für uns wichtig gewesen ist, ist in Zwischenlagerstätten unserer persönlichen Archive verschwunden.»

Für einen, der ein Jahrzehnt lang vergessen hat zu erwähnen, dass er in dieser Zeit für die Stasi gearbeitet hat, ist das natürlich ein großartiges Wort: die Zwischenlagerstätten unserer persönlichen Archive.

Ein Jahr vor Honeckers Bonn-Besuch ist Angela Merkel zum ersten Mal in den Westen gefahren, zur Hochzeit ihrer Hamburger Cousine. Nach den Familienfeierlichkeiten hat sie sich dann in Hamburg-Altona einfach in einen Intercity gesetzt, um noch ein bisschen was von Westdeutschland zu sehen. Sie wollte einen Professor in Karlsruhe besuchen, der rübergemacht hatte, wie man damals sagte, und einen anderen Kollegen in Konstanz.

Schindhelm erinnert sich noch, wie verändert und begeistert Angela Merkel von dieser Reise wiedergekommen ist, wie sie noch wochenlang von diesem modernen Intercity schwärmte mit seinen komfortablen Polstern. Und wie heftig sie sich aufregte, dass westdeutsche Studenten einfach ihre dreckigen Schuhe auf diese schönen Polster legten.

In Konstanz hatte sie zunächst ernsthaft gezögert, ob eine allein reisende Frau sich wohl im wilden Westen einfach so ein Hotelzimmer nehmen könne oder ob das zu gefährlich sei.

Sie war allein in Budapest, in Moskau, in der Ukraine und in Leningrad gewesen. Sie hatte einige Monate am Heyrovsky-Institut in Prag gelebt und gearbeitet. Sie war mit zwei Freunden illegal und sehr abenteuerlich durch die südlichen Sowjetrepubliken bis in den Kaukasus getrampt. Sie hatte bei den Obdachlosen im Bahnhofsasyl von Tiflis übernachtet.

Aber ein Hotel in Westdeutschland? Die vielen Krimis aus dem Westfernsehen, die Westnachrichten und vor allem die DDR-Dauerpropaganda über Kriminalität im Kapitalismus hatten sie offenbar verunsichert. Schließlich hat sie sich einfach getraut und hat ein Zimmer genommen, mit Dusche auf dem Gang.

Als sie das überlebt hatte und also feststand, das Wunderland im Westen ist auch für einen Ostler eine beherrschbare Welt, da gab es in ihrem Kopf keine Alternative mehr. Sie sagt, spätestens nach dieser Reise sei für sie klar gewesen: Es muss das Westmodell sein. Es kann keinen Dritten Weg geben, keinen demokratischen Sozialismus und keinen Wandel durch Annäherung. Seit dieser Reise habe sie sich erst recht und bewusst «als bundesdeutsche Staatsbürgerin im passiven Gebiet des Grundgesetzes, das sich nach seiner Präambel ja auch für die Menschen im Osten in der Pflicht und der Verantwortung sah», gefühlt.

Das sei für sie eine wichtige und trostreiche Konstruktion gewesen. «Der Unterschied zu den Polen und Tschechen für uns Ostdeutsche war doch, wir konnten rübergehen und dann waren wir per Grundgesetz sofort bundesdeutsche Staatsbürger.» Natürlich hat sie auch Fluchtgedanken gehabt in dieser Zeit, sagt sie.

Als dann SPD und Grüne im Westen auf die SED-Forderung eingehen wollten, die gemeinsame deutsche Staatsbürgerschaft zu streichen, brach für sie eine Welt zusammen: die real existierende Option auf ein Leben im Wunderland hinter der Mauer.

In jedem politischen Gespräch mit Angela Merkel, das ein wenig über die gerade aktuellen Themen hinausgeht, kann man spüren, was auch in ihren größer angelegten Reden mitschwingt: Wie glühend sie die bundesdeutsche Demokratie, das Grundgesetz, den Rechtsstaat, das Parteiensystem und die Gewaltenteilung heute noch bewundert, verteidigt und idealisiert. Ganz anders als ihre gleichaltrigen Westkollegen aller Parteien. Die «Enkelgeneration» fand das ja alles vor, als sie erwachsen wurde. Die mussten dafür nichts tun. Denen stand das Wunderland immer schon offen, selbstverständlich und bis zum Überdruss. Enkelgeneration, das klingt ja auch schon ein bisschen wie Nachlassverwalter.

Angela Merkel aber spricht von der Demokratie in diesem hohen Ton, den im Westen die erste Generation der Nachkriegspolitiker hatte, mit dieser feierlichen, freiheitlichen Begeisterung derer, die einen totalitären Unrechtsstaat erlebt und überwunden hatten. Dieses Gänsehauttimbre in der Stimme, wann immer es um die Rechte und vor allem ja auch um die Pflichten des demokratischen Staatsbürgers in einer freiheitlichen, parlamentarischen Demokratie geht, wenn sie zum Beispiel sagt: «Je länger diese Debatte dauert, umso mehr verstärkt sich mein Eindruck, dass wir wieder einmal die Grundzüge unserer Demokratie miteinander besprechen sollten.»

In ihren ersten Monaten als Bundestagsabgeordnete in Bonn, und auch noch etwas später als Frauenministerin, hat sie am meisten darüber gestaunt, dass man in Westdeutschland offenbar glaubte, der Hauptjob von Bürgern und Medien in einer Demokratie sei, diese schöne Demokratie und deren Repräsentanten zu kritisieren und zu beschmutzen, so wie die Studenten im wunderbaren IC die herrlichen Polster. Damals schrieb sie, wie «verwundert und verwirrt» sie immer wieder darüber sei, «mit welcher Achtlosigkeit die Menschen in den alten Bundesländern mit ihrer Demokratie umgehen, als ginge es vor allem darum, wer die Demokratie am besten kritisieren kann».

Angela Merkel hat sich da in ihren Dornröschenjahren hinter den Stacheldrahtzäunen und Schlehenbüschen der Akademie und in der ständigen geistigen Auseinandersetzung mit dem virtuellen Wunderland tatsächlich zu einer Musterschülerin der Demokratie verpuppt. Manches, was ihr später in der schweren Krise der CDU gelungen ist, und vieles, was ihr in dieser Zeit und danach zugetraut und zugemutet worden ist, beruht wohl auf dem Gespür und der Begeisterung der Menschen für dieses: Da nimmt eine, gerade wegen ihrer Lebenserfahrung in einem totalitären Staat, die Verfassung und die Verfasstheit unseres demokratischen Landes noch einmal wirklich beim Wort.

Mit so einer müsste man doch ganz von vorne anfangen können.

1987 gab Michael Schindhelm seine wissenschaftliche Karriere plötzlich auf. Er verließ die Akademie, um sich als Übersetzer in die thüringische Provinz zurückzuziehen. Zum Abschied schenkte Angela Merkel ihm Gogols «Tote Seelen». Und wahrscheinlich ahnte sie nicht einmal, wie gut es passte, als sie ihm auch noch hineinschrieb: «Geh ins Offene.»

Vierzehn Jahre später. Es ist Dienstag, der 9. Januar 2001. Die CDU-Parteivorsitzende kommt etwas früher als sonst in die Parteizentrale an der Klingelhöferstraße und fragt ihre Pressesprecherin: «Haben wir die ZEIT schon? Ich habe da so ein komisches Fax bekommen.»

Ein Journalist hatte in der Gauck-Behörde nach den Akten von Michael Schindhelm gefragt. Die Behörde informierte Schindhelm. Er war IM gewesen. Und er war damals ja vor allem deswegen «ins Offene» geflohen, um die Quälgeister der Stasi endlich abzuschütteln. Seit seiner Studienzeit hatten sie ihn mit einer erfundenen Geschichte erpresst, hatten von ihm Berichte verlangt und sich vorgestellt, dass er eine tolle wissenschaftliche Karriere machen sollte, um in allen Positionen weiter für sie zu spitzeln.

Um der Veröffentlichung des Journalisten zuvorzukommen, hatte Schindhelm einen langen Aufsatz für die ZEIT und die Baseler Zeitung geschrieben, in dem er aus den Zwischenlagerstätten seines Gewissens endlich hervorholte, was er so lange verschwiegen hatte.

Und ihr, seiner Zimmernachbarin und Freundin, der Renate aus seinem Roman, dem einzigen Menschen an der Akademie, mit dem man reden konnte, die noch als Parteivorsitzende der CDU treu zu seinen Lesungen kam, wann immer sie es einrichten konnte, ihr hat er es gerade mal einen Tag vor den Agenturen mitgeteilt. Per Fax.

Schindhelms Opferakte ist siebenmal so lang wie seine Berichte. Er hat offenbar niemanden denunziert, kein Geld genommen und auch keine Vorteile durch seine erpresste IM-Tätigkeit bekommen. Er hat nicht über seine Kollegen in der Akademie berichtet.

«Und ich habe nicht über Angela Merkel berichtet», sagt er. Und doch hat es sie getroffen. Es hat sie in ihrem Misstrauen bestätigt. Und es hat an einer alten Wunde geätzt. Ein anderer der Freunde an der Akademie hatte ausführlich über sie berichtet, hat sie regelrecht verraten. Damit lebt sie schon seit ein paar Jahren: Frank Schneider, der Kollege und Freund, den sie alle Schnaffi nannten, war der IM Bachmann. Auch er hatte sich mit ihr eine Weile das Zimmer geteilt an der Akademie. Er gehörte zum engeren Freundeskreis. Er hatte mit den anderen geholfen, die besetzte Wohnung in der Templiner Straße zu renovieren. Und er war mit einer Georgierin verheiratet, mit der Angela Merkel so gerne russisch geplaudert hat.

Schnaffi hat Angela Merkel richtig abgeschöpft in all den Jahren, hat ausführlich und kontinuierlich über sie berichtet. *Politisch-ideologische Diversion* steht für das Jahr 1984 in ihrer Akte. *Sie steht unserem Staat sehr kritisch gegenüber.*

Er hat berichtet, wenn sie die Witwe des Staatsfeindes Robert Havemann besuchte und wie oft sie, schon vor ihrer Scheidung, mit ihrem Kollegen Sauer zum Mittagessen ging, mit dem sie heute verheiratet ist.

Politisch könnte Angela Merkel vieles von dem, was in ihrer Stasi-Akte steht, als Adelsprädikat vor sich hertragen.

Sie hat auch Kontakt zu Kreisen aus dem Prenzlauer Berg, die wenig mit der Politik unseres Staates gemeinsam haben, sowie zu jungen Künstlern und Mitgliedern der evangelischen Kirche.

Seit ihrer Gründung war sie begeistert einverstanden mit den Forderungen und den Aktionen der Solidarność *in Polen.*

Obwohl Angela die Führungsrolle der Sowjetunion mehr als die Rolle eines Diktators auffasst, dem sich alle anderen sozia-

listischen Länder unterordnen, ist sie auf der anderen Seite von
der russischen Sprache sowie der Kultur der Sowjetunion be-
geistert. Und so weiter und so fort.

Menschlich muss es eine Katastrophe gewesen sein. Hoch-
verrat unter Freunden. Die dazugehörigen Gefühle kann nur er-
messen, wer es erlebt hat.

Angela Merkel spricht nicht darüber.

Und jetzt also Schindhelm. Die Schweizer Zeitungen sind für
ein paar Wochen ganz aus dem Häuschen, endlich auch einen
eigenen Stasi-Fall zu haben.

«Und dann schickt mir die *Baseler Zeitung* so einen Zehn-
Fragen-Katalog. Der war so ungefähr wie in einem Untersuchungsausschuss: Wann haben Sie das zum ersten Mal von
wem wie erfahren? Was haben Sie unternommen? Das finde
ich einfach unglaublich. Schindhelm ist ein persönlicher Bekannter von mir. Und ich bin der Meinung, dass ich auch als
Person des öffentlichen Lebens nicht die Pflicht habe, mich
über persönliche Bekanntschaften zu äußern. Das muss doch
möglich sein, dass ich dazu schweige.»

Es muss möglich sein, dass sie dazu schweigt. Und es fällt
nur auf, dass der «persönliche Bekannte» Schindhelm in früheren Gesprächen immer noch «der gute Freund» gewesen ist.

Es gibt noch etwas anderes, worüber sie schon lange nicht
mehr gesprochen hat. Sie spricht überhaupt ungern darüber.
Am liebsten würde sie auch darüber schweigen.

Wenn man im Jahr 2001 Zeitungsartikel über Angela Merkel
schreibt, bekommt man deswegen gelegentlich seltsame und
sehr aggressive Leserbriefe: Warum unterschlagen Sie, dass Angela Merkel FDJ-Sekretärin für Agitation und Propaganda war
mit dem Hauptziel «Bekämpfung der friedensfeindlichen und
imperialistischen BRD»?

Natürlich kommt so was anonym oder mit «vielen Grüßen
ins Stoiberland», unterschrieben als: «Einige ABLer und
NBLer».

ABLer und NBLer steht offenbar für Altbundesländler und Neubundesländler. Und Angela Merkel war tatsächlich FDJ-Sekretärin an der Akademie der Wissenschaften, FDJ-Sekretärin für Agitation und Propaganda.

Der ehemalige Verkehrsminister, Parteifreund Günther Krause, redet sich bei diesem Thema regelrecht in Rage: «Angela Merkel war FDJ-Kreisleitungsmitglied für Agitation und Propaganda. Sie hat dort nicht die idealistische Weltanschauung der CDU propagiert, sondern Marxismus-Leninismus. Und was mich ärgert an dieser Frau, ist schlicht und einfach der Sachverhalt, dass sie nicht zugibt, in der DDR eine Systemnähe gehabt zu haben. Sie war fachlich nicht unverzichtbar an der Akademie der Wissenschaften. Sie war aber durchaus nutzbar als Pfarrerstochter im Sinne des Marxismus-Leninismus. Und das verdrängt sie. Das ist aber die Wahrheit. Ich mache ihr gar keinen Strick daraus, sondern ich erwarte eben nur, dass sie beispielsweise aufhört mit diesen ganzen dummen Diskussionen über die PDS-Vergangenheit. Ich müsste sie ja dann auch fragen: Also, entschuldige bitte, wegen deiner FDJ-Vergangenheit hast du in der CDU doch eigentlich keinen Platz?»

Und wenn man vorsichtig einwendet, dass Angela Merkel doch offenbar als FDJ-Kultursekretärin, wie sie es immer nennt und darstellt, nur Theaterkarten organisiert und ein Kulturprogramm an der Akademie veranstaltet hat, sagt Krause:

«Nein, Agitation und Propaganda hat sie gemacht. Das ist eben nicht Kulturprogramm. Agitation und Propaganda, da ist man verantwortlich für die Gehirnwäsche im Sinne des Marxismus. Das war ihre Aufgabe, und das war keine Kulturarbeit. Agitation und Propaganda, das war die Truppe, die alles das, was man in der DDR zu glauben hatte, in die Gehirne der Leute abzufüllen hatte mit allen ideologischen Tricks.»

Krause war nicht an der Akademie in Adlershof. Rostock ist nicht Berlin. 2001 ist nicht 1978. Andere, die auch nicht dabei waren, interpretieren es anders.

Günter Nooke sagt: «So was hören Sie nur von Leuten, die jetzt ein Interesse haben, Angela Merkel in eine Ecke zu stellen. Zwischen Widerstand und Anpassung gab es ja auch noch die innere und geistige Distanz, die es aber nicht darauf angelegt hat, ins Gefängnis zu kommen, die an der Innenseite der Legalität gebeult hat.»

Lothar de Maizière sagt: «Es gab viele Leute, die aufgrund ihrer persönlichen Geradlinigkeit Unannehmlichkeiten im beruflichen Leben hingenommen haben. Das kann man von Angela nicht sagen. Sie schwamm als FDJ-Kulturtante so durch. Aber es ist unfair, wenn man ihr das heute vorhält. Sie war in der FDJ immer für Kultur zuständig. Und jeder, der in der DDR gelebt hat, weiß, wenn man sich richtig doll drücken wollte, dann machte man in der FDJ-Gruppe den Kulturonkel oder die Kulturtante. Sie ist deutlich jünger als ich. Ich konnte noch durchschwimmen ohne FDJ.»

Professor Hans-Jörg Osten war mehrere Jahre lang der FDJ-Sekretär am Institut, Merkels FDJ-Chef also gewissermaßen. Die FDJ, erzählt er, gab es in der DDR ja eigentlich nur für die Sechzehn- bis Zwanzigjährigen. An der Akademie aber gab es sie trotzdem auch noch für Ältere. Und weil die FDJ an der Akademie direkt dem Zentralrat der FDJ unterstand, hatten und nahmen die Freunde, die zugleich die FDJ-Leitung machten, sich jede Menge Freiheiten. Es gab ja keine Bezirksleitung, an die man berichten musste.

«Wir sind also zusammen ins Theater gegangen, haben zusammen Urlaub gemacht, haben mit dem Institut in Prag einen netten Kooperationsvertrag gemacht, in dem es vor allem auch darum ging, den jungen tschechischen Kollegen schöne Plätze an der Ostsee zu besetzen und dafür was im Riesengebirge zum Skilaufen zu bekommen.»

Angela Merkel übernahm das Amt der FDJ-Sekretärin für Agitation und Propaganda. Das bedeutete, sagt Osten, dass sie sich vor allem um das so genannte Studienjahr zu kümmern hatte, eine monatliche Zwangsveranstaltung zur politischen Weiterbildung.

«Da haben wir immer versucht, Leute als Referenten einzuladen, die wir wirklich interessant fanden. Ein Soziologe hat über Selbstmord gesprochen, ein Thema, das es offiziell ja gar nicht gab in der DDR. Wir hatten Veranstaltungen zu den Themen Scheidung oder Friedensbewegung – gab es ja angeblich auch alles nicht», sagt Osten.

Einmal hat Angela Merkel einen Vortrag zur «Stellung der Frau in der Bundesrepublik» organisiert, bei der die Referentin ausdrücklich sagte, sie spreche jetzt über die Bundesrepublik, weil es zu diesem Thema ja leider keine Forschung in der DDR gebe. Man könne aber vieles, was sie über die BRD erzählen werde, auf die DDR übertragen.

«Wir hatten Veranstaltungen zur wirtschaftlichen Entwicklung in Ungarn und sogar zum Thema Marktwirtschaft. Alles Themen, die wirklich nicht der vorgegebenen FDJ-Linie entsprachen», sagt Osten.

Natürlich habe es entsprechend oft Stress mit der Parteileitung des Instituts gegeben. Nehmt doch mal die Themen des nächsten Parteitages, habe es geheißen. Dann habe man eben eine Referentin von der Humboldt-Uni gebeten, die den jungen Leuten die Parteitagsthemen gegen den Strich gebürstet hat: Wie sieht das mit unserer Wirtschaft real aus? Was läuft hier eigentlich wirklich? Wie funktionieren die Mechanismen?

Professor Hans-Jörg Osten ist heute mit der stellvertretenden Fraktionsvorsitzenden der PDS in Brandenburg verheiratet. Es gibt für ihn keine Gründe, die FDJ-Zeit an der Akademie zugunsten einer CDU-Vorsitzenden umzudeuten oder schönzureden. Vor allem nicht, weil er sauer ist auf Angela Merkel.

Sie hat bei ihm gewohnt, als sie ihren Mann verlassen hatte. Er hat ihr beim Besetzen und Renovieren der Wohnung geholfen. Sie haben sich zusammen für ein Ferienwinterlager auf Rügen freistellen lassen. Die beiden haben dort viel Spaß gehabt, als sie versuchten, den 15-jährigen Mädchen und Jungen das Tanzen beizubringen.

Und es kränkt ihn, wie sehr Angela Merkel sich heute von ihm und den anderen distanziert, nur weil sie in der SED waren. Es kränkt ihn, wenn sie heute sagt: «Die waren alle exotisch links.» Und dass sie mit den damaligen Freunden überhaupt nur zu tun hatte, weil sie zufällig mit ihr auf dem gleichen Flur saßen. Er denkt dann: Mädel, du leierst hier Sachen runter, die weißt du eigentlich besser.

Er sagt: «Heute redet sie so, als seien in der SED zweieinhalb Millionen Systemnachbeter gewesen. Als ob nicht gerade sie wüsste, wie viele junge Leute es gab, die innerhalb der SED das System DDR ändern wollten. Damals hat sie immer gesagt, egal, ob einer Parteimitglied ist oder nicht, ob er ein ordentlicher Mensch ist, ist wichtig.»

Einmal, 1993, da war Angela Merkel schon Ministerin für Frauen und Familie im wieder vereinigten Deutschland, ist sie zu einer großen Jugendveranstaltung nach Frankfurt an der Oder gekommen. Toll, hat Professor Osten sich gedacht, da gibt es endlich eine Möglichkeit, wieder einmal zu schwatzen. Und ist also da hingegangen. Er hat dann Merkels Pressesprecherin eine Visitenkarte gegeben, auf die er geschrieben hatte: *Hallo Angela, bin auch in der Halle, wenn du mal ein paar Minuten hast, können wir quatschen.*

«Dann ist sie kurz gekommen; ah, schön, bist du jetzt in Frankfurt? Aber ich konnte spüren und sehen, dass es ihr absolut unangenehm war, mich zu treffen. Sie sagte: Ich hab zu tun; und weg war sie. Dann stand sie zehn Meter neben mir und hatte gar nichts zu tun.»

Redete da mit irgendwelchen Leuten?

«Nein, sie guckte dem Programm auf der Bühne zu.»

Wie erklären Sie sich das?

«Sie denkt: Jetzt bin ich eine andere. Damit will ich nichts mehr zu tun haben.»

Wenn Sie mal mit ihr reden könnten, würden Sie das ansprechen?

«Ich habe kein Interesse mehr, mit ihr zu reden.»

In einem frühen Interview mit der *Ostseezeitung* hat die Frauenministerin Angela Merkel gesagt: «Wir müssen lernen, über unsere eigene Vergangenheit zu sprechen. Wenn ich heute durch die neuen Bundesländer reise, habe ich den Eindruck, dass niemand in der Gewerkschaft, der Partei oder der FDJ war. Es gibt nur den Schrei nach vier oder fünf Leuten, die man an der Fahnenstange hängen sehen will.»

Und dann hat sie gefragt: «Warum erklärt man denn unter anderem in den Schulen den Jugendlichen nicht, weshalb vor drei Jahren noch eine ganz andere Geschichtsstunde abgehalten wurde? Auch uns wird die nächste Generation fragen: Was hat sich in der Umbruchszeit getan?»

Es kann sein, hat sie viel später einmal im *SPIEGEL*-Interview gesagt, dass die neuen Bundesländer ihr 1968 noch vor sich haben, dass erst die nächste Generation fragen wird, was hast du eigentlich gemacht, wieso warst du in der FDJ?

Gleich am ersten Jahrestag der deutschen Einheit machte die junge Frauenministerin bei einem CDU-Jugendfestival in Schwerin dann allerdings eine unangenehme Erfahrung. Ihr offenes Bekenntnis, Mitglied der FDJ gewesen zu sein, ihr Bericht darüber, was sie als FDJ-Sekretärin für Agitation und Propaganda an der Akademie der Wissenschaften genau gemacht hat, hatte die anwesenden Westler von der Jungen Union hochgradig irritiert.

«Ich merkte, wie wenig Verständnis wir auch ein Jahr nach der deutschen Einheit füreinander haben, wie schwer es ist für jemanden aus den alten Bundesländern, aktive Mitgestaltung an dem sozialistischen System von notwendiger Anpassung zu unterscheiden, und wie schwer es auch für uns ehemalige DDR-Bürger ist, einheitliche Maßstäbe für eine Bewertung des Lebens in der früheren DDR zu finden.»

Und in einem Artikel für die *Frankfurter Rundschau* schrieb sie den schönen Satz:

«Voneinander erzählen ist mindestens so wichtig wie einander Geld zu geben.»

Sie hat es, gegen die eigene Erkenntnis, nicht durchgehalten. Der Druck einer Gesellschaft, die nur noch gut und böse, schwarz und weiß, Daumen hoch oder Daumen runter, aber keine Differenzierungen und keine Grautöne mehr kennt, ist ihr offenbar zu hoch geworden. Jetzt spricht sie immer davon, dass sie als FDJ-*Kultursekretärin* nur Theaterkarten organisiert habe. Die Vokabel Agitation und Propaganda kommt bei ihr nicht vor. Und die Freundschaft zu den SED-Jungs hatte mit ihrem geselligen Leben zu tun und ist nur damit überhaupt zu erklären, dass die zufällig mit ihr auf dem gleichen Flur saßen.

Es kann sein, dass Angela Merkel da einen Fehler macht.

Man könnte sich durchaus vorstellen, dass eines fernen Tages, vielleicht ganz kurz vor einer wichtigen Wahl, wenn es machtpolitisch doch noch einmal interessant ist, die Geschichte der DDR und des Mauerfalls neu zu interpretieren, ehrgeizige Schwarzweißjournalisten von interessierten Kreisen mit Material versorgt werden. Dann werden sie «aufdecken», dass Angela Merkel als Schülerin das blaue Hemd einer Organisation getragen hat, die in der Bundesrepublik als verfassungsfeindlich erklärt war, und dass sie Sekretärin für Agitation und Propaganda an der Akademie der Wissenschaften gewesen ist.

Vielleicht ist dann gerade eine Generation herangewachsen, die überhaupt keine eigene Anschauung mehr vom Alltag in der DDR hat.

So wie Anfang 2001 einer neuen Generation im Westen und allen Ostdeutschen entdeckt wurde, was eigentlich ja alle wussten, dass Außenminister Joschka Fischer ein Straßenkämpfer gewesen ist in seinen Frankfurter Jahren. So wie man plötzlich als Sensation handelte, was seit dreißig Jahren bekannt war.

So wie man in diesem geschichtsbesessenen und geschichtsvergessenen Deutschland offenbar immer wieder die Wirklich-keit wenden und drehen kann, so lange, bis eine andere Wahrheit aus ihr geworden ist. Und jede Generation sich eine neue Ge-schichte erfindet, die sie dann für die Geschichte des Landes hält.

UND WENN GESCHICHTE WIE WETTER GEHT?

Angela Merkels Arbeitsalltag an der Akademie war die Berech-nung der Geschwindigkeitskonstanten von Elementarreak-tionen am Beispiel einfacher Kohlenwasserstoffe. Ihre Doktor-arbeit trägt den Titel: «Die Untersuchung des Mechanismus von Zerfallsreaktionen mit einfachem Bindungsbruch und Be-rechnung ihrer Geschwindigkeitskonstanten auf der Grund-lage quantenchemischer und statistischer Methoden».

Und sie schaut einen sehr skeptisch an, wenn man sie im Janu-ar 2000 nicht nur zu den Schwarzgeldern der hessischen CDU ausfragt oder dazu, wie lange Schäuble wohl noch Parteivorsit-zender bleiben kann, sondern auch noch wissen will, was sie da nun eigentlich genau geforscht hat, während Kohl und Kiep und Kanther ihre schwarzen Millionen hin und her schoben.

Ob das nicht die Aufnahmefähigkeit einer politischen Jour-nalistin übersteigt?

Versuchen wir es mal: Die DDR hatte eine Idee. Die Idee hieß Plaste aus Erdgas. Erdgas kam über die Leitung aus der Sowjetunion und ist ja praktisch ein Kohlenstoffatom mit Was-serstoffatomen drumherum, Methan eben. Und wenn man Kohlenwasserstoffverbindungen machen will, dann muss man das Methan erst einmal aufbrechen, also Wasserstoffatome ab-schlagen. Dann hat man eine hochreaktive, freie Bindung und kann lange Ketten machen von Kohlenwasserstoffen. Aus de-nen macht man «Plaste und Elaste aus Schkopau», was man eben heute als synthetische Verbindung bezeichnen würde. Oder so.

Angela Merkel benutzt ihre zusammengelegten Fäuste, um Kohlenstoffatome und Wasserstoffatome explosionsartig auseinander schießen zu lassen. Die Fäuste fliegen links und rechts von ihrem Körper weg.

«Das kann man mit Hilfe von Katalysatoren machen oder unter sehr hohen Temperaturen.»

Doktor Merkel sollte sich theoretisch damit beschäftigen, wie man unter hohen Temperaturen das eine Wasserstoffatom wegzieht, und sie sollte herausfinden, also genau genommen ausrechnen, wie viele Endprodukte man auf diese Art und Weise aus wie viel Methan bekommt.

«Was ziemlich wahnwitzig ist, weil sowieso klar war, dass man niemals so viel Energie haben würde, um die notwendigen Temperaturen in hohem Maßstab zu erzeugen. Aber wir haben es durchgerechnet und auch in kleinen Reaktoren an der Akademie ausprobiert. Ich hatte die Aufgabe, das theoretisch zu begleiten.»

Was für ein schönes Experiment. Und was für eine schöne Metapher für das Ende der DDR. Der Druck und die Temperatur im eingemauerten Land hatten sich seit 1988 langsam, aber stetig erhöht. Und dann, 1989, war offenbar die hinreichende Menge Aktivierungsenergie erzeugt. Endlich reagierten die bisher vollkommen entschleunigten Teilchen. Die DDR explodierte. Und wie Wasserstoffatome unter sehr hoher Temperatur wurden auch die Menschen in dieser gewaltigen Explosion durcheinander gewirbelt, von allem getrennt, womit sie so lange und scheinbar unauflöslich verbunden waren, und in alle möglichen Richtungen geschleudert.

Und daran, was zum Beispiel aus den Physikern der kleinen Abteilung am Institut für physikalische Chemie nach der großen Explosion geworden ist, kann man im Nachhinein erkennen, was für eine Elite dort hinter den Schlehenbüschen von Adlershof auf das Ende der DDR gewartet hatte.

Der eine – Michael Schindhelm – wurde Theaterintendant.

Sein Theater in Basel wird zur Pilgerstätte der jungen Kritiker im deutschsprachigen Raum, die es 1999 zum Theater des Jahres erklären. Der andere – Hans-Jörg Osten – verhandelt in der neuen Welt mit dem Emirat Dubai und dem amerikanischen Giganten Intel um eine Fabrik für den von ihm patentierten Mikrochip. Professor Joachim Sauer, Angela Merkels heutiger Ehemann, blieb im Fach und gilt heute weltweit als eine der Koryphäen in der physikalischen Chemie. Angela Merkel wurde Vorsitzende der Bundes-CDU.

Und dann ist da noch der Chef der kleinen Abteilung, Klaus Ulbricht. Er wurde der Hauptmann von Köpenick.

Das heißt, die Menschen drüben in Treptow und die Journalisten in Berlin nennen ihn so, seitdem Treptow mit Köpenick zu einem Großbezirk zwangsvereinigt wurde und er, der SPD-Bürgermeister des viel älteren und viel berühmteren Bezirks Köpenick, Bürgermeister des Gesamtbezirks ist und, aus Sicht der Treptower natürlich, immer alles besser weiß.

Klaus Ulbricht ist ein Bürgermeister, wie man ihn sich nur wünschen kann. Er arbeitet mit großem Engagement vierzehn Stunden am Tag und diskutiert dann noch bis Mitternacht mit rechtsradikalen Jugendlichen. Den Haushalt für 2001 würde er am liebsten gar nicht angucken, sagt er, so knapp ist auch in Köpenick das Geld. Und mit seinen Leuten im Sozialamt bekommt er regelmäßig Krach, weil er es in seinen Bürgersprechstunden einfach nicht lassen kann, dem einen oder anderen armen Tropf, der gekommen ist, sein Leid zu klagen, mal eben aus seinem Privatportemonnaie 20 Mark rüberzuschieben.

Gerade war der Rechnungshof von Moskau zu Gast in Berlin. Als Ulbricht da zur Begrüßung gesprochen hat und als Erstes sagte: Ich bin eigentlich Chemiker, da haben alle angefangen zu lachen. Die Präsidentin des Moskauer Rechnungshofes ist auch Chemikerin und der Vizepräsident ist Physiker.

«Auch in Russland sind ja ganz andere Berufsgruppen in die Politik gekommen», sagt Ulbricht.

Und dann, nach einer Weile, sagt er auch noch: «Jetzt kommen ja leider die Juristen wieder nach.»

Ich habe sie alle gefragt, was das bedeutet, eine Naturwissenschaftlerin in der Politik. Kurt Biedenkopf hatte seine Überlegungen zu diesem Thema zusammengefasst mit dem Satz: Ein Naturwissenschaftler denkt eben völlig anders als ein Sozialdemokrat.

Lothar de Maizière sagt: «Sie weiß, dass es für jede Wirkung eine Ursache und vielleicht auch günstige Bedingungen gibt. Sie kann schon eine möglicherweise notwendige Bedingung gleich zu einer Ursache erklären. Sie beherrscht die Gesetze der formalen Logik und kann daher ziemlich schnell und zielstrebig logische Ketten aufbauen.»

Heiner Geißler erinnert sich noch gut an Angela Merkels erste Zeit in Bonn. Von Anfang an habe man beobachten können, wie nützlich es für sie ist, Naturwissenschaftlerin zu sein. Blitzschnell habe sie analysiert, durchschaut und verstanden, wie Bonn funktioniert. «Sie war eben nicht vorgebildet und leicht verblödet, wie das bei Juristen und Volkswirten leider oft der Fall ist. Die können dann nur partiell denken, wissen nichts von Schiller und Goethe, aber auch nichts von moderner Literatur. Und von Naturwissenschaften haben sie überhaupt keine Ahnung. Das Gute bei Angela Merkel war von Anfang an: Plötzlich ist da jemand in der Politik, der einen anderen Horizont mitbringt, der eine Doktorarbeit geschrieben hat über Elementarteilchen.»

Wolfgang Schäuble sagt, dass mit Merkel ein spieltheoretisches Element in die deutsche Politik gekommen sei. Spieltheorie ist Phantasie in der Aufgabenstellung und dann: reine Mathematik. In Amerika waren es Spieltheoretiker, die ausgerechnet haben, wie die Kuba-Krise ausgeht, wenn Präsident Kennedy nur glaubwürdig genug macht, dass er nicht zurückweichen wird.

Politik als theoretisches, berechenbares Experiment. Das

Denkmuster des Naturwissenschaftlers ist der Versuch. Wenn es so nicht geht, geht es vielleicht andersherum. Und es ist für eine Physikerin offenbar keine echte Kränkung, wenn messbar veränderte Kräfteverhältnisse sie zwingen, umzudenken und neue Kompromisse anzustreben. Man muss dann nur versuchen, die Sache in jedem einzelnen mathematischen Schritt noch einmal vom Ende her zu denken.

Auch Margaret Thatcher kam ja als studierte Naturwissenschaftlerin in die Politik. Ihr Vater war ein methodistischer Laienprediger. Diese Kombination aus naturwissenschaftlich analytischem Denken und fester, christlicher Grundüberzeugung führte bei ihr dazu, dass sie die «wets», die Waschlappen in ihrer Partei, immer spüren ließ, dass sie ihrer Meinung nach nicht nur nicht richtig denken können, sondern außerdem auch noch keine gefestigten Überzeugungen haben. Ziemlich unerträglich muss das gewesen sein.

Und Ansätze davon kann man gelegentlich auch bei Angela Merkel spüren. Wenn sie zum Beispiel vom christlichen Wertekompass spricht. Wenn sie also das Selbstbewusstsein und das Vokabular der von ihr als gegeben vorausgesetzten moralischen Höhe der Christlich Demokratischen Union mit dem Selbstbewusstsein und dem Vokabular des naturwissenschaftlich-analytischen Denkens verknüpft.

Merkel wehrt Vergleiche mit Maggie Thatcher heftig ab. Ihre Augen aber sagen: Nur zu, machen Sie weiter, das gefällt mir.

Andererseits verführt so ein physikalisches Denken möglicherweise dazu, immer erst dann zu handeln, wenn man glaubt, alles vorausberechnet zu haben. Das strahlt aber keine Führungsstärke aus. Man beobachtet Prozesse vielleicht länger, als es gut ist, lässt sie laufen, riskiert keine mutigen Entscheidungen, ruft nie: mir nach, sondern wartet immer alle Entwicklungen ab, um sich dann erst an die Spitze der Bewegung zu setzen. Dieses Politikmodell der nackten Machtabsicherung hat Angela Merkel auch in den acht Kabinettsjahren von dem Historiker Helmut Kohl lernen können. Dazu hätte sie kein Physikstudium gebraucht.

Klaus Ulbricht erinnert sich an Angela Merkel als eine sehr ehrgeizige und engagierte junge Wissenschaftlerin, die sich «wahnsinnig agil» und mit großer Energie in ihre Aufgaben hineingeworfen hat. Mit ihren Berechnungen war sie immer schneller, als die anderen mit den Experimenten überhaupt nachkommen konnten. Außerdem habe sie ein phantastisches Talent gehabt, ihre wissenschaftlichen Ergebnisse vorzutragen auf Kongressen und auf den Kolloquien der Akademie.

«Angela Merkel hatte die Gabe», sagt der Hauptmann von Köpenick, und seine Bürgermeisterstimme wird plötzlich ganz sanft, «ja, sie hatte die Gabe, wunderbar zu reden. Sie hat herrliche wissenschaftliche Vorträge gehalten. Sie konnte sehr gut komplizierte Zusammenhänge einfach und verständlich darstellen.»

Und wenn er sie heute im Fernsehen sieht, wenn sie müde aussieht und abgekämpft, wenn sie wieder einmal verloren hat?

«Dann denke ich meistens, Mensch Mädchen, hast dich wieder mal gut geschlagen. Hast du clever gemacht. So eine große Partei ist doch schwer beweglich wie ein Öltanker. Und ich bewundere sie, wie sie da langsam, aber stetig, Kurs ändert, während die Journalisten immer schreiben, dass sie keine Meinung habe oder nicht weiß, was sie will.»

Das klingt, als ob er stolz auf sie ist, obwohl viele sie schon lange nicht mehr ganz so toll finden. Und obwohl sie nicht in der SPD ist.

«Ja, man kann schon sagen, ich empfinde ein bisschen Stolz auf sie», sagt der SPD-Bürgermeister über die CDU-Vorsitzende.

Und hat er Sorge, dass sie es nun doch nicht packt gegen all diese Westmänner, die zu gerne selber etwas werden wollen und die mit dem Dolch im Gewande durch Berlin laufen, durch Wiesbaden und München?

Da sagt Klaus Ulbricht: «Ich bin sicher, dass sie das schaffen wird. Sie ist Physikerin. Und, Sie müssen wissen, ich kenne jetzt die Berliner SPD seit über zehn Jahren. Viel schlimmer kann die Bundes-CDU auch nicht sein.»

Wir hatten uns verabschiedet, der Bürgermeister von Köpenick war schon in sein Zimmer zurückgegangen, als er die Tür noch einmal aufmachte und seinen Kopf rausstreckte in den Flur des viel gefilmten Rathauses von Köpenick.

Dann sagte er: «Und, wenn Sie sie sehen, grüßen Sie sie doch bitte von mir.»

Wenn man mit der Physikerin Angela Merkel kurz nach ihrer Wahl zur Parteivorsitzenden darüber diskutierte, ob es nicht besser gewesen wäre, wenn das Präsidium der CDU sie nicht ganz so einstimmig vorgeschlagen hätte, damit sie wenigstens wüsste, wer ihre Feinde sind, dann antwortete sie:

«Ich glaube, dass auch in der Politik, wie im Leben überhaupt, Erhaltungssätze gelten.»

Erhaltungssätze?

«Erhaltungssätze gelten normalerweise für Masse und Energie. Das Verhältnis bleibt immer gleich. Im übertragenen Sinne heißt das, auf positive Ausschläge folgen negative und umgekehrt. Nach Niederlagen geht es wieder aufwärts. Und immer, wenn Sie hochgelobt werden wie ich zurzeit, müssen Sie auch schon das Gegenteil denken.»

Nach der Lehre von den Erhaltungssätzen ist es also ganz in Ordnung, wenn ihr ein Jahr nach ihrer Wahl zur Parteivorsitzenden viele Menschen nicht mehr viel zutrauen. Sie ist erst immer unterschätzt, dann überschätzt worden. Jetzt ist es wieder andersherum. Und wer erst wieder genug Pech hat, wird auch wieder einmal Glück haben. Wenn man so entschleunigt gelebt hat wie Angela Merkel in der DDR, kann man auch eine Zeit der unfassbaren Beschleunigung gut aushalten.

Gesunder Fatalismus?

Nein, Naturgesetze. Da muss man sich nicht drüber aufregen.

Wenn Angela Merkel von Journalisten gefragt wird, wieso sie eigentlich ausgerechnet Physik studiert hat, sagt sie meistens so etwas wie: «Grundrechenarten und Naturgesetze konnte eben selbst die DDR nicht außer Kraft setzen. Zwei mal zwei musste auch unter Honecker vier bleiben.»

Wenn sie gut gelaunt ist, sagt sie noch: «Außerdem wollte ich Einsteins Relativitätstheorie verstehen.»

Und auf die Frage, was können Politiker von Physikern lernen, macht sie es sich und ihrem Publikum leicht und sagt: «Schwerkraft. Ohne Masse kein Tiefgang.»

Wer etwas genauer und länger hinhört, spürt, dass es mehr ist, dass Angela Merkel misstrauisch gegen Geisteswissenschaftler ist. Sie sagt es nicht, weil sie niemanden kränken will, und sie würde ja zum Beispiel im Deutschen Bundestag eine deutliche Mehrheit kränken, aber sie hat enorme Vorbehalte gegen Soziologen, Politologen und Juristen.

«Meine Sorge ist, dass Politiker bald nicht mehr in der Lage sind, das unglaublich schnell wachsende Wissen intellektuell zu verarbeiten. Wie wollen sie die richtigen Fragen stellen und die richtigen Rahmenbedingungen setzen, wenn im Bundestag kaum ein Arzt sitzt und nur sehr wenige Biologen und Physiker? Die letzten Naturwissenschaftler im Parlament verdanken Sie der deutschen Einheit – abgesehen von ein paar Grünen, die ihren Wissenschaftspessimismus pflegen. Und wie viele Manager, die das Globale kennen, sitzen dort?» So etwas sagt sie schon mal in Interviews.

Sie hat einen Überdruss an den Dogmen und Ismen des ideologischen Zeitalters und auch daran, dass viele in der Gesellschaft, und leider so viele auch in ihrer eigenen Partei, noch diesem alten Denken verhaftet sind. Sie, Angela Merkel, lebt und handelt in dem Bewusstsein, das lange hinter sich gelassen zu haben. Das Studium der Quantenphysik hat sie ja noch mit Skepsis sogar gegen die mathematische Beschreibbarkeit von Realität ausgerüstet.

Sie weiß, wie nachhaltig Ideologie das Denken blockiert. Sie ist ja selber der Dauerpropaganda der Kommunisten aufgesessen, eine Zeit lang. Obwohl sie natürlich den Quatsch nie geglaubt hat, den man im Marxismus-Leninismus lernen musste: «Ich habe hundertmal in meinem Leben beweisen müssen, dass die Sowjetunion mit naturgesetzlicher Zwangsläufigkeit die Amerikaner volkswirtschaftlich überholt. Das Lösen dieser Textaufgaben hat nicht dazu geführt, dass es so gekommen ist.»

Aber, und das nimmt sie sich heute noch übel, die Prämissen, die man im dialektischen Materialismus als gegeben voraussetzte und von denen seit ihrer Schulzeit immer und überall die Rede war, «die waren mir offenbar in Fleisch und Blut übergegangen».

Dauerpropaganda wirkt also synapsenverändernd?

«Erstaunlicherweise hatte ich nach so vielen Jahren Staatsbürgerkunde und Geschichtsunterricht und wissenschaftlichen Kommunismus- und Marxismus-Leninismus-Vorlesungen und was weiß ich was für ein Zeug implizit für mich tatsächlich akzeptiert, dass die Geschichte nach Gesetzmäßigkeiten abläuft und dass immer, wenn die Widersprüche dominieren und neue Quantitäten sich akkumulieren, wieder eine neue Qualität kommt. Ich konnte zwar nicht sagen, was jetzt aus dem Sozialismus wird, aber irgendwie hatte ich akzeptiert, dass Geschichte nach Gesetzen abläuft. Ich hatte das nicht zu Ende gedacht.»

Bis eines Tages ein Kollege in der Akademie zu ihr sagte: Woher nimmst du eigentlich die Gewissheit, dass Geschichte nicht geht wie das Wetter?

«Da habe ich lange darüber nachgedacht, und dann ist mir erst mal klar geworden, dass sie da bei mir was geschafft hatten. Sie hatten es geschafft, mir diese ideologische Prämisse in den Kopf zu setzen.»

Und wie geht Wetter?

«Sie müssen nur ein Molekül ändern, dann stimmt alles nicht mehr.»

In einem Fernsehgespräch mit Michel Friedman hat Angela Merkel erst über praktische Politik in der Ereignisdemokratie und dann über das physikalische Chaos gesprochen und davon, dass man ihre Lebensformel als «Brownsche Molekularbewegung» beschreiben könne.

Es macht Spaß nachzulesen, wie Robert Brown 1827 die Bewegung von kleinen Rauch- oder Nebelteilchen in einer Flüssigkeit oder in Gas beschreibt. Vor allem, wenn man dabei an die praktische Politik in der Berliner Republik denkt und sich Merz, Rühe, Schröder, Müntefering, Fischer und Westerwelle als kleine Rauch- und Nebelteilchen vorstellt.

Es handelt sich bei den Bewegungen solcher in Flüssigkeit suspendierten Teilchen auf den ersten Blick durch ein Mikroskop um nichts wirklich Berechenbares, eher um so ein unmotiviertes «Hin- und Herzittern nach einem komplexen Modell, bei dem viele Vektoren im Spiel sind». Kräfte können sich dabei überschneiden, verstärken oder aber einander den Überschuss an Energie wegnehmen.

«Die zu jedem Zeitpunkt aus verschiedenen Richtungen mit unterschiedlichen Impulsen auftreffenden Moleküle ergeben bei jedem Teilchen eine Stoßkraft, die im Laufe der Zeit völlig unregelmäßig Richtung, Größe und Angriffspunkt ändert und dadurch diese Zitterbewegung des suspendierten Teilchens und ihre Diffusion verursacht. Die Bewegungsänderungen erfolgen sehr schnell und sind ebenso wie die zugehörigen Verschiebungen nicht beschreibbar.»

Aber berechenbar. Man kann im Endergebnis den Gleichverteilungssatz der Energie auf sie anwenden und die Gesamtbewegung vorausberechnen. Dann muss man sich mit den einzelnen Zitterbewegungen gar nicht erst aufhalten. Das Resultat bildet sich sozusagen als Summe der Störungen.

Das Resultat als Summe der Störungen. Ein sehr interessantes Modell für praktische Politik.

Damals im Februar 2000 in der provisorischen Parteizentrale

an der Berliner Mauerstraße, als draußen das Weltbild der CDU explodiert war, als alles hin und her zitterte und man ein Resultat noch nicht absehen konnte, weil die Summe der Störungen noch gar nicht bekannt war, habe ich die Generalsekretärin Angela Merkel noch gefragt, ob sie nicht, gerade weil sie Physikerin ist und an Erhaltungssätze glaubt, jetzt sehr beunruhigt sein muss.

Jetzt sind Sie die Heldin der Spendenaffäre, jedermanns Liebling. Aber dann? Bald? Wenn es wieder umschlägt?

Da sagte sie noch zum Abschied, und sie sagte es in so einem seltsamen Lehrerinnenton, als wolle sie sagen, also gut, ich gebe Ihnen noch eine schöne Denkaufgabe mit für den Heimweg:

«Über die Zeitachsen habe ich ja gar nicht gesprochen, in denen Erhaltungssätze gelten.»

Es ist ja dann sehr schnell wieder umgeschlagen. Schneller möglicherweise, als das in den Zeitachsen der Angela Merkel vorgesehen war.

Viertes Kapitel
BEI DEN TOTENGRÄBERN DER DDR

PROBEALARM IN DER GAUCK-BEHÖRDE

DDR-Dissidenten sind offenbar in «Fotoräumen» der Stasi-Gefängnisse heimlich mit radioaktiver Strahlung beschossen worden. Wahrscheinlich wurde auch verstrahltes Essen gereicht. Und erforscht werden muss auch noch, wie gefährlich das radioaktiv markierte Westgeld gewesen ist für die Menschen, die so einen Hunderter tagelang in der Hosentasche mit sich herumgetragen haben.

Zwölf Jahre sind seit dem Mauerfall vergangen. Und Ehrhart Neubert beschäftigt sich immer noch mit Opposition und Widerstand in der DDR. Als Wissenschaft inzwischen.

Damals, im Oktober 1989, hat Neubert mit Rainer Eppelmann, Friedrich Schorlemmer und anderen christlich motivierten DDR-Oppositionellen, die schon seit den siebziger Jahren Widerstand geleistet und sich für Demokratie und Rechtsstaatlichkeit engagiert hatten, den *Demokratischen Aufbruch* (DA) gegründet. Neubert hat den Text verfasst, mit dem der DA Ende November die Einberufung einer gesamtdeutschen Nationalversammlung, die Wiedervereinigung also, zum 18. März 1990 forderte. Und er war es, der im Dezember 1989 eine junge Physikerin von der Akademie der Wissenschaften beim DA eingestellt hat. Die Frau wollte unbedingt mitmachen und sich dafür sogar von ihrem Job an der Akademie der Wissenschaften in Adlershof freistellen lassen.

Heute ist Ehrhart Neubert Fachbereichsleiter der Abteilung Bildung und Forschung in der Gauck-Behörde, die ja eigentlich inzwischen Birthler-Behörde heißen müsste. Der Arbeitsschwerpunkt seiner Abteilung ist Opposition und Widerstand, eines der Forschungsthemen zurzeit: der Einsatz von radioaktiven Strahlen gegen missliebige Bürger der DDR.

Es ist ein Leben zwischen Spannung und Ekel, sagt er, dieses Leben mit den Stasi-Akten. Und in seinem Büro an der Otto-Braun-Straße liegen sie wirklich überall, auf seinem Schreibtisch, auf Stühlen und Beistelltischen, auf dem Konferenztisch, auf Sideboards und auf dem Fußboden: geheftete Akten, lose Aktenblätter, Aktenstapel, die mit Gummibändern zusammengehalten werden, fest kartonierte, aufgetürmte Akten; gebündelte Pakete Spannung, locker verschnürter Ekel. Und Zigarettenkippen.

Neubert raucht viel. Beim ersten Blick in sein Zimmer kann man den hageren Mann mit den langen, fusseligen Haaren und der Nickelbrille gar nicht finden zwischen all den Akten und dem Zigarettendunst. Wenn man ihn zur Begrüßung durch den Nikotinnebel hindurch fragt, wie der Kilometerstand im Augenblick ist, versteht er die seltsame Frage natürlich sofort und antwortet:

«Von den 180 Kilometern, die wir noch nicht angesehen haben, sind etwa 40 Kilometer irrelevantes Zeug, Parteischulungsmist oder Rechnungen. Da findet man höchstens mal durch Zufall was Interessantes. Dann haben wir noch 40 Kilometer, die entweder nur grob erschlossen sind, wo man also nur kurz reingeguckt und Themenbündel geschnürt hat. In den Rest hat überhaupt noch nie jemand reingeguckt. Wir haben dreißig Leute, die nichts anderes machen als die so genannte Erschließung.»

Und wann ...?

«... wenn wir das so weitermachen, brauchen wir noch zwanzig, dreißig Jahre.»

180 Kilometer ungesichtete Stasi-Akten, damit sind 180 Kilometer Aktenrücken gemeint, man könnte die also Rücken an Rücken vom Brandenburger Tor bis weit nach Polen hinein an

der Straße entlang aufstellen. Und wenn jemand auf die Idee käme, aus jedem Ordner die Aktenseiten herauszunehmen und aneinander zu kleben, dann könnte er möglicherweise die ganze Erdkugel umwickeln mit deutschen Stasi-Akten.

Allein über Helmut Kohls abgehörte Telefongespräche sollen sie zwanzig Jahre lang, Woche für Woche, dreißig Seiten voll geschrieben haben. Man könnte also vielleicht doch noch gescheitere Sachen mit diesen Akten anstellen, als die Erde einzuwickeln, denkt man im ersten Moment. Jetzt hat die Kohl-Truppe beim Machtwechsel extra ihre wichtigsten Unterlagen geschreddert wie in einer richtigen Bananenrepublik. Und nun erfahren wir – Stasi sei Dank – wie in einer richtigen Demokratie doch noch alles über die schmierigen Gelder und wie viel es möglicherweise gekostet hat, bei der Kohl-Regierung eine Entscheidung zu kaufen. Andererseits ist Kohls Akte natürlich eine Betroffenen-, eine Opferakte. Und die Vorstellung, der Rechtsstaat würde seine Untersuchungsausschüsse und Gerichtsverhandlungen demnächst anhand von Stasi-Akten führen, ist ja auch wieder absurd.

Helmut Kohl hat erfolgreich gegen die Veröffentlichung seiner Akten geklagt. Niemand in der Gauck-Behörde gibt Auskünfte über die genaue Menge der Kohl-Akten, weder in Seiten noch in Metern. Und über den Inhalt erst recht nicht.

Neubert zündet sich eine Zigarette an, schiebt alle Akten zur Seite und erzählt vom Herbst 1989 und von Angela Merkel.

«Wir suchten in diesem chaotischen Versuch, eine Parteistruktur aufzubauen, Leute, die wir anstellen konnten. Wir hatten unausgepackte Westcomputer. Sie konnte mit Computern umgehen. Und dann habe ich sie fest angestellt als Mädchen für alles.»

Damals im Herbst 1989, als die Mauer gefallen war, ist Angela Merkel mit ihrem Chef Klaus Ulbricht, dem heutigen Bürgermeister von Köpenick, nach der Arbeit oft noch zu politischen Veranstaltungen gegangen.

Eines Abends im November waren Ulbricht und sie zusammen in Treptow. Angelika Barbe stellte dort die SDP vor, die spätere SPD. Die Veranstaltung war im Kulturhaus angesagt. Dann mussten sie alle in eine Turnhalle umziehen, und die war immer noch nicht groß genug für die vielen neugierigen Menschen.

Klaus Ulbricht hat sich an diesem Abend entschieden und ist in die SDP eingetreten.

Angela Merkel aber sagte: «Ich schau erst nochmal bei Eppelmann vorbei.»

Die meisten Menschen, die damals dabei gewesen sind, ärgern sich, wenn sie wieder und wieder und immer vergeblich erklären müssen, dass es 1989 keine große Rolle gespielt hat, in welche Partei man nun ging. Sie wollten alle etwas tun. Sie spürten, jetzt müssen wir uns einmischen. Welche Plattform sie dafür benutzten, war eigentlich zweitrangig. Alle nachträglichen Interpretationen, wieso die eine heute in der CDU ist und der andere in der SPD, machen keinen Sinn und sind konstruiert, sagen sie. Das Politikmuster «Bundesrepublik alt» passte doch zu dieser Zeit gar nicht auf den Osten.

«Die beiden Vogels sind ja auch Brüder», sagt Klaus Ulbricht zum Beispiel, um doch noch einmal für begriffsstutzige Westler zu erklären, warum er in der SPD gelandet ist und Angela Merkel über den *Demokratischen Aufbruch* schließlich bei der CDU. In Westdeutschland sind Hans-Jochen und Bernhard Vogel nach dem Krieg ja auch in zwei verschiedene Parteien gegangen mit diesem einen gemeinsamen Gedanken: nie wieder.

Trotzdem mag auch Klaus Ulbricht nicht an Zufall glauben, wozu ist man schließlich Physiker. Und immerhin war das ja auch eine klare Entscheidung, dieses: «Ich gehe erst noch einmal zu Eppelmann.»

Angela Merkel sagt heute, dass ihr schon damals bei der SPD vieles nicht gepasst hätte. Dass die sich alle duzen. Dass sie sich

Genossen nennen. Dass die so komische Lieder singen. *Brüder, zur Sonne, zur Freiheit.*

Sie sagt: «Für mich waren sofort nach dem Mauerfall drei Dinge klar: Ich wollte in den Bundestag. Ich wollte eine schnelle deutsche Einheit, und ich wollte die Marktwirtschaft.»

Sie sagt, schon allein der Name *Demokratischer Aufbruch* habe ihr so gut gefallen.

Also besuchte sie in den letzten Novembertagen immer wieder eine kleine Wohnung am Prenzlauer Berg, die der DA zunächst als «Parteizentrale» benutzte.

«Es war chaotisch, und ich hatte das Gefühl, ich werde gebraucht. Vor allem aber gefiel mir die politische Richtung, die auch noch nicht total festgelegt war.»

Eigentlich war Rainer Eppelmann die zentrale Gründerfigur des *Demokratischen Aufbruchs*. Als es dann aber darum ging, aus der Bürgerbewegung eine Partei zu machen, hatten sie Eppelmann überraschenderweise nicht zum Vorsitzenden des DA gewählt. Das wurde dieser sympathische, nette und sehr engagierte Kirchenanwalt Wolfgang Schnur, der sich für die Leute in den Stasi-Gefängnissen so toll aufgeopfert und mit ihnen immer so schön gebetet hatte. Den vielen Pfarrern im *Demokratischen Aufbruch* war Schnur zwar gerade deswegen immer ein bisschen auf die Nerven gegangen, weil er gar so frömmelig war und überhaupt nicht mehr aufhören konnte mit seiner Beterei. Aber er war ein guter Freund von Rainer Eppelmann. Und sie hatten es alle besser gefunden, dass einer den Vorsitz macht, der nicht Pfarrer ist.

Heute kann man in Schnurs IM-Torsten-Akten nachlesen, wie bitter er sich bei seinem Führungsoffizier beklagt hat über dieses geheuchelte Getue mit einem Gott, an den er nicht glaubte, diese ewige Beterei für die Stasi.

Wenige Tage nach Angela Merkels offiziellem Arbeitsbeginn beim DA, das war dann schon im Haus der Demokratie an der Friedrichstraße, hatte Schnur sich aus Versehen gleichzeitig

zwei wichtige Termine gemacht. Man konnte die Westjournalisten, die von der Konrad-Adenauer-Stiftung zum Pressefrüh-
stück mit dem Chef vom DA ins Palast-Hotel gebeten waren,
auch nicht mehr wieder ausladen. Da sagte Schnur, Angela
Merkel solle das mal übernehmen. Er erkläre sie hiermit zur
Pressesprecherin des *Demokratischen Aufbruchs*.

Erst waren die Journalisten enttäuscht, weil sie ja eigentlich
einen der potenziellen Kandidaten für das Ministerpräsiden-
tenamt der DDR besichtigen wollten und nicht dessen Sprecherin. Einer, der dabei gewesen ist, erzählt, dass es dann
trotzdem interessant war, weil diese junge Frau in Schlabber-
rock und Jesuslatschen das gleich ganz gut gemacht habe.

Wenn man ihnen damals gesagt hätte, genau diese junge Frau
wird in zehn Jahren die Parteivorsitzende der gesamtdeutschen
CDU sein, hätten sie einem natürlich den besten Psychiater von
Charlottenburg empfohlen.

Angela Merkel hat in diesen wenigen Wochen beim DA offenbar erstaunlich schnell angefangen, auch ihre eigene Politik
zu machen. Es war eben nicht nur sehr oft keiner da, der Pressekonferenzen abhalten konnte, sondern immer öfter nicht einmal jemand, mit dem sie ihre Presseerklärungen hätte abspre-
chen können.

Neubert erzählt: «Sie kam in einen desolaten Haufen rein,
der politische Mühen hat, sich selbst zu formieren, in der
Öffentlichkeit eine eigene Rolle zu spielen und Profil zu gewinnen. Außerdem waren wir in schwere innere Orientie-
rungskämpfe verstrickt. Bei jeder Erklärung, die der Vorstand
oder ich absetzen wollte, kam ja entweder von Schorlemmer
oder von zig möglichen anderen DA-Leuten sofort eine Gegen-
erklärung, die alles neutralisiert hätte. Wir waren richtig ge-
lähmt. Eppelmann war immer unterwegs. Und von Schnur
kam sowieso nicht mehr viel. Sie hat dann bald einfach ihre
eigenen Themen und Inhalte gesetzt, hat aus nichts was gemacht. Und sie hat es in diesen wenigen Wochen geschafft,

Anlaufpunkt zu werden und als Sprecherin des DA bekannt zu werden in der Öffentlichkeit und bei den Westjournalisten.» Im Dezember hatte Neubert Angela Merkel angestellt. Im Januar, als der DA sich in seinem ersten Parteiprogramm dezidiert gegen die «Vision einer sozialistischen Gesellschaftsordnung», für die Wiedervereinigung und für die soziale Marktwirtschaft ausgesprochen hatte, verließen Friedrich Schorlemmer und Daniela Dahn zusammen mit vielen anderen nach Westkriterien eher «links» orientierten Mitgliedern den DA. Und als Wolfgang Schnur am 5. Februar 1990 das von Volker Rühe erfundene Wahlbündnis *Allianz für Deutschland* mit der Deutschen Sozialen Union und der Ost-CDU einging, hatte auch Ehrhart Neubert, zusammen mit Günter Nooke und vielen anderen, den DA schon verlassen. Zur CDU mit ihren Blockflöten wollten sie ja nun wirklich nicht.

Neubert und Nooke sind letztendlich und nach einigen Umwegen dann doch noch bei der CDU gelandet. 1996 sind sie zusammen mit zunächst sieben, schließlich insgesamt etwa dreißig anderen, denen der Westen inzwischen das eher tragische Etikett «ehemalige Bürgerrechtler» angeklebt hatte, in die CDU eingetreten. Helmut Kohl setzte ausgerechnet sie erfolgreich ein, um das Blockflötenimage der inzwischen vereinigten CDU ein wenig wegzuwischen. Der damalige CDU-Generalsekretär Peter Hintze war über den Zuwachs der Neumitglieder ganz aus dem Häuschen.

Angela Merkel, die 1996 schon Frauenministerin in Bonn war, ist offenbar nicht ganz so begeistert gewesen. Vera Lengsfeld hatte sie gebeten, sich als Stimme des Ostens doch auch einmal freundlich lobend zum Übertritt der «ehemaligen Bürgerrechtler» in die CDU zu äußern. Merkel hat das nie getan.

Sie hatte sich zusammen mit Rainer Eppelmann und einigen anderen den Umweg erspart. Wirklich leicht kann es ihr auch nicht gewesen sein, mit der Ost-CDU zusammenzugehen, dieser DDR-Staatspartei mit ihrem vielen Geld, mit Tageszeitungen, Immobilien und 100 000 Mitgliedern, die letztendlich nichts anderes als die Abteilung Kirche der SED gewesen ist.

Sie hatte es aber leichter als die anderen, weil sie wieder einmal von außen dazugekommen war, weil sie nicht dazugehörte, weil sie nicht verstrickt war in die internen ideologischen Richtungskämpfe. Sie konnte also genau beobachten, analysieren und schließlich mitbestimmen, wie es funktioniert und wohin es laufen wird, und schließlich wieder einmal: besser sein als die anderen und an ihnen vorbeiziehen.

Sie sagt heute: «Es war für mich vor allem eine Richtungsentscheidung hin zu sozialer Marktwirtschaft und deutscher Einheit.»

Für ein DA-Flugblatt reimte sie: *Die viel gerühmte Wende ist noch nicht zu Ende.* Und ein anderes fröhlich unbefangenes Motto des *Demokratischen Aufbruchs* aus jener Zeit passt bis heute zu Angela Merkel. Es klingt wie ein Präludium zum Kampf um die neue Mitte, wie das frühe Glaubensbekenntnis zum postideologischen Pragmatismus, und es könnte deswegen auch von Gerhard Schröder sein:

Wir sind nicht rechts, wir sind nicht links, wir sind vorn!

Das andere ist deutsche Geschichte: Vier Tage vor dem 18. März 1990, dem Tag der ersten und einzigen freien Volkskammerwahl in der DDR, ist der DA überhaupt nicht mehr vorn. Wolfgang Schnur wird als langjähriger Mitarbeiter des MfS enttarnt. Der DA erhält vor Schreck nur enttäuschende 0,9 Prozent der Stimmen, das bedeutet vier Mandate in der Volkskammer. Die CDU siegt unerwartet und hoch. Die überraschte Westprominenz der Union lässt sich von den Alliierten zur großen Wahlparty nach Berlin einfliegen.

Angela Merkel sagt heute, von allen menschlichen Enttäuschungen in der Politik sei Wolfgang Schnur die größte gewesen.

Er wird vor allem die erste gewesen sein.

Und noch am Wahlabend sagt sie zu Thomas de Maizière,

dem ihr bis dahin völlig unbekannten Neffen und Westberater des zukünftigen Ministerpräsidenten der DDR: «Sie können glücklich sein, dass Sie so feine Kerle wie uns vom *Demokratischen Aufbruch* dabeihaben. Ich hoffe doch, dass das bei der Regierungsbildung anständig berücksichtigt wird.»

Vielleicht ist es also nichts als eine Legende, dass Angela Merkel ihre politische Karriere allein dem Zufall und der freundlichen Doppelquoten-Förderung durch mächtige Männer verdankt.

Angela Merkel wird stellvertretende Regierungssprecherin der ersten und zugleich letzten demokratisch gewählten Regierung der DDR. Der *Demokratische Aufbruch* tritt der Ost-CDU bei, die sich dann am 2. Oktober 1990, ausgerechnet in Angela Merkels Geburtsort Hamburg, mit der West-CDU vereinigt. Und beim Presseabend dieses Vereinigungsparteitages geht Hans Geisler vom DA, der spätere sächsische Sozialminister, mit Angela Merkel zum Vorstandstisch und stellt sie ihrem neuen Parteivorsitzenden vor, dem Herrn Bundeskanzler Helmut Kohl.

Wenn man sich ein Jahrzehnt danach die Geschichte der oppositionellen Bewegungen in der späten DDR mit einigem Abstand noch einmal anschaut, fällt ein Detail mehr als früher auf: die Namen des Neubeginns. Wolfgang Schnur im Demokratischen Aufbruch, Martin Kirchner in der CDU, Ibrahim Böhme in der SPD. Andere würden noch Manfred Stolpe dazuzählen, Lothar de Maizière und Gregor Gysi.

Als es in der DDR darum ging, eine Demokratie zu werden und demokratische Parteien zu gründen, waren es offenbar in allen politischen Gruppierungen die Stasi-Leute oder, vorsichtiger gesagt, MfS-erfahrene Menschen, die die Parteiführung übernahmen. Bis heute weiß niemand, wer dafür gesorgt hat, dass diese Stasi-Leute jeweils zum passenden Zeitpunkt hochgingen wie Schnur vier Tage vor der Volkskammerwahl.

Es ist seltsam, sich auszumalen, dass der großartige politische Prozess der Demokratisierung und die Überführung der DDR in die Bundesrepublik vielleicht mehr, als bisher angenommen, noch von den alten, bankrotten Machthabern ferngesteuert gewesen sein könnte.

Das Operationsgebiet der Staatssicherheit war ja nicht nur die DDR, sondern auch die Bundesrepublik. Marianne Birthler hat kurz nach ihrem Amtsantritt als neue Chefin der Gauck-Behörde die beunruhigenden Fakten bekannt gegeben in einem erstaunlich wenig beachteten Interview mit dem *SPIEGEL:*

«Es hat jede Menge Stasi-Spione auch im Westen gegeben. Nicht Dutzende, sondern eher Tausende. Und ich frage mich, wie das politisch-kulturelle Milieu beschaffen war, in dem Menschen freiwillig mit der Stasi operieren.»

Man hat das alles möglicherweise gelesen. Aber erst, wenn man hier in der Behörde bei Ehrhart Neubert sitzt zwischen den konkreten Aktenbergen und den Erinnerungen an eine noch oder schon wieder unkonkrete Vergangenheit, wird einem wirklich klar, was da auf dieses Land noch zukommt: die Enttarnung von aus Ost-Berlin ferngesteuerten Führungsoffizieren und Inoffiziellen Mitarbeitern an westdeutschen Universitäten, in den Parteien, Ministerien und Chefetagen.

Keine abgehörten Opfer wie Helmut Kohl.

Sondern Täter, eher Tausende als Dutzende. Menschen, die in einem freien, demokratischen Land freiwillig und aus politischer Überzeugung für den Geheimdienst der DDR gearbeitet haben.

Angela Merkel hat der *Welt* gesagt, sie sei «ausgesprochen interessiert zu erfahren, welche Abgeordneten des Deutschen Bundestages von der Stasi geworben wurden. Das soll alles offengelegt werden».

Und auf die bestürzte Nachfrage, ob das Land das denn aushalten werde, sagte sie kühl: «Ich habe erleben müssen, dass mein Chef vom *Demokratischen Aufbruch* bei der Stasi war, dass der Chef der Ost-SPD Inoffizieller Mitarbeiter der Stasi war. Ich bin da sehr ernüchtert. Wenn es so etwas auch im Westen gab, muss es auf den Tisch. So bitter die Wahrheit sein mag. Die Bundesrepublik Deutschland ist stark genug. Wir brauchen keine Angst davor zu haben. Das werden wir alles überleben.» Da werden dann also Namen bekannt werden. Biographien, Welten, Heldensagen werden in sich zusammenfallen. Westdeutsche Nachkriegsgeschichte wird umgeschrieben werden müssen. Am Ende sind Menschen dabei gewesen, die Staatssekretäre wurden oder Minister. Und hier in der Birthler-Behörde sitzen Forscher und Mitarbeiter, die das möglicherweise alles schon wissen und nur noch nicht drüber reden dürfen.

Und jetzt auch noch diese Sirene. Es ist schon wirklich einigermaßen furchterregend, wenn ausgerechnet in so einem Moment in der Gauck-Behörde, während man sich gerade vorstellt, was für ein Erdbeben das alles in der Bundesrepublik auslösen wird, plötzlich ein entsetzlicher Sirenenlärm ertönt. Als erwarte man den finalen Luftangriff auf Berlin.

«Es ist nur eine Alarmübung», sagt Ehrhart Neubert ruhig. «Wir haben hier heute eine Alarmübung. Das haben die in der DDR immer schon gerne gemacht, das machen die hier immer noch gerne. Kommen Sie, nehmen Sie Ihr Tonbandgerät mit.»

Wir laufen endlose Gänge entlang. Feuertüren, Stufen, Treppenhäuser. Und wieder endlose Gänge, an Zimmern vorbei, deren Türen offen stehen und in denen schon seit Jahren niemand mehr gewesen ist. Die Tapeten hängen in großen Fetzen von den Wänden. Mit klopfendem Herzen erreichen wir schließlich den Hof des Gebäudes, auf dem schon Hunderte von Menschen stehen, plaudern, frieren und rauchen.

Probealarm also. Zum Glück nur Probealarm in der Gauck-Behörde.

Es muss eine Begegnung stattgefunden haben in den freudigen Berliner Wirren des 9. November 1989, eine flüchtige Begegnung nur, ein Augenblick, vielleicht nicht einmal das. Beide Beteiligten haben diese Begegnung nicht bewusst wahrgenommen. Und doch ist dieser Augenblick für sie das Hologramm der Zukunft gewesen.

Als Angela Merkel an jenem Donnerstagabend im *ZDF* gesehen hatte, wie Günter Schabowski seine wirre Ankündigung über die Reisefreiheit vom Zettel ablas, rief sie sofort ihre Mutter in Templin an.

«Zähl schon mal dein Westgeld. Es geht bald los.»

«Was denn, Kind? Was geht los?»

«Du weißt schon. Austern essen gehen im Kempinski.»

Dann ist Angela Merkel erst einmal in die Sauna gegangen im Thälmann-Park, mit einer Freundin, wie jeden Donnerstagabend. Als sie auf dem Rückweg von der Sauna mit der Badetasche in der Hand an der Bornholmer Straße vorbeikam, war die Straße schon voller Menschen.

«Menschen über Menschen. Ich bin dann sofort mit der Menschenmenge mitgegangen, über die Grenze nach West-Berlin. Die Mauer war auf. Was ich damals gefühlt habe, dafür kann ich keine Worte finden. Es war schier unfassbar.»

Am Schlagbaum vom Grenzübergang Bornholmer Straße, aber das wusste Angela Merkel in dieser Nacht nicht, stand Rainer Eppelmann. Er war es gewesen, der diesen Schlagbaum mit seinen eigenen Händen geöffnet hatte. Der Berliner Stadtjugendpfarrer Wolfram Hülsemann und ein paar andere Mutige hatten mit angefasst.

«Ja, wir haben diesen Schlagbaum einfach hochgehoben. Und die Grenzer haben zugeschaut und nichts unternommen. Wir haben also, auf Deutsch gesagt, die Grenze eigenhändig aufgemacht», erzählt Eppelmann.

Eppelmann ist dann nicht gleich mit den anderen in den Westen gegangen. Er ist da einfach am Schlagbaum stehen geblieben, hat sich umgedreht und hat zurück in den Osten geschaut. «Ich wollte den Menschen ins Gesicht sehen, die jetzt rüberliefen.»

Es könnte also sein, dass er Angela Merkel ins Gesicht gesehen hat, wie sie mit ihrer Badetasche an ihm vorbei in den Westen lief. Eppelmann hat sie natürlich nicht erkannt. Die beiden waren sich noch nie begegnet. Angela Merkel hat sich dem *Demokratischen Aufbruch* ja erst angeschlossen, als die gewaltfreie Schlacht gegen die DDR längst geschlagen, als die Revolution vorüber und die Mauer schon drei Wochen geöffnet war.

Das Büro des Bundestagsabgeordneten Eppelmann ist sensationell. Es liegt in einem der bombastischen Glitzerglaspaläste an der Friedrichstraße 83, im Rosmarin-Karree schräg gegenüber vom Haus der Demokratie, in dessen drittem Stockwerk die politische Karriere der Angela Merkel begann.

Das Haus der Demokratie hat seinen alten Ostcharme bis heute erhalten, im Hausflur riecht es nach demokratischem Aufbruch.

Im Rosmarin-Karree gegenüber aber riecht es nach nichts anderem als nach Geld.

Einmal die Berliner Friedrichstraße überqueren, das ist im Jahr 2001 so, als hätte man sich in eine Zeitmaschine gesetzt.

Man steht dann staunend in einer gigantischen Eingangshalle, einer Kathedrale des Kapitalismus aus Glas und Beton, vier Stockwerke hoch. Dann geht man vorbei an zwei grau livrierten *doormen*, die hinter mahagoniverkleideten Überwachungsmonitoren vor einem zehn mal fünfzehn Meter wilden Kunstwerk ganz winzig aussehen.

Und wenn man das Glas, den Beton, die Doormänner und den Prachtaufzug hinter sich hat und die Tür zu Eppelmanns Büro öffnet – es ist eine Holztür, an der ein kleines gelbes Schild klebt mit dem Hinweis: *Ich bin ein Guter* –, dann ist man plötzlich doch wieder in der DDR: muffige, gemütliche Fünfziger-Jahre-Möbel. Ein ausgesessenes Sofa mit unbeschreibbarem Muster. Und viele kleine gerahmte Eppelmänner an den Wänden.

Rainer Eppelmann hat alle Zeitungskarikaturen, die je von ihm erschienen sind, ausgeschnitten und an die Wand gehängt.

Von seiner DA-Pressesprecherin Angela Merkel kann Eppelmann nicht gerade viel erzählen: «Ich habe Angela Merkel zu der Zeit gar nicht zur Kenntnis genommen. Sie ist eben keine gewesen, die sich in den Vordergrund gedrängt hat. Und ich war viel zu sehr mit mir selber beschäftigt. Wir konnten ja auf einmal Dinge machen, von denen wir vorher nicht zu träumen gewagt haben. Ich bin im günstigsten Fall mal bei den Vorstandssitzungen dabei gewesen. Was normalerweise an Geschäftsarbeit lief, das Erarbeiten von Presseerklärungen und so etwas alles, das habe ich, obwohl ich im Vorstand und dann ja sogar der Chef vom DA war, praktisch fast nicht mitbekommen.»

Das erste Mal richtig erlebt hat er Angela Merkel, als es darum ging, den Journalisten vier Tage vor der Volkskammerwahl zu erklären, dass Wolfgang Schnur für die Stasi gearbeitet hatte, dass der *Demokratische Aufbruch* also seinen Chef verloren hat.

Da hat sie die Pressekonferenz eröffnet. Und dann hat Eppelmann geredet. Aber auch aus dieser Situation könnte er kein Bild mehr von ihr zeichnen. Da ist er viel zu sehr mit seinen eigenen Problemen beschäftigt gewesen. Der langjährige beste Freund bei der Staatssicherheit. Die große Freundschaft nichts anderes als ein Auftrag der Stasi. Sogar noch der Glaube an Gott nichts als Verhöhnung. Da achtet man nicht darauf, wie die junge Frau ist, die die Pressekonferenz eröffnet und moderiert.

«Richtig bewusst habe ich Angela Merkel erst als Mitglied des Deutschen Bundestages wahrgenommen. Man konnte ja dann zuschauen, wie sie an und mit ihren Aufgaben gewaltig gewachsen ist. Sie ist in diesen zehn Jahren so viel ernster und älter geworden, nicht nur mindestens zwanzig Jahre älter, sondern auch ein völlig anderer Mensch.»

Eppelmann gehört zu denen in der CDU, die auch jetzt noch, nachdem die große Merkel-Euphorie verflogen ist, vor allem und trotz allem nur einen Wunsch haben für und an die Parteivorsitzende: dass sie aus der CDU wieder eine selbstbewusste, moderne, diskutierende Partei machen möge, dass sie bitte schön von ihrem Stil und von ihrem Profil der Partei etwas aufdrückt. Aber nicht umgekehrt.

Wie alle «ehemaligen Bürgerrechtler» erzählt Eppelmann am liebsten von den schlechten, alten Zeiten. Wie die Leute vom Ministerium für Staatssicherheit versucht haben, ihn mit einem inszenierten Autounfall ums Leben zu bringen. Wie er bei Angela Merkels Vater in Templin zum Predigerseminar war. Wie froh er ist, dass er seit zwei Wochen dieses schöne Foto besitzt von dem großen Augenblick des 9. November 1989, als er mit seinen eigenen Händen die Mauer geöffnet hat an der Bornholmer Straße.

Manchmal spürt man, noch während einer eine Geschichte erzählt, dass man diese Geschichte nie mehr vergessen wird. Nicht in diesem Leben. Einmal, das war kurz vor der Wende, hat Rainer Eppelmann im oppositionellen Friedenskreis der oppositionellen Samariter-Gemeinde mit neun oppositionellen Menschen einen dieser oppositionellen Gottesdienste vorbereitet. Seitdem er seine Akten gesehen hat, weiß er: Sieben der neun waren bei der Stasi angestellt.

Es ist bei allen «ehemaligen Bürgerrechtlern» wie bei Eppelmann. Am liebsten erzählen sie von ihren Heldentaten vor der Wende. Wie sie fünfzehn Jahre lang gewaltlosen Widerstand geprobt haben. Was für ein Gefühl es war, mit Kerzen auf VoPos zuzugehen, sich hinzusetzen und zu beten.

Wenn es genug Wein gibt zu den Erzählungen, klingen die

Heldentaten aus dem Kampf gegen den Spitzelstaat schließlich so, als hätten sie da hinter dem Eisernen Vorhang nur ein bisschen Räuber und Schandi gespielt mit der Staatssicherheit. Wisst ihr noch, wie die uns eines Tages das Telefon sperrten? Und wie sie es dann bald wieder angestellt haben, weil sie gemerkt haben, dass sie nun gar nichts mehr abzuhören hatten? War das nicht komisch?

Damals, als die «ehemaligen Bürgerrechtler» gegen die DDR gekämpft haben, fühlten sie sich als die besseren Menschen. Dann haben sie sich geärgert, dass ihre Landsleute nur Bananen wollten. Keinen dritten Weg, keinen eigenen, demokratischen Staat, nur Anschluss an die Bundesrepublik, Bananen und schnelles Westgeld. Und so sind sie die ehemaligen Bürgerrechtler geworden, ewig Gestrige, die offenbar am liebsten heute noch Widerstand machen wollen.

Seit den siebziger Jahren hatten sie Ideologiedebatten geführt als Glasperlenspiel. Und dann, als die DDR hin war und die Macht plötzlich auf der Straße lag, haben sie sie nicht aufgehoben. Darauf waren sie nicht vorbereitet. Die oppositionelle Energie stand in keinem Verhältnis zur politischen Potenz in einer geöffneten Gesellschaft.

Heute erzählen sie Veteranengeschichten, die Geschichten von Ehemaligen. Sie haben die Rolle angenommen, die ihnen die Sprachregelung zugeteilt hat. Sie sind «ehemalig» geworden. Und sie sehen ja auch irgendwie genauso ehemalig aus wie die im Westen erfolgreich für «alt» erklärten «Altachtundsechziger»: ehemals moderne Jeans, alte Pullis, lange nicht geschnittene Haare.

Keiner von den Revolutionären des Jahres 1989 spielt eine wirklich bedeutende Rolle in der vereinigten Bundesrepublik. Außer Vera Lengsfeld, Gerd Poppe und Rainer Eppelmann ist ja kaum einer was geworden in der bundesdeutschen Politik. Sie wurden allesamt zu Opfern der Demokratie, die sie selber mit erkämpft hatten.

Und während sie an ihren ideologischen Hemmungen und Bremsen gebastelt haben, während also auch diese Revolution wieder einmal ihre Kinder verzehrte, profitierten die anderen, die neu dazugekommen waren. Wie Angela Merkel.

Ehrhart Neubert hat es so gesagt: «Das waren Leute, die viele Probleme, die wir hatten, nicht mehr hatten. Die hatten sich nicht engagiert in den letzten zehn Jahren und waren deswegen auch nicht ideologisch so versaut wie wir. Die hatten sich in der DDR unpolitisch gegeben, sie waren schweigend gegen das System, sie haben auf die Gelegenheit gewartet, dass das Risiko nicht mehr so hoch ist. Wir haben sie immer Novemberrevolutionäre genannt.»

Es ist interessant, wie Neubert vom Plural-sie – sie, die Novemberrevolutionäre – zum Singular-sie wechselt – sie, die Novemberrevolutionärin Angela Merkel.

«Für die war alles, was dann kam, nur noch ein Problem der Optimierung ihres politischen Willens. Sie hatte keine Schwierigkeiten damit, die Macht von der Straße aufzuheben, die wir liegen gelassen hatten.»

Angela Merkel sagt es so:

«Die hatten ja in der DDR unentwegt darüber nachgedacht, was man gegen diesen Staat tun könnte, aber nicht, was man im Westen oder in einem freien, vereinigten Staat tun würde.»

Sie hatte ganz genau darüber nachgedacht, sagt sie. Sie erzählt, dass sie einen Tag nach dem Fall der Mauer auf einer Geburtstagsfeier gewesen ist. Und dass da viele Freunde saßen, denen plötzlich alles viel zu schnell ging.

Da war sie aber ganz anderer Meinung.

Heute klingt das vielleicht ein bisschen wie im Nachhinein zurechtgebogen. Wie es auch klingt, wenn sie diese Ich-ich-ich-Sätze sagt: «Ich wollte in den Bundestag. Ich wollte eine schnelle deutsche Einheit. Und ich wollte die Marktwirtschaft.»

Oder wenn sie in ihrer Biographie auf der Homepage der CDU schreibt: «Im August 1990 erfolgte mein Beitritt in die CDU.»

In Wahrheit ist natürlich der Rest vom *Demokratischen Aufbruch*, dessen Pressesprecherin sie war, zur CDU übergetreten. Man könnte also durchaus denken, da erfindet sich wieder einmal eine die Geschichte, die sie für ihr Leben hält.

Andererseits gibt es ein interessantes, frühes Dokument, einen Artikel in der *Berliner Zeitung* vom 10. Februar 1990 mit der Überschrift: *Unser schweres Erbe und Ludwig Erhards Radikalkur.*

Ein Mitglied des DA schreibt dort ein glühendes Bekenntnis zur CDU und zur sozialen, ökologischen Marktwirtschaft:

– *Die CDU-West ist ein natürlicher Verbündeter beim Umbau der Gesellschaft in der DDR.*

– *Rechtsstaatlichkeit, das Bekenntnis zur deutschen staatlichen Einheit und die Schaffung einer sozialen und ökologischen Marktwirtschaft sind Eckpunkte im Programm des DA.*

– *Wenn es uns nicht gelingt, im Rahmen einer neuen Wirtschaftsordnung Werte zu erwirtschaften, können wir im sozialen und ökologischen Bereich auch nichts verteilen.*

Dann folgen zwei begeisterte Absätze darüber, wie die den Lesern der *Berliner Zeitung* und offenbar auch der Autorin selbst nicht gerade geläufigen Herren der Freiburger Schule, W. Eucken, F. Bohlen und A. Müller-Arnau (gemeint sind bestimmt Franz Böhm und Alfred Müller-Armack) in den Mangel und die Zerstörung am Ende des Zweiten Weltkrieges hinein *das phantastisch anmutende Konzept setzten, die Wirtschaft nur noch über Wettbewerb und den Markt zu steuern.* Dass der Staat jetzt die Aufgabe habe, *einerseits die Funktionsbedingungen des Marktes zu garantieren und andererseits für den Schutz der sozial Schwachen und der natürlichen Lebensgrundlagen Sorge zu tragen.*

Die Autorin hieß Angela Merkel.

Und das Ganze liest sich elf Jahre später zwar wie das schnelle und nicht in allen Einzelheiten richtig buchstabierte Exzerpt eines Proseminars «Soziale Marktwirtschaft». Es liest sich aber durchaus auch wie eine Fingerübung, eine Art Vorentwurf zu dem, was Angela Merkel heute zum Thema Marktwirtschaft unter dem Titel «Wir-Gesellschaft» redet, schreibt und zur Chefsache erklärt hat.

Merkels Version von der Wir-Gesellschaft ist also offenbar nicht nur die ganz banale Kopie der im amerikanischen Bush-Feuer gegen Bill Clinton so erfolgreich eingesetzten Idee vom «compassionate conservatism». Sie verbindet auch und direkt die Gründungsgedanken der Bundesrepublik, also das an ein Subsidiaritätsprinzip gekoppelte Soziale der Erhard'schen Marktwirtschaft, mit der Idee einer erneuerten Marktwirtschaft für das globalisierte und beschleunigte Zeitalter der Wissensgesellschaft.

Anders als gleichaltrige Westpolitiker hat Angela Merkel hinter der Mauer der DDR nie das Gefühl gehabt, Marktwirtschaft haben wir schon, das ist doch ein alter Hut. Anders als gleichaltrige Westpolitiker hat sie deswegen die Potenzen von Wettbewerb, Selbstständigkeit und Subsidiarität noch einmal von Grund auf bedacht und die Literatur durchgeackert. Als Naturwissenschaftlerin und aus den Hamsterzeiten in ihrer Adlershofer Nische war Angela Merkel gewohnt, den Dingen auf den Grund zu gehen. Man kann besser und fester argumentieren, wenn man sich etwas wirklich angeeignet hat.

Wenn sie von Marktwirtschaft spricht, sieht der alte Hut deswegen wie neu aus und gar nicht einmal so unattraktiv. Unter Politik- und Wirtschaftswissenschaftlern hat sie mit ihrer «Wir-Gesellschaft» jedenfalls ein kleines Erhard-Revival, eine Renaissance der Freiburger Schule ausgelöst.

Neben der Tür von Angela Merkels Büro in der neuen Parteizentrale an der Klingelhöferstraße hängt ein Foto von Konrad Adenauer. Der Alte im schwarzen Anzug der Nachkriegsjahre hat die Arme über der Brust verschränkt und schaut skeptisch, amüsiert und zerknittert zu Angela Merkels Schreibtisch hinüber.

Angela Merkel stellt sich für Fotografen schon mal neben das

Foto. Das Mädchen im schwarzen Anzug der Escada-Zeit hat dann die Arme über der Brust verschränkt und schaut skeptisch, amüsiert in die Kamera, mit diesem ganz anderen, runden, vergleichsweise jungen Frauengesicht, das mit einiger Ironie vergeblich versucht, wie Konrad Adenauer auszusehen.

In ihrer Kandidatenrede in Essen hat sie gesagt: «Die CDU wurde nach 1945 als Antwort auf die Erfahrungen mit einem totalitären Regime gegründet. Diese Erfahrung liegt für den Westen schon über ein halbes Jahrhundert zurück. Für die, die aus dem Umbruch der DDR zur CDU gestoßen sind, ist diese Erfahrung noch ganz frisch.»

Wer mit ihr diskutiert, spürt die Methode, die offenbar einer Überzeugung entspricht. Sie nimmt die Idee der Marktwirtschaft und das Grundgesetz beim Wort. Mit ihren Erfahrungen im totalitären Osten idealisiert sie die Verfassung der Bundesrepublik. Freiheit, Gewaltenteilung, Rechtsstaatlichkeit, repräsentative Demokratie, das klingt bei ihr alles überhaupt nicht abgedroschen und ausgebeult, sondern feurig ernst und unbedingt verteidigungswürdig.

Es gibt noch so einen Novemberrevolutionär in der politischen Szene der Berliner Republik, noch einen, der unbeirrt und unbeirrbar stur an den Gründungsmythen der Bundesrepublik anknüpft.

Auch Wolfgang Thierse glaubt so glühend an die Integrationskraft der Demokratie, wie Westler das gar nicht mehr können. Nur deswegen sagt er in feierlichem Tonfall immer so Sachen, wie im Westen nur die erste Generation der Nachkriegspolitiker sie sagen konnte: «Man verliert seine Freiheit, wenn man sie nicht nutzt.»

Und nur deswegen riskiert er so strukturell wahre, aber politisch überhaupt nicht korrekte Gedanken wie den, dass ein heutiger Skinhead durchaus eines Tages in diesem Land Minister werden könne, wenn er nur wie einst Joschka Fischer zum Pfad der Demokratie zurückgefunden hat.

Wenn nicht die CDU, sondern die SPD im Jahr 1999 durch einen gewaltigen und üblen Spendenskandal in eine fundamentale Krise geraten wäre, die ihr gesamtes politisch aktives Personal diskreditiert hätte? Vielleicht wäre dann Wolfgang Thierse der Retter gewesen.

Auch er kam aus der grimmigen Idylle der DDR. Auch er schloss sich erst im November nach der Maueröffnung dem Neuen Forum und später den Sozialdemokraten an.

Und wenn er heute als Parlamentspräsident die CDU zu einer Rückzahlung von 41 Millionen Mark verdonnert, die jedem anderen SPD-Politiker als parteipolitisch motiviert ausgelegt worden wäre, hält er das Grundgesetz mahnend und schützend vor sich in die Kameras wie ein Wanderprediger sein Altes Testament.

Auf dem Höhepunkt der Spendenaffäre, zu einem Zeitpunkt also, als alle Institutionen und Mechanismen der demokratischen Verfassung für einen schauerlichen Augenblick in ihrer verkommenen Verfasstheit sichtbar geworden waren, wurden diese beiden Novemberrevolutionäre, Merkel und Thierse, zu Interpreten, Verteidigern und Rettern einer gesamtdeutschen Moral. Zwei, die von außen dazugekommen sind, die nicht immer schon dazugehört hatten, die analysieren und beobachten konnten wie Staatskundelehrer. Die, wie die Gründer der Bundesrepublik, selber noch wirklich glaubten, es besser machen zu müssen und zu können. Und die deswegen auch besser sein konnten als die anderen.

Die 68er-Revolutionäre im Westen haben verloren und doch gewonnen. Das System, das sie so bitter bekämpft haben, hat sich bewährt. Es hat die Revolutionäre auf ihrem Weg durch die Institutionen von sich überzeugt. Sie haben ihre Ideale aufgegeben, haben sich angepasst, wie immer man das nennen will. Aber sie sind jetzt an der Macht.

Die 89er-Revolutionäre im Osten haben gewonnen und doch verloren. Sie waren die Totengräber der DDR. Sie haben den

Unrechtsstaat bekämpft, erledigt und beerdigt. Das System, das sie so bitter bekämpft haben, gibt es nicht mehr. Aber sie selbst sind mit dem System, das sie bekämpft haben, ehemalig geworden und verschwunden.

Und dann sind da noch die Novemberrevolutionäre, Menschen wie Merkel und Thierse, die sich rausgehalten hatten aus dem Kampf gegen die DDR, die sich arrangiert und in ihrer Nische Kraft gesammelt haben. Sie sind immer in Distanz und nie im offenen Widerstand zur DDR gewesen. Sie haben, wie Günter Nooke es ausdrückt, nur an der Innenseite der DDR-Legalität ein bisschen rumgebeult.

Als die Mauer dann geöffnet war, sind sie aufgewacht aus ihrem Dornröschenschlaf, auferstanden aus Ruinen und haben die Macht aufgehoben, die auf der Straße lag.

Und als das neue System in die Krise geriet, sah es für einen Moment so aus, als könnten ausgerechnet diese Ossis plötzlich die besseren Wessis sein.

Die Nacht vom 9. November in Berlin ist also eine schöne Metapher. Rainer Eppelmann, einer der Totengräber der DDR, macht mit bloßen Händen den Schlagbaum auf an der Bornholmer Straße. Dann aber bleibt er am Grenzübergang stehen, zögert, dreht sich um und schaut zurück in den Osten.

Angela Merkel aber, die eher zufällig und nach der Sauna an der Weltgeschichte vorbeikommt, marschiert durch. Schaut sich nicht einmal mehr um in die untergehende DDR und geht ganz einfach rüber in den Westen. Mit ihrer Badetasche.

Heute ist sie seine Parteivorsitzende.

WIR SIND EIN VOLK

In einem Interview benutzte der Fraktionsvorsitzende der CDU, Friedrich Merz, im Oktober des Jahres 2000 ein ungewöhnliches Wort. Er benutzte es mehr aus Versehen als geplant. Und schon brach, ebenso eher aus Versehen als geplant, wieder einmal eine dieser berserkerhaften deutschen Begriffsschlachten los.

Großpalaver um Schlagwörter werden in der Berliner Republik mit derselben Vehemenz und Angestrengtheit zelebriert, mit der man vor den wirklich wichtigen – und deswegen gelegentlich außerordentlich beunruhigenden – Fakten Augen, Ohren und Mund fest verschließt. Es sind die neurotischen Vermeidungs- und Annäherungsdebatten eines traumatisierten Landes. Diese deutschen Monsterdiskurse laufen ja immer haarscharf an dem vorbei, worum es eigentlich geht.

Also ereifern wir uns zwar gerne und heftig über die bombastische Architektur des neuen Kanzleramtes, nicht aber über die reale und demokratiegefährdende Machtkonstellation, die von dieser Architektur nur symbolisiert ist.

Also finden zwar alle «irgendwie» die Übergriffe kahl geschorener, irregeleiteter Jungmänner auf Ausländer und Behinderte nicht in Ordnung. Engagiertes Großpalaver und Protest setzt aber erst ein, wenn ein konservativer Politiker deswegen die Integrationsfähigkeit des Landes und das Asylrecht diskutieren will.

Also streiten wir wochenlang über den Begriff «Leitkultur». Anstatt zu sagen, Deutschland ist offenbar, anders als die Gebetsmühlen der Union es seit Jahrzehnten wiederholen, inzwischen doch ein Einwanderungsland. Wir brauchen für unsere Existenzsicherung sogar ziemlich viele Einwanderer. Und die notwendige Integrationsfähigkeit eines Einwanderungslandes ist mit dem romantischen und ebenfalls gebetsmühlenhaften Multikulti-Traum der Grünen nicht herzustellen, weil dieser schöne Traum eine Verleugnung eigener nationaler Identität der Deutschen voraussetzt.

Und weil sich für Begriffspalaver dieser Art in jedem Medium sehr viele Menschen in fast allen Ressorts zuständig und gerüstet fühlen, kann erst wieder Ruhe eintreten, wenn wirklich alles von wirklich allen gesagt, geschrieben und gesendet worden ist.

Als sich alle wieder beruhigt hatten, als es wieder einmal vorbei war, hatte die Debatte über das virtuelle Wort «Leitkultur» etwa zehnmal so viel Zeitungspapier, Sendezeit und Stammtischgerede beansprucht wie zum Beispiel die ganz konkrete, Deutschlands zukünftige Außenpolitik grundlegend verändernde Entscheidung, die Bundeswehr an den Militäroperationen der Nato im Kosovo teilnehmen zu lassen.

Es ist eine deutsche Krankheit. Es ist womöglich *die* deutsche Krankheit. Die Krankheit der Berliner Republik, der erst verspäteten, dann schuldig gewordenen, durch entsetzliche Schuld in ihrer nationalen Identität gespaltenen, also schizophrenen, aber andererseits seit zehn Jahren nun auch schon wieder als geheilt und wieder vereinigt entlassenen Nation.

Zum Aufrechtgehen hatten sie sich auch in Westdeutschland Tabus und Lebenslügen wie Korsettstangen eingezogen, die jetzt offenbar nur unter großen Schmerzen wieder herauszunehmen sind.

Die Habermas'sche postnationale Gesellschaft konnte unter dem Schock des Zweiten Weltkrieges zum erklärten Ziel nicht nur der Linken, sondern auch der europäisch orientierten CDU Helmut Kohls werden. Psychologisch ist das so eine Art Identitätsabspaltung als Sühneidee gewesen: Wenn wir den Nationalstaat, unsere nationale Identität als für immer untergegangen betrachten, haben wir die richtigen Schlussfolgerungen aus der deutschen Geschichte gezogen. Damit ist dann auch die historische Schuld abgegolten.

Dann kam 1989. Und diese Ostdeutschen schmissen nicht nur die ganz anderen Tabus und Lebenslügen ihrer SED-Führung auf den Müllhaufen der Geschichte, sondern riefen doch tatsächlich in den Westen hinein: Wir sind ein Volk.

Für viele Westdeutsche war der Schwenk von «Wir sind das Volk» zu «Wir sind ein Volk» das Gleiche, als hätten sie plötzlich gerufen: «Jetzt kommt die braune Pest.» Und der große Schreck oder, wenn man es positiv formulieren will, die Lernerfahrung im Westen vom Herbst 1989 war: Die erste inhaltliche Forderung der befreiten DDR richtet sich also auf die deutsche Nation.

Die deutsche Wiedervereinigung war dann ja eigentlich auch nichts anderes als die neue Konstituierung der Nation. Auch wenn es in Westdeutschland niemand so sagen wollte. Auch wenn jeder verfassung- und identitätgebende Gründungsakt durch den einfachen Beitritt nach Artikel 23 vermieden wurde.

Den siebzehn Millionen Ostdeutschen sind die westdeutschen Lebenslügen auch in den folgenden zehn Jahren vollkommen fremd geblieben. Und im Westen wuchs eine neue Generation heran, der die Tabus der Elterngeneration langsam auf die Nerven gingen. Auch im Westen wird man ja heutzutage von den Kindern seltsame Dinge gefragt: Ist Onkel Mike damals wirklich mit diesem Stalin-Bild durch die Gegend gelaufen? Ist der echt ein Linker gewesen? Und was hat er sich denn dabei gedacht? Oder: Was war so falsch und böse an Springer und Löwenthal? Die hatten doch Recht.

Niemand im Osten und keiner unter dreißig hat Verständnis für das hohe Maß an verkrampfter Ideologisierung von Politik, das aus dem Kalten Krieg ins neue Jahrtausend mitgeschleppt worden ist.

Angela Merkel ist eine Ostdeutsche, die sich hinter der Mauer mehr als andere am Westen orientiert hatte. Ihr sind die Tabus und Lebenslügen des Westens zwar nicht wirklich fremd. Aber sie spielt damit. Und manchmal steht sie dann da im Parlament wie das Kind im Märchen von des Kaisers neuen Kleidern, wenn sie sagt: «Ich lasse mir von dem Herrn Bundeskanzler Schröder nicht vorschreiben, worüber man in diesem Land reden darf. Dazu sind wir ja schließlich nicht mehr in der DDR.»

Oder wenn sie, mit möglicherweise gespielter Ratlosigkeit,

die Abgeordneten von SPD und Grünen auf das Plakat hinweist, mit dem Willy Brandt 1972 erfolgreich in den Wahlkampf gezogen ist: «Deutsche, wir können stolz sein auf unser Land.»

Sie sagt: «Deutsche, insbesondere Deutsche in den alten Bundesländern, haben ja ein sehr verklemmtes Verhältnis zu der Frage, ob wir unser Heimatland lieben dürfen. Die gewaltige Integrationsleistung, die das Einwandererland Deutschland aber leisten muss, wenn es lebens- und konkurrenzfähig bleiben will, kann man nur von Bürgern erwarten, die sich über ihre eigene nationale Identität im Klaren sind.»

Um es kurz und politisch zu machen: Angela Merkel fand, dass Friedrich Merz das Richtige zum richtigen Zeitpunkt angesprochen hatte, wenn er nur nicht diesen dämlichen Begriff gewählt hätte.

Also hat sie den leeren Begriffssack mit Inhalt gefüllt, hat darauf hingewiesen, dass der Begriff von dem Islamforscher Bassam Tibi stammt, der dann bald konkretisierte: «In Deutschland ist die Leitkultur nichts anderes als das Grundgesetz.»

Dann hat sie den Vorsitzenden der CDU-Einwanderungskommission, den saarländischen Ministerpräsidenten Peter Müller, ein wenig schroff angewiesen, das Wort Leitkultur in seinen Entwurf wieder reinzuschreiben. Und Müller, der sein Gesicht wie eine Knautschpuppe verziehen kann, sagte auf der CDU-Pressekonferenz am 6. November trotzig, dass er sich dem «charmanten Drängen der Parteivorsitzenden zwar nicht entziehen», das dumme Wort also in den Entwurf reinschreiben, es aber selber niemals benutzen werde.

Auf die Frage, warum sie Müller dazu genötigt habe, sagte Merkel: «Schon allein, weil die anderen sich so wunderschön darüber aufregen.»

Und dann sagte sie auch noch: «Wir verwenden in Zukunft nur noch Worte, die wir mit Inhalten füllen können.»

Das sah aus wie eine noble Rettungsaktion für den angeschlagenen Fraktionsvorsitzenden. In Wahrheit war es das Gegenteil: Ein – vielleicht entscheidender, aber jedenfalls gut getarnter – Tiefschlag gegen den Rivalen Friedrich Merz.

In der gleichen Pressekonferenz ist dann ja auch noch ein Stück richtige Politik passiert. Aber das hat die meisten gar nicht mehr interessiert. Merkel und Müller gaben außerdem bekannt, dass die Position der CDU in Zukunft sei: Deutschland ist ein Einwanderungsland.

Während Parteielite und Öffentlichkeit also mit der Balgerei um diesen bescheuerten Begriff «Leitkultur» abgelenkt waren, wurden in der praktischen Politik auf sensationelle Art und Weise «unverrückbare» Positionen aus dem ideologischen Zeitalter geräumt.

Genau besehen, haben in diesen Leitkultur-Wochen sogar zwei Parteien ihre dogmatischen Phantasien hin zur gesellschaftlichen Realität korrigiert.

Die CDU räumte ein: Deutschland ist ein Einwanderungsland.

Und – ganz leise und nebenbei – verabschiedeten sich unter der Tarnkappe der Leitkultur-Debatte auch die Grünen von ihrer Multikulti-Ideologie.

Als Ende April des Jahres 2001 schließlich das gemeinsame Thesenpapier von CDU und CSU verabschiedet wird, kommt das so heiß und glühend umkämpfte Wort Leitkultur darin nicht mehr vor. Das fällt aber kaum noch jemandem auf.

Was auffiel, ist: Offenbar hat Angela Merkel jetzt sogar Stoibers CSU dazu gebracht anzuerkennen, dass Deutschland ein Einwanderungsland ist, und dieses nicht einmal mehr an die Abschaffung des Asylrechts zu koppeln.

Was außerdem auffiel: Es gelang Angela Merkel nicht, diesen Erfolg auch als einen politischen Erfolg der CDU-Parteivorsitzenden Angela Merkel zu verkaufen. Mag sein, dass sie da zu vorsichtig war, weil sie Teile ihrer eigenen Partei und auch Edmund Stoiber ein wenig schonen wollte. Das ist ein

Fehler gewesen. Denn die meisten Kommentatoren schrieben und sendeten munter weiter: Es wird leider so gar nicht erkennbar, was Angela Merkel will, ob sie politisch überhaupt was will.

DIE 181 TAGE DER FREIEN DDR

«Opa? Was ist das eigentlich, eine DDR?»

«Ach Mariechen, die DDR, das ist einmal ein Staat gewesen, den der Opa abgeschafft hat.»

Lothar de Maizière, der erste und letzte, also einzige frei gewählte Ministerpräsident der DDR, erzählt, dass sein Enkelkind wohl schon eine Weile den Erwachsenen bei ihren Erwachsenengesprächen zugehört hatte, bevor es diese Frage stellte.

De Maizière sitzt sehr aufrecht und angespannt, wie zum Sprung bereit. Er spricht leise und vorsichtig, jede Formulierung, jede Pointe zeugt von scharfer Intelligenz. Das Gesicht dazu interpretiert die Vorsicht: Man weiß ja nie, wie viel Schärfe und Intelligenz man so einer Westjournalistin zumuten darf.

Die Westjournalistin denkt: Wenn das Mariechen eines Tages anfängt, sich für Geschichte zu interessieren, dann wird sie auf Hunderten von Fotos und Zeitungsausschnitten ihren schmalen, zarten Großvater sehen, der etwas ängstlich zu einem sehr großen, sehr dicken Mann mit einem selbstgefälligen Gesichtsausdruck aufschaut. Auf manchen Bildern liegt die feine Geigerhand des Großvaters in der Riesenpranke des Dicken wie ein aus dem Nest gefallenes Vögelchen. Viel Zutrauen. Wenig Überlebenschancen.

Und dann wird Mariechen sich möglicherweise überlegen, ob die Sache mit der Wiedervereinigung nicht doch etwas anders war, als der Großvater es manchmal erzählt hat, eher so wie diese Bilder: Ein großes, dickes und ungeheuer selbstgefälliges Land hat sich ein kleines, schmächtiges, zu diesem Zeitpunkt zwar endlich aufrechtes, aber noch etwas unsicheres Land einfach einverleibt.

De Maizière sitzt in einem sehr wohnlichen Büro seiner Anwaltskanzlei am Berliner Kupfergraben vor einem Fenster mit Aussicht auf die Treppe zum Pergamon-Museum. Hinter seinem Sessel hält sich der kleine Zwergterrier versteckt, an den de Maizière seine eigene Schüchternheit delegiert hat.

«Das ist Lisa. Sie ist am Anfang immer ein bisschen ängstlich. Eigentlich heiß sie Sweety-Snoopy, weil sie aus dem Westen kommt. Ich habe sie natürlich umgetauft.»

De Maizières Gesicht verändert sich überhaupt nicht. Und trotzdem sieht und hört man ihn innerlich kichern, weil er einer Westjournalistin mal eben mitgeteilt hat, was für bekloppte Sweety-Snoopy-Smarty-Zumutungen aus dem Westen in sein Leben gekommen sind.

De Maizières Anwaltskanzlei befindet sich im Erdgeschoss eines prachtvollen klassizistischen Hauses am Berliner Kupfergraben. Oben, im vierten Stock, wohnt Angela Merkel. Der Kupfergraben ist ein besonderer Ort. Ottmar Schreiner und Hans Meyer, der ehemalige Präsident der Humboldt-Uni, wohnen hier. Max Reinhardt hat in dem Haus nebenan gewohnt, in dem jetzt Richard von Weizsäcker sein Büro hat. Und wahrscheinlich hat Hegel hier in diesem Haus gewohnt, in dem heute de Maizières Kanzlei ist. Jedenfalls will de Maizière für ein paar hundert Mark ein Messingschild anfertigen und anschrauben lassen.

Hier hat Hegel bis zu seinem Tod 1831 gewohnt, soll draufstehen.

Da niemand genau weiß, ob Hegel nun genau in dieser oder in der anderen Haushälfte gewohnt hat, soll Hegel nach Ansicht des Bezirksamtes Mitte dem Haus gehören, dessen Bewohner zuerst so ein Schild an ihren Eingang schrauben.

Ob sie eines Tages auch ein Schild anschrauben dürfen: Hier hat Angela Merkel gewohnt?

Sie sehen sich fast nie. Er war der erste und letzte frei gewählte Ministerpräsident der DDR. Sie war seine stellvertretende Regierungssprecherin. Sie haben zusammen mit Günther Krause, Richard Schröder, Jens Reich, Gregor Gysi, Markus Meckel, Sabine Bergmann-Pohl und den anderen die DDR abgeschafft nach allen demokratischen Regeln der parlamentarischen Regierungskunst. Sie haben dazu 181 Tage und 39 Volkskammersitzungen gebraucht. Sie haben 164 Gesetze und 93 Beschlüsse verabschiedet. Die meisten hat der heutige Staatsminister für den Aufbau Ost, Rolf Schwanitz, auf einer kleinen Reiseschreibmaschine nachts im Palast-Hotel getippt. Manchmal haben allein die Fraktionssitzungen zehn Stunden gedauert, weil alle ausprobieren wollten, wie es ist, in einer richtigen Demokratie seine Meinung sagen zu dürfen.

Sie mussten dieses Demokratie-Werden und Einigungsverträge-Ausarbeiten im Gehen erfinden, erzählt de Maizière. Es waren ja die ersten freien Wahlen in den ostdeutschen Ländern seit 58 Jahren. Und weil 1932 das Wahlalter noch 21 Jahre betrug, musste jemand mindestens 79 Jahre alt sein, um überhaupt schon jemals an einer freien Wahl in einer Demokratie teilgenommen zu haben.

De Maizière sagt: «Mit dem Flieger ging es ewig zwischen Berlin und Bonn hin und her. Tagsüber wurden wir von der West-CDU agitiert und eingewiesen. Dann abends, wenn man müde war, musste man in Berlin noch DDR-Regierung spielen.»

Im Westen gab es damals Menschen, die glaubten, diese Regierung und diese Volkskammer eine *Laienspielerschar* nennen zu dürfen. Das ist wirklich dummes Zeug gewesen. Je mehr Zeit vergeht, umso deutlicher wird an den Protokollen und Dokumentationen dieser 181 Tage: Nie ist eine deutsche Regierung und ein deutsches Parlament fleißiger gewesen. Und wahrscheinlich ist in diesem Land auch schon lange nicht mehr die Verantwortungsbereitschaft und der Blick auf das Gemeinwohl so viel stärker gewesen als alle parteitaktischen Interessen. Vielleicht waren die 181 Tage von Berlin trotz der vielen Einreden und Einflussnahmen aus Bonn sogar näher am Idealbild einer parlamentarischen, repräsentativen Demokratie als vieles, was wir sonst in diesem Land hatten. Und es ist ja auch die erste und einzige Demokratie in Deutschland gewesen, die von ihren Bürgern regelrecht erkämpft worden ist.

Wenn Angela Merkel von dieser Zeit erzählt, leuchten ihre Augen. Dreimal so lang sind ihr die 181 Tage vorgekommen. Und es hat so großen Spaß gemacht, dabei gewesen zu sein.

Die stellvertretende Regierungssprecherin hat den Ministerpräsidenten auf fast allen Auslandsreisen begleitet, auch bei den Antrittsreisen in Moskau, London und Paris ist sie dabei gewesen.

Auf den Bildern von diesen Reisen sitzt eine junge, witzig aussehende Frau mit lustigem Bubikopf neben dem ernsten, schmalen, verantwortungsbewussten de Maizière im Flugzeug. Sie schauen gemeinsam in ihre Unterlagen. Merkel sieht auf diesen Bildern so ganz anders aus als heute, so offen, optimistisch, ausgeschlafen und zupackend gut gelaunt; de Maizière dagegen enorm staatstragend im schneeweißen, frisch gebügelten Hemd und Krawatte. Meister Eder und sein Pumuckl auf dem Weg nach Paris zu den Zwei-plus-Vier-Gesprächen. Sie müssen ein gutes Team gewesen sein.

Aber das war vor zehn Jahren. In einem anderen Leben.

Jetzt ist alles anders. Jetzt ist Bundesrepublik. Jetzt sind sie zusammen in diesem Haus. Und begegnen sich fast nie.

Wir haben unterschiedliche Rhythmen, sagt de Maizière, als müsse er sich dafür entschuldigen. Er weiß nicht genau, wann sie abends nach Hause kommt. Und wenn er morgens in seine Kanzlei geht, ist sie schon wieder weg.

«Zuletzt ist sie nach sehr langer Zeit einmal wieder bei mir gewesen, als sie diese Kohl-Ersatzfeier zur deutschen Einheit am 1. Oktober plante. Da wollte sie mich natürlich unbedingt bei dieser Gespensterfete zur zehnjährigen Vereinigung der

CDU Ost mit der West-CDU dabeihaben. Insofern ging es ja auch nicht ohne mich, weil ich damals vor zehn Jahren nun einmal der Ost-Onkel war.»

Als de Maizière Ministerpräsident geworden war, hat er im Bärensaal des Staatsratsgebäudes alle 650 Mitarbeiter der ehemaligen DDR-Regierung versammelt und zu ihnen gesagt: «Wir haben nur eine einzige Aufgabe: Uns überflüssig zu machen. Ich reiche Ihnen die Hand. Wer sie nehmen kann, soll sie nehmen. Wer nicht, soll jetzt gehen.»

Nur die wichtigsten fünf Beamten sind gegangen. Und ohne die anderen 645 Beamten aus der alten Zeit hätte es ja auch nicht weiter funktioniert.

Die haben sich dann auf ihre Art von der DDR befreit, haben alle wichtigen Papiere aus den Büros geworfen, auf die Gänge gepfeffert und aus dem Fenster. Haben offenbar gedacht: Wenn wir jetzt das Kommunistische Manifest aus dem Fenster werfen und tüchtig in der Bibel lesen, sind wir gerettet.

Und Angela Merkel?

Journalisten, die damals dabei gewesen sind, sagen, dass die stellvertretende Regierungssprecherin bald als zuverlässige, gute und präzise Quelle bekannt und beliebter war als der erste Regierungssprecher, Matthias Gehler.

Vor vier Monaten hatte sie noch handgestanzte Fortron-Lochkarten in den altmodischen Rechner der Akademie geschoben, in ihrer Adlershofer Baracke am Ende der Welt. Jetzt erläuterte sie internationalen Journalisten die Pläne der letzten DDR-Regierung.

Lothar de Maizière sagt es so: «Ich will nicht den Matthias Gehler kränken, aber ein Beispiel will ich Ihnen geben: Morgens hatten wir immer eine so genannte kleine Lage, da wurde von den Regierungssprechern auch die Zeitungsauswertung gemacht. Sie trug in der halben Zeit das Doppelte vor, was Matthias Gehler vortrug. Weil sie es mit einem Blick sortiert hatte und wusste, was wichtig ist und was nicht. Sie organisierte das so: Ich will nicht wissen, was wir denken, sondern ich will wissen, was wird über unsere Politik gedacht und gemacht. Sie hat sehr genau vorgetragen, wo unsere Politik in die Kritik geraten war. Und sie hatte Vorschläge, wie man strategisch vorgehen musste und welche Gegenargumente wir hatten.»

Sie war überzeugt davon, dass es gute Politik ist, die gemacht wurde. Also hat sie ihren Job als Auftrag verstanden, darauf zu achten, wo etwas falsch gemacht wurde oder wo etwas missverständlich war.

Und wenn sie Sorge hatte, dass der Ministerpräsident sich vor lauter Geradlinigkeit und Aufrichtigkeit auch mal zu weit aus dem Fenster gelehnt hatte, hat sie ihn schnell zurückgezogen. Zur Not mit Gewalt. Einmal, beim Staatsbesuch in Irland, hat sie sogar ein Interview unterbrochen, den *ARD*-Korrespondenten genötigt, das Band zu löschen, de Maizière erklärt, warum das gefährlich werden könnte, was er da gerade gesagt hat. Und dann die beiden Herren gebeten, bitte schön noch einmal von vorne anzufangen.

«Sie hatte schneller als wir anderen begriffen, dass Politik vermittelt werden muss. Sie war da ausgesprochen schnörkellos, um es mal so zu sagen. Das ist sie heute noch. Sie braucht nicht lange. Wenn sie einmal zehn Minuten reden muss und nichts sagen will, dann merkt man leider auch, dass sie nichts sagt. Während Genscher, zum Beispiel, ja eine halbe Stunde reden konnte, ohne auch nur einen belangvollen Satz zu sagen. Und keiner merkt es. Das geht mit ihr so nicht.»

Und wenn er Angela Merkel heute erlebt und sie mit der Angela Merkel von damals vergleicht?

«Natürlich ist sie zehn Jahre älter geworden. Sie ist auch zehn Jahre intelligenter geworden. Wir haben damals die Dinge analysiert, dann entschieden, was wir für richtig hielten, und das erst dann an die Öffentlichkeit vermittelt. Westpolitiker interessieren sich umgekehrt immer zuerst dafür, ob etwas vermittelbar ist. Ich halte das für eine Pervertierung der repräsentativen Demokratie. Macht wird errungen, dann muss man sie auch nehmen. Westpolitiker kommen an die Macht, und einen Tag später geben sie sie wieder ängstlich zurück an die Meinungsumfragen.»

Und dann sagt Lothar de Maizière nach einer Weile auch noch: «Insofern ist sie eine Westpolitikerin geworden.»

Der 3. Oktober 1990 muss ein seltsamer Tag gewesen sein für eine Regierung, die sich gerade abgeschafft hatte.

Am 29. September war der Abteilungsleiter des Ministerrats, Wolfgang Eckstein, nach Bonn gefahren, um die neue schwarz-rot-goldene Fahne abzuholen. Die lag bei einer Sekretärin im Kanzleramt in der Schublade.

«Soll ich die einfach so mitnehmen?»

Da gab die Sekretärin ihm einen Plastikbeutel von Kaiser's. Die Wessis hatten es offenbar nicht so mit Fahnen.

Um Punkt null Uhr hat Eckstein dann die DDR-Fahne runtergeholt vom ehemaligen Ministerrat der DDR. Hat gekurbelt wie ein Wilder und sich gedacht: «Bin ich der Totengräber der DDR? Wie komme gerade ich dazu?»

Und nicht er, sondern ein Kollege aus Bonn, der auch noch ausgerechnet Aribert Großkopf hieß, hat die neue Fahne dann aufgezogen. Da war es null Uhr eins.

Unten in Berlin haben die Leute gejubelt.

Und dann gingen plötzlich wie von Geisterhand die Scheinwerfer aus. Als sie wieder aufleuchteten, hing die Fahne auf halbmast.

Alle müssen in dieser Nacht, in der sie sich endlich selbst abgeschafft hatten, solche Halbmast-Gefühle gehabt haben.

Angela Merkel hat es einmal so erzählt: «Ich hatte in der Nacht ja gerade meinen schönen Posten als stellvertretende Regierungssprecherin eines nun nicht mehr existierenden Staates verloren. Jetzt sollte ich als Referentin im Bundespresseamt arbeiten mit Besoldungsstufe A 13. Vorher musste ich aber noch in West-Berlin eine Einstellungsuntersuchung für den öffentlichen Dienst über mich ergehen lassen. Und weil ich einen hohen Blutdruck habe, sagte man mir, es sei gar nicht sicher, ob ich in den öffentlichen Dienst übernommen würde. Und ich dachte: Gerade hast du noch bei Mitterrand gesessen, nun bist du wieder vereint – und nichts mehr.»

Und nichts mehr?

Es war Günther Krause, der Angela Merkel, der arbeitslos gewordenen stellvertretenden Regierungssprecherin, den Wahlkreis Rügen-Grimmen-Stralsund für die Bundestagswahl organisierte.

Sie gewann das Direktmandat mit 48,6 Prozent der Erststimmen. Sie kam tatsächlich als richtige Abgeordnete in den Bundestag des wieder vereinigten Wunderlandes. Sie konnte den Versorgungsjob im Bundespresseamt aufgeben. Sie machte sich schon Hoffnung auf einen richtigen Platz im Forschungsausschuss des Deutschen Bundestages.

Lothar de Maizière muss zum ersten Mal in unserem Gespräch richtig entspannt lachen, als er sich an die nächste kleine Begebenheit erinnert. Und sogar Lisa, die Zwergterrier-Dame, ist inzwischen hinter dem Ohrensessel hervorgekommen und beschnuppert das Handgelenk der Besucherin.

Anfang Januar 1991 hat er sich im Bonner Kanzleramtspark mit seiner ehemaligen Regierungssprecherin getroffen. Und er erinnert sich mit einigem Vergnügen an das wirklich sehr erschrockene Gesicht der Bundestagsabgeordneten Angela Merkel, als er ihr sagte:

«Stell dich mal darauf ein, dass der Bundeskanzler dich bald anruft.»

«Und warum sollte er das tun?»

«Weil er dich zur Ministerin machen will.»

Fünftes Kapitel
MIT ALICE IM WUNDERLAND

HERRLICHE ZEITEN

Es geschah im Jahr 2000 im Café Einstein Unter den Linden. Und es geschah ausgerechnet am Montag der Woche, in der Angela Merkel als erste und einzige Frau in der bisherigen Geschichte Deutschlands Chefin einer großen Volkspartei werden sollte. Das Café Einstein ist ein tagsüber touristisches, morgens deswegen eher diskretes Berliner Lokal, in dem man sich normalerweise gut zum Frühstück verabreden kann. Es liegt günstig zum Reichstag und zu den Abgeordnetenbüros, ist aber nicht gerade penetrant angesagt.

Normalerweise.

An diesem Morgen, fünf Tage vor der Wahl zur Parteivorsitzenden, war es ein wenig anders. Und ausgerechnet an diesem Morgen hatte sich Angela Merkel mit Alice Schwarzer im Café Einstein zum Frühstück verabredet.

Zwei Journalisten vom *Tagesspiegel* saßen schon in dem sonst so diskreten Café Einstein und registrierten erkennbar: Da schau her, die Merkelin mit der Schwarzer. Das ist ja hochinteressant.

Bald ging die Tür auf, und einige nicht ganz unbedeutende Abgeordnete aus der CDU/CSU-Fraktion kamen mit einem weiteren Tross von Journalisten. Die Abgeordneten waren eher aus dem Spektrum, das Heiner Geißler in den achtziger Jahren noch provozieren konnte mit dem Satz: Nicht jeder, der eine berufstätige Frau hat, ist ein Linksradikaler.

Angela Merkel gibt das nicht so richtig zu, aber ein bisschen mulmig über den Multiplikatorenauflauf wird ihr schon gewesen sein. Wahrscheinlich sah sie vor sich bereits die Schlagzeile *Hexentreff: Designierte* CDU-*Vorsitzende berät sich mit Links-feministin* und auch die Gesichter von Edmund Stoiber und Roland Koch beim Studieren dieser Schlagzeile.

Als dann die Tür noch einmal aufging und zwei Redakteure vom *Stern* mit Roland Koch eintraten, um zwei Tische weiter ihre Tonbandgeräte für ein Interview aufzubauen, fühlte auch Alice Schwarzer sich «wirklich schon ganz klamm». Jedenfalls berichtet sie es so, und sie tut das natürlich mit gewohnter Alice-Schwarzer-Ironie, auch, wie sie dann gesagt habe: «Frau Merkel, also, das tut mir jetzt wirklich sehr Leid.»

Angela Merkel aber sagte: «Nö. Macht doch gar nichts. Dafür bin ich doch die DDR nicht los, dass ich immer noch nicht frühstücken kann, mit wem ich will.»

Sie erzählt, dass sie später an diesem Tag, noch vor der Präsidiumssitzung, zu Roland Koch gegangen ist und gesagt hat: «Lieber Herr Koch, Sie haben ja schon immer geahnt, dass ich eine Linke bin. Da haben Sie sich jetzt bestätigt gefühlt, oder?»

Koch habe geantwortet: «Sie glauben gar nicht, was für ein gutes Verhältnis zu Alice Schwarzer ich habe.»

Als Schwarzer wiederum diesen Teil der Geschichte erfährt, das ist auf einem Podium mit der Parteivorsitzenden Merkel im November 2000, bei einer politischen Soirée der Unionsfrauen in der Thüringischen Landesvertretung zu Berlin, fängt sie sehr an zu lachen und sagt: «Schön, schön, dass ich das auch mal erfahre.»

Frauen haben in diesem Land ja nicht immer die Ehre, ausschließlich in der Sache kritisiert zu werden. Erwachsene, renommierte Journalisten langweilen sich und ihre Leser immer noch gerne einen Artikel lang mit den cremefarbenen Hosenanzügen der Sabine Christiansen oder dem Prinz-Eisenherz-Haarschnitt von Angela Merkel.

Als Anfang der neunziger Jahre in den Medien das Wie-sieht-die-denn-aus-und-was-hat-die-denn-bloß-für-Röcke-an über die neue Frauen- und Jugendministerin aus dem Osten etwas heftig geworden war, hatte Alice Schwarzer eines Tages zum Telefon gegriffen. Deutschlands große Feministin und *Emma*-Herausgeberin ist eine Weltmeisterin im Trösten und Agitieren. Jedenfalls reden die beiden seither ab und zu miteinander.

«Ich unterhalte mich gern mit ihr», sagt Angela Merkel über Alice Schwarzer.

Merkel hatte in den Wochen vor ihrer Wahl zur Parteivorsitzenden verstanden, dass eine, die nicht nur über die Regionalkonferenzen der eigenen Partei, sondern auch über zustimmende Meinungsumfragen in der Gesamtbevölkerung und über begeisterte Titelgeschichten der eher linken Blätter Parteivorsitzende der CDU geworden ist, notgedrungen viele Menschen im Land enttäuschen würde. Sie musste ja nun zuerst einmal ihre eigene deprimierte und orientierungslose Partei aus der Wirklichkeitsverweigerung der letzten Kohl-Jahre heraus in die Gegenwart führen und vor allem am rechteren Rand der Partei ein paar sehr skeptische Persönlichkeiten und Gruppierungen einsammeln.

«Ich hatte vor allem Sorge, dass unglaublich viele Erwartungen von Frauen in mich projiziert wurden, auch Wünsche von den Frauen, die gar nichts mit der CDU am Hut haben, und dass ich also gar nicht anders kann, als die zu enttäuschen.»

Alice Schwarzer hat sie da an diesem Morgen beruhigt: Machen Sie sich mal keine Sorgen, die Frauen im Land wissen schon, dass Sie nicht Vorsitzende der SPD werden wollen. Als Margaret Thatcher Premierministerin wurde, und die war nun wirklich alles andere als eine Ausgeburt des Feminismus, sei sie, Alice Schwarzer, immer gefragt worden: Ist das nicht schrecklich mit dieser Thatcher, Frau Schwarzer? Und da habe sie geantwortet: Sagen Sie mal nichts gegen diese englischen Ladys mit ihren Handtaschen. Wenn ein kleines Mädchen in England den Fernseher anknipst und Politik sieht, hat es die Auswahl zwischen der Queen und Maggie Thatcher. Das ist dann doch immer noch viel besser als alles, was kleine Mädchen in Deutschland zu sehen bekommen.

Merkel hat einmal sehr furios Susan Faludis «Die Männer schlagen zurück» besprochen, in *Emma*. Schwarzer war eine der Ersten, die sich für Angela Merkel als CDU-Chefin ausgesprochen haben. Und den späten, aber medienwirksamen, parteiübergreifenden Frauenappell gegen die Rentenpläne der Bundesregierung hat Alice Schwarzer auch für die CDU/CSU-Fraktion organisiert.

Eine pikante Kombination. Alice Schwarzer gilt als kämpferisch links. Und die Männer, nicht nur von der Union, werden immer ganz seltsam in ihrer Nähe, wie Buben, die ihrer Mami beweisen wollen, dass sie schon freihändig Fahrrad fahren können, die aber zugleich ein schlechtes Gewissen haben, weil sie wieder einmal vergessen haben, den Mülleimer runterzutragen.

Schwarzer hat nun aber auch genau den ironischen Ton, der Männer unfassbar provoziert: «Oh, ein sauerländischer Händedruck. Na, meine Güte, Herr Merz, Sie haben aber einen tüchtigen, kräftigen Händedruck. Und wie groß Sie sind, lieber Herr Merz, Sie sind ja so groß, dass sogar die Kollegin Roll hochgucken muss, so ein großer Generalsekretär.»

Bei Schwarzer weiß man nicht einmal, wenn sie Ämter verwechselt, ob sie sie tatsächlich verwechselt oder ob sie nur provozieren will. Mit dem Fraktionsvorsitzenden Friedrich Merz jedenfalls funktioniert es sofort.

«Ja, Gerhard Schröder vermeidet es auch immer, neben mir fotografiert zu werden, weil er so klein ist.»

«Hat denn die Kanzlertruppe für solche Fälle keine Apfelsinenkiste dabei?»

Was so gescherzt wird in Berlin, wenn die «Gruppe der Frauen der CDU/CSU-Fraktion im Deutschen Bundestag» zur Feier ihres zwanzigjährigen Jubiläums eingeladen hat.

Obwohl es gar nicht so richtig zum Lachen ist. Die Fakten sind leider und trotz aller Schäkereien noch immer sehr viel ernster als ein sauerländischer Händedruck und, verglichen mit anderen abendländischen Zivilisationen, auch eher traurig: Frauen in der Politik. Frauen in Deutschland. Frauenpolitik in Deutschland.

Die Mehrheit der deutschen Bevölkerung ist weiblich. Aber nur 35 Prozent der Abgeordneten im Deutschen Bundestag sind Frauen, in der CDU/CSU-Fraktion sind es nur 18 Prozent.

Von den Topchefs in Großbritanniens Wirtschaft sind immerhin 11,2 Prozent weiblich. In Deutschland sind es 3,7 Prozent. Und obwohl auch deutsche Wirtschaftsmagazine alle paar Wochen eine neue Geschichte darüber drucken, dass das männliche Leithammel-Management ohne Zukunft sei und nur die weiblichen Führungsqualitäten ins nächste Jahrhundert führen, gibt es hierzulande noch immer diesen gläsernen Deckel, der den Aufstieg von Frauen aus den oberen Etagen in die wirklichen Alphajobs unsichtbar, aber wirksam verhindert.

Das ändert sich. Langsam. Wenn Frauen sich aber organisieren, wenn zum Beispiel Alice Schwarzer und Sabine Christiansen Berliner Runden von Topjournalistinnen und einflussreichen Frauen organisieren, dann wird das gleich irritiert registriert, dann fragt der *Spiegel* schon mal panisch: Bauen sie jetzt heimlich Frauen-Seilschaften?

Angela Merkels Wahl zur Parteivorsitzenden war dann auch für die *BILD*-Zeitung der *Beginn einer neuen Zeitrechnung*, der *Corriere della Sera* nannte es gleich eine *sexuelle Revolution*. Und Edmund Stoiber sagte, möglicherweise gut gemeint, aber etwas hilflos in die Fernsehkameras, er freue sich, dass er nun in der Schwesterpartei eine richtige Schwester habe.

Auf einen normalen Umgangston darf eine Frau in der deutschen Politik nicht hoffen.

Im schleswig-holsteinischen Landtagswahlkampf des Jahres 2000 hatten sie eine CDU-Talk-Show mit Angela Merkel inszeniert, das war im Ahrensburger Parkhotel gegenüber vom Schloss.

Der Moderator, ein lokaler Rundfunkmensch im kleinkarierten Sakko, führte sich auf wie die Karikatur des modernen Mannes und sagte immerzu Sätze wie: «Danke, dass Sie das so interessant erläutert haben, Frau Merkel, so jung und so charmant.»

Oder: «Sie haben sich, wenn ich das mal so sagen darf, auch bei diesem heiklen Thema ganz phantastisch geschlagen und auch großartig verkauft.»

Bis es Angela Merkel zu blöd wurde.

Sie sagte dann: «Man merkt, letzte Woche gab es Zeugnisse in Schleswig-Holstein. Ich schlage vor, Sie sparen sich zwischendurch die Zensuren, und wir machen ganz zum Schluss eine ordentliche Punktauswertung.»

Tausende von Männern in der CDU sind wie dieser Moderator. Viele aus der mittleren Funktionärsebene im Westen haben zu Hause eine Hausfrau und Mutter. Und jetzt hat ausgerechnet diese Partei Angela Merkel zur Vorsitzenden gekürt. Eine Frau. Eine Frau aus dem Osten. Eine evangelische Frau aus dem Osten. Eine evangelische, geschiedene Frau aus dem Osten. Eine evangelische, geschiedene, kinderlose Frau aus dem Osten, die mit ihrem Lebensgefährten jahrelang in wilder Ehe lebt.

Gelebt hat: Einen Tag vor Silvester 1998 hat Angela Merkel ihren langjährigen Lebensgefährten, den Chemiker Joachim Sauer, geheiratet. Kardinal Meisner soll sie freundlich, aber deutlich darauf hingewiesen haben, was «wilde Ehe» auch im neuen Jahrtausend bedeutet in einigen Kreisen des katholischen Rheinlands.

Und nicht nur in einigen Kreisen des katholischen Rheinlands wurde es etwa ein Jahr nachdem Angela Merkel Parteivorsitzende geworden war, in der CDU Mode, etwas abfällig von *Weiberwirtschaft* zu reden und vom *Girlscamp an der Klingelhöferstraße*, weil Angela Merkel hat, was viele Männer in der Politik auch haben: eine Büroleiter*in*, Beate Baumann, die seit den Anfängen in Bonn Angela Merkel bei jedem Karriereschritt begleitet hat. Und eine Pressesprecher*in*, Eva Christiansen. Merkel versteht sich außerdem noch sehr gut mit Parteivize Annette Schavan. Und weil die Vorsitzende der Jungen Union Hildegard Müller sich mit Merkel duzt, wird sie kurzerhand mit dazugezählt. Fertig ist die Weiberwirtschaft.

Dass zum *inner circle* der Angela Merkel, zu der Truppe also, die sie Tag für Tag unmittelbar berät und die sich von Zeit zu Zeit ein paar Tage mit ihr in ein Strandhotel auf die Ostseehalbinsel Fischland Darß zum Nachdenken und Redenschreiben zurückzieht, auch noch fünf Männer gehören, wird dezent unterschlagen. Den Leiter für Grundsatzfragen und politische Planung im Adenauer-Haus, Klaus Preschle, und die beiden Hauptabteilungsleiter für Politik, Heiner Lueg, und für Medien und Kommunikation, Michael Thielen, kennt zwar draußen niemand. Generalsekretär Laurenz Meyer und Bundesgeschäftsführer Willi Hausmann sind aber Tag für Tag sichtbar. Dafür kann man mit dem Namen Hausmann wenigstens lustige Wortspiele erfinden: Die Mädels von der Klingelhöferstraße schotten sich mit ihrem Hausmann ab.

Das Interessanteste an diesem weiblichen Küchenkabinett war, dass es für beide Richtungen innerparteilicher Kritik herhalten musste. Wenn Merkel Führung gab und überraschende Entscheidungen fällte, also zum Beispiel verkündete, die Frage der Kanzlerkandidatur werde allein zwischen Stoiber und ihr ausgehandelt, dann war sie «angestachelt von den ehrgeizigen Zicken aus der Parteizentrale». Wenn sie abwartend moderierte, in die Partei hineinhörte, Kommissionen einberief und Regionalkonferenzen, dann war es wieder: Typisch Mädel, die verstehen eben naturgemäß nichts von echter Führung.

Ein ganz ähnliches Phänomen ist die Metapher von der Vatermörderin, die die Berichterstattung und die Medienporträts über Angela Merkel von Anfang an begleitet hat. Sie hat Schnur, Krause, de Maizière, Kohl und schließlich Schäuble scheitern sehen. Sie hat sie alle hinter sich gelassen, wie außerdem noch Eppelmann, Rühe und Rüttgers, Männer allesamt, die Angela Merkel erst gefördert haben und dann auf der Strecke geblieben sind.

«Ach, Angela», so hat die *ZEIT* den Chef der CSU-Landesgruppe in einer Besprechung seufzen gehört: «Wer ist dein nächstes Opfer?»

Angela Merkel hat, wie jeder Mensch, der es sehr weit nach oben gebracht hat, ihre jeweiligen Vorgesetzten und Förderer gut beobachtet, analysiert und schließlich übertrumpft. Und da in dieser Gesellschaft meistens Männer die Vorgesetzten und Förderer sind, sind es eben auch in der CDU nur Männer, die eine Frau hinter sich gelassen hat, wenn sie schließlich Parteichefin wird.

Angela Merkel sagt, dass sie sich inzwischen über diese Vatermörder-Sache richtig ärgert.

«Wenn Männer sich weiterentwickeln, ist das der natürliche Lauf der Dinge. Wenn sich aber mal eine Frau in der Politik durchsetzt, dann liegen überall an ihrem Wegesrand gemeuchelte Männer.»

Frauen in Spitzenpositionen, das ist eben noch nicht wirklich vorgesehen in diesem Land. Da fehlen noch alle Beschreibungs-, Rezeptions- und Verhaltensmuster. Weswegen selbst aufgeklärte Routiniers, die zu Hause vier erwachsene Töchter haben, gelegentlich zu Tölpeln mutieren, wenn sie es mit einer Frau in einer Topposition zu tun bekommen.

Als Angela Merkel zur Überraschung der meisten Beteiligten im Herbst ihren Generalsekretär auswechselte und der Neue, Laurenz Meyer, am 5. November eine erste Kostprobe seines Könnens in Berlin ablieferte, machte er sowieso schon alles falsch, was man falsch machen kann. Er könne auch mal mit dem Säbel, nicht nur mit dem Florett kämpfen, drohte er an, nahm dann auch gleich den Säbel und metzelte mit einem ungeschickten Hieb sowohl seinen Vorgänger als auch noch ein

Stück vom Image seiner Chefin herunter, als er sagte, «einen zweiten Missgriff» könne Angela Merkel sich nun nicht mehr erlauben.

Man konnte spüren, wie vor allem die Frauen in der Bundespressekonferenz den Atem anhielten, als Meyer bewusst wurde, was er angerichtet hatte. Er stand da für einen Moment so, als würde er es tatsächlich wagen, gleich zur Besänftigung auch noch den Arm um seine Parteichefin zu legen. Und während man noch dachte, der wird die doch nicht etwa anfassen, der kann sie doch jetzt nicht auch noch, er ist doch wohl nicht ...

... tat er es. Laurenz Meyer legte vor den Kameras der Berliner Republik am ersten Tag in seinem neuen Job gleich zweimal den Arm über die Schulter seiner Chefin und zog sie ein bisschen zu sich. Ein Übergriff und eine Herrschaftsgeste als verlegene Wiedergutmachung. Die *taz* schrieb, Merkel habe da für einen hinreißenden Moment ausgesehen wie die Siegerin im Zeichenwettbewerb der Sparkasse Hamm und dass es zwischen England und Italien einmal fast zum Krieg gekommen sei, als ein überschwänglicher Staatspräsident es wagte, Königin Elisabeth am Arm zu fassen.

Merkels Leute erzählen, Meyer habe anschließend glaubwürdig versichert, dass so etwas nie wieder passieren wird.

Am Abend des gleichen Tages fragt Alexander Niemetz den CSU-Generalsekretär Goppel im *Zweiten Deutschen Fernsehen*: Angela Merkel hat ihren Generalsekretär knallhart ausgewechselt. Einfach so. Hätten Sie Frau Merkel diese Härte zugetraut? Und Goppel antwortet: Frau Merkel traue ich alles zu.

Sie war, als sie in die Politik ging, alles andere als eine Feministin. De Maizière glaubt, dass sie das Thema Frauenpolitik sogar gelangweilt hat. Sie hatte sich in der Männerwelt der DDR-Physik so selbstverständlich behauptet, dass sie über das Schicksal anderer Frauen nicht grundlegend nachgedacht hatte. Merkel erinnert sich heute, dass erst im Amt als Frauenministerin «die Einsicht in die Notwendigkeit von Frauenpolitik zugenommen hat». Relativ unbedarft sei sie da reingegangen, «ausgestattet mit dem Selbstbewusstein einer eigenen Berufstätigkeit und eines eigenen Lebens in einer Gesellschaft und mit einem beruflichen Umfeld, in dem auch sehr viele Männer waren».

Als Angela Merkel 1998 noch einmal mit zwei Journalistinnen nach Adlershof gefahren ist, die Reste ihrer Akademie zu besichtigen, da hat sie ein wenig vor dem Bauschutthaufen meditiert, der einst ihre alte Baracke gewesen war, und dann die Schlagzeile geliefert: «Ich bin gewohnt, mit vielen Männern zu arbeiten.» Außer der Sekretärin ist sie in all den Jahren ja die einzige Frau am Institut gewesen.

Helmut Kohls Vorschlag für die Einführung einer Frauenquote in der CDU sah sie eigentlich als Beleidigung für alle erfolgreichen Frauen an. Sie sagte damals: «Die Quote hat etwas Degradierendes und Ehrenrühriges.»

Eine heikle Position für eine Frauenministerin.

Damals hat sie in einem Interview ihr Dilemma so dargestellt: «Jetzt bist du Frau, und du bist Frauenministerin, und jetzt erwarten die was von dir. Andererseits bist du auch frei. Und du darfst zum ersten Mal sagen, was du denkst.»

Sie hat sich dann dem Druck der Frauen in ihrer Partei und dem Wunsch Helmut Kohls gefügt.

Von Frauen in der Bundesrepublik hatte sie eine seltsame Vorstellung.

«Meinen ersten großen Bauchklatscher habe ich gemacht, als ich bei Jürgen Rüttgers im Wahlkreis stolz verkündet habe, dass die Frauen im Osten natürlich eine höhere Rente verdienten, weil sie ja auch gearbeitet hätten.»

Dass Frauen in der DDR gleichberechtigt und emanzipierter gewesen seien als in der Bundesrepublik, weil alle gearbeitet haben und weil es einen Kita-Platz für jedes Kind gegeben hat, sei Unsinn, sagt sie heute. Eine formale Gleichberechtigung sei das gewesen, mehr nicht.

«Nur, weil der Staat sich auch noch in die Erziehung einmischen wollte, stand ein breites Instrumentarium an Kinderbetreuung zur Verfügung. Und nur, weil die Wirtschaft so ineffizient war, konnten alle Frauen in der DDR auf dem Arbeitsmarkt untergebracht werden. Niemals war eine Frau Vollmitglied des Politbüros oder auch nur Kombinatsdirektorin. Die Beweggründe der DDR waren ja immer alles andere, als ihren Bürgern zu ihrem Recht oder gar zu einer Emanzipation zu verhelfen.»

Rita Süssmuth findet, dass Angela Merkel heute viel frauenpolitischer denkt, als sie es im Ministeramt getan hat.

Und Merkel sagt: «Inzwischen müsste ich meinem Gewissen keinen Schub mehr geben, um für das Quorum zu sein. Ich fordere, dass es verlängert wird, weil ich gesehen habe, wie es uns Frauen vorangebracht hat.»

Und trotzdem und andererseits lässt sie sich nicht einklemmen in den Schraubstock frauenpolitischer Korrektheit.

Im schleswig-holsteinischen Wahlkampf gegen Heide Simonis ruft sie vollkommen unbekümmert – kein Mann würde sich jemals trauen, das in einem Wahlkampf gegen Angela Merkel auch nur zu flüstern: «Es muss niemand aus Mitleid gewählt werden, weil er eine Frau ist, und sei es auch die einzige Ministerpräsidentin der Republik. Wir haben hier keine Abstimmung nach Geschlecht.»

Franz Müntefering wird sich diesen Satz schon mal bereitgelegt haben, für alle Fälle.

Im November 2000 vor den CDU/CSU-Frauen hat Alice Schwarzer auch noch über ihre Lieblingsstelle in Rita Süssmuths politischen Erinnerungen geschwärmt. Das ist das wirklich wunderbar beobachtete und beschriebene Kapitel «Körpereinsatz», in dem Süssmuth die nonverbale Verdrängungskommunikation des großen Parteivorsitzenden und Bundeskanzlers beschreibt. Schwarzer bezog das natürlich gleich auf Kohls Umgang mit Frauen.

Da widersprach Angela Merkel aber sofort. Sie sei sicher, dass die raumfüllende Präsenz des Ex-Bundeskanzlers nicht nur Frauen, sondern auch fast alle Männer vor Probleme gestellt hat.

Sie muss es ja wissen. Sie wird den zarten de Maizière und den dicken Kohl oft genug in einem Raum erlebt haben.

Angela Merkel spürt, wenn ein Publikum mit dem, was sie gesagt hat, nicht wirklich zufrieden ist. Das macht sie zur guten Rednerin. Also legte sie noch ganz nüchtern nach: «Was ich allerdings relativ häufig erlebt habe, ist, dass man als Frau doch mit bestimmten Nachteilen zu kämpfen hat. Das ist einmal die hohe Stimme und die meistens ja doch kleine Körpergröße.»

Ihre schlimmsten Erlebnisse hatte sie als Umweltministerin in den Energie-Konsens-Gesprächen, vor allem mit Günter Rexrodt. Wenn es nach den Beratungen Radio- und Fernsehinterviews gab, stellte der sich einfach hinter sie und sprach über sie hinweg.

«Und weil er tiefer sprach, und auch, weil er größer war, hatte ich wirklich frustrierende Minuten.»

Sie habe ähnlich frustrierende Erlebnisse heute noch, wenn sie in Säle einmarschieren soll, von hinten geschoben, von vorne gezogen.

«Und ich weiß, ich muss jetzt auch noch ganz fröhlich gucken, damit die nachher nicht wieder schreiben, Merkel hat schlechte Laune.»

Medien und Frauen. Das ist noch einmal ein Spezialthema. Den Gipfel leisteten sich die Redakteure von *Titanic*, die das ja

auch noch dürfen müssen, mit einem wirklich hässlichen Mer-
kel-Bild und der noch viel hässlicheren Frage: *Darf so was
Kanzler werden?*

Bei der Verleihung des Hanns-Joachim-Friedrichs-Preises für
Fernsehjournalismus 2001 in Köln sagte Merkel: «Politiker
können von Journalisten keine Rücksicht und schon gar keine
Nachsicht erwarten, aber die Wahrung seiner Würde und der
Respekt vor seiner Persönlichkeit sind die vornehme Aufgabe
des Journalisten.»

Mit dem Preis wurden im ersten Jahr des neuen Jahrtausends
drei Frauen ausgezeichnet: Gabi Bauer, Maybrit Illner und San-
dra Maischberger. Gabi Bauer spottete bei der Preisverleihung:
«Wir sind stolz darauf, dass drei Mädels ausreichen, um den
üblicherweise einen männlichen Preisträger aufzuwiegen.»

Im Publikum saßen einige, die sich plötzlich vorstellen mussten, was für ein Affentheater ausbrechen würde, wenn den Herren Manfred Bissinger, Klaus Bresser und Ulrich Wickert, die
alle drei zu der Friedrichs-Preis-Jury gehören, zugemutet würde, sich einen Preis zu teilen, der normalerweise an eine Persönlichkeit vergeben wird.

Aber so ist es in diesem Land. Es entspricht dem Selbstverständnis der Männerwelt: ein Preis für drei Frauen. Das ist
schon in Ordnung. Erst recht, wenn eine der drei Frauen aus
dem Osten ist. Dann kann Klaus Bresser in seiner Laudatio begeistert ausrufen: jung, Frau, Ost. Was will man mehr?

Genauso war es auch, als Angela Merkel 1990 Frauenministerin wurde. Jung, Frau, Ost. Was wollte man mehr? Helmut
Kohl hatte aus einem Ministerium drei gemacht, ein Drei-
mädelhaus, wie die Journalisten bald schrieben.

Angela Merkel sagt heute mit milder Ironie: «So kriegte Ger-
da Hasselfeldt was ab und Hannelore Rönsch und ich. Das war
ja auch nett.»

Helmut Kohl hat das Sozialministerium mit dem Frauen-
ressort, das der jetzige Bundeskanzler Gerhard Schröder zum

Entzücken der Frauen vor allem seiner eigenen Partei als «Gedöns» bezeichnet, immer schon als Bewährungsplatz für Höheres benutzt: Heiner Geißler und Rita Süssmuth haben dort angefangen. Und für Angela Merkel war es wahrscheinlich ganz gut, dass ihr erster Job im Wunderland der Bonner Republik ein kleiner, nicht sehr bedeutender Teil dieses Ministeriums gewesen ist.

Sie war eine erfolgreiche Physikerin. Sie hatte als Sprecherin des Demokratischen Aufbruchs und stellvertretende Sprecherin der DDR-Regierung eine Menge politischer Erfahrungen gesammelt in heißen Zeiten. Dem ersten gesamtdeutschen Parlament anzugehören, das war ihr großer Traum. Das schien ihr auch realistisch. Aber gleich Ministerin in Kohls Bonner Kabinett?

Wie ein Alien muss sie in den ersten Monaten durch Bonn gelaufen sein, wie eine Frau von einem anderen Stern, staunend, fasziniert, begeistert, entsetzt, lernbegierig. Sie sagt, sie habe diese Zeit als eine Art naturwissenschaftlichen Versuch angesehen, und auch, dass der schnelle Aufstieg sie eher geängstigt habe.

«Das war ja jenseits aller Wünsche. Plötzlich saß ich mit all den Leuten am Kabinettstisch, die ich mein Leben lang im Fernsehen bewundert hatte. Und dann habe ich mir gedacht: Du kannst Integrale lösen, da wirst du dich auch mit Norbert Blüm unterhalten können.»

Sie war begeistert von ihrem Wunderland. Sie hatte sich so mit der Bonner Republik identifiziert, dass sie am Anfang sogar gegen den Umzug nach Berlin gewesen ist, erzählt ihre damalige Pressesprecherin.

Heiner Geißler erinnert sich an seine erste Begegnung mit der Abgeordneten Angela Merkel, kurz bevor sie Frauenministerin wurde. Es ist eine rührende kleine Begebenheit. Und wenn sie nicht gerade von Heiner Geißler erzählt würde, hätte sie ein bisschen was von Rotkäppchen und dem bösen Wolf.

Es gab da eine Weihnachtsfeier 1990 im Bonner Hotel Maritim. Ein ungemütlicher, kalter Bonner Winterabend sei das gewesen.

«Auf dem Weg dahin sah ich vor mir eine junge Frau laufen. Sie lief da so ganz allein. Dann hat sie sich umgedreht, ist einen Moment stehen geblieben, und ich habe gesehen, das ist eine von den ostdeutschen Abgeordneten. Ich wusste auch, weil ich den Lothar de Maizière ja gut kannte, dass die eine Mitarbeiterin von ihm gewesen war. Und nun stand sie da ganz hilflos und mutterseelenallein rum. Da bin ich zu ihr hin und habe gefragt, wie sie heißt und ob sie nicht mit mir zusammen zu dieser Feier gehen wollte. Dann habe ich sie unter meine Fittiche genommen. Sie saß den ganzen Abend mit uns am Tisch, und ich habe zum ersten Mal länger mit ihr geredet.»

Und wie war sie?

«Sie war ja damals schon die gescheite Frau, die sie heute ist. Aber sie war auch leicht ängstlich und ein bisschen hilflos, wie es halt war mit den Ostdeutschen in Bonn. Das war ja für die alle eine völlig neue Welt, das ganze Ambiente, die Umgebung, das Leben in Bonn und wie man da bei uns redet. Das war für sie offensichtlich eine Offenbarung.»

Für ihn wohl auch: «Sie ist ja bald danach Jugend- und Frauenministerin geworden; insofern war sie meine Ur-Ur-Urenkelin. Da hat sie auch schon mal angerufen und wollte das eine oder das andere wissen. Ich hatte den Eindruck, dass sie im Ministerium blitzschnell akzeptiert worden ist, weil sie einfach sachlich orientiert war, analytisch denken konnte, die richtigen Fragen stellte und die wichtigen Informationen ausfilterte. Wenn sie nur ...»

Geißler bricht ab und grinst so breit, dass sein Gesicht sich bis hinter die Ohren in tiefe Falten legt.

Nur was?

«Wenn sie nur nicht diese typisch Ossi-liberale-Position gehabt hätte.»

Heiner Geißler hat zur «typisch Ossi-liberalen-Position» eine interessante und plausible These. Alle ostdeutschen Abgeordneten der Union seien mit einer eher vulgärliberalen Einstellung nach Bonn gekommen. Einige hätten die ja leider heute noch. «Ist ja auch klar. Für die SED war der Kapitalismus der Todfeind. Da für einige in der DDR, wie für Angela Merkel, die SED zwar nicht der Todfeind, aber das eigentliche Übel war, hat sie – wie viele andere, vor allem auch die Bürgerrechtler – umgekehrt negativ daraus geschlossen, dass reziprok kontradiktorisch der reine, pure Kapitalismus was richtig Gutes sein muss. Alles, was die Kommunisten bekämpft haben, musste gut sein. Also war Merkel damals für puren Wettbewerb, für Leistung, Konkurrenz und Marktwirtschaft, ohne das weiter zu reflektieren.»

Aber sie reflektiert doch mit ihrem Lieblingsthema «Wir-Gesellschaft» über nichts anderes als über die neue, vor allem *soziale* Marktwirtschaft.

Heiner Geißler lächelt zufrieden.

«Ja, da hat sie viel gelernt. Sogar noch in der ersten Zeit, als sie Umweltministerin war, war das bei ihr überhaupt nicht vorhanden. Und da habe ich mit ihr öfter debattiert und auch gestritten. Ich habe ihr, nachdem sie Generalsekretärin war und auch Parteivorsitzende, mehrfach gesagt, sie soll sich um die Renaissance der sozialen Marktwirtschaft bemühen.»

Wenn man dann mit leichter Ironie antwortet: «Das hat ja offenbar toll gefruchtet, Herr Geißler, weil Merkel jetzt die Renaissance der sozialen Marktwirtschaft zur Chefsache gemacht hat», dann sagt Heiner Geißler in aller Bescheidenheit ein schlichtes, vollkommen unironisches: «Ja.»

Es ist wirklich interessant. Die Männer in der CDU, die nicht mehr Merkels Rivalen sein wollen oder können, Biedenkopf, Vogel, Geißler, schauen so wohlwollend, fair, behütend und ein wenig vereinnahmend auf Angela Merkel wie Großväter und reiche Erbonkel.

Die Großväter und Erbonkel sind schon jetzt in einen edlen Wettstreit darüber eingetreten, wer von ihnen Angela Merkel einmal am meisten beeinflusst, beschützt, geprägt und ihr geholfen haben wird. Auf diese Männer kann sie sich verlassen. Geißler, Biedenkopf, sogar Vogel, der ja zu gerne selbst Parteivorsitzender geworden wäre, würden jedem in den Arm fallen, der es wagte, diesen Arm gegen Angela Merkel zu erheben. Wenn sie sich nur etwas regelmäßiger Rat abholen würde bei ihnen. Aber darüber klagen sie ja alle. Nicht nur die Alten.

Rat hat sie sich schon damals, als Frauenministerin, nicht in jeder Situation geholt. Offenbar war Angela Merkel von Anfang an mit einem so entschiedenen Instinkt für politische Macht ausgerüstet, dass sie glaubte, manchmal sei Rat holen ein Zeichen von Schwäche.

Sie aber wollte Zeichen von Stärke setzen: Staatssekretärsposten sind in der späten Bonner Republik eigentlich immer von Kohl selbst ausgeguckt worden. Es gab zum Schluss jede Menge Staatssekretäre, weil diese Posten eines von Kohls Lieblingsinstrumenten zur Belohnung für treue Gefolgschaft geworden waren.

Angela Merkel hatte 1990 bei den Verhandlungen über den Einigungsvertrag im ehemaligen Staatsratsgebäude in Berlin Willi Hausmann kennen und schätzen gelernt. Der war damals stellvertretender Abteilungsleiter bei Schäuble für politische Grundsatzfragen und zugleich sein Pressesprecher im Innenministerium, also auch Sprecher für den Westen bei den Einigungsverhandlungen, so wie sie die Sprecherin für den Osten war.

Die beiden hatten vereinbart: Wenn wir in Berlin tagen, informiert Merkel die Presse. In Bonn macht das Hausmann. Es gab dann in Bonn, im ehemaligen Postministerium, diesen Abend, an dem sich die Verhandlungen immer länger hinzogen. Die Pressekonferenz wurde wieder und wieder vertagt. Schließlich zeichnete sich ab, dass die Pressekonferenz erst gegen 22.30 Uhr sein konnte.

Inzwischen war Angela Merkel gefragt worden, ob Günther Krause nicht noch schnell ein Live-Interview für das *heute*-Journal geben könnte. Und sie hatte ja gesagt. Also war Krause noch vor der offiziellen Pressekonferenz im Fernsehen zu sehen.

Alle Journalisten waren angesäuert. Und richtig sauer war Wolfgang Schäuble, der dann Angela Merkel auch heftig angegiftet hat. Da ist Willi Hausmann anschließend zu ihr gegangen und hat gesagt: Nehmen Sie das nicht so ernst. Und vor allem: Nehmen Sie das nicht persönlich.

Das hat sie nicht vergessen. Hausmann sei einer der wenigen Westler gewesen, die nie überheblich und belehrend aufgetreten sind, sagt sie heute.

Und als sie dann so plötzlich Frauenministerin geworden war, da hat sie sich erinnert. Hat ihn angerufen, ob er mal Zeit hätte, ins Ministerium zu kommen und ihr zu erklären, wie Bonn funktioniert. Später, als der Staatssekretär des Frauenministeriums krank wurde und schließlich ganz ausfiel, hat sie Hausmann gefragt, ob er ihr Staatssekretär werden wolle.

Mit niemandem hatte sie das vorher besprochen. Hausmann ging also als Kenner der Bonner Usancen davon aus, dass das wohl nichts werden würde, dass Kohl längst den Kandidaten ausgeguckt habe, den man der Frauenministerin aus dem Osten schon nahe legen würde.

Da sagte Merkel: Das lassen Sie mal meine Sorge sein. Wenn ich Sie will, dann kriege ich Sie auch.

Hausmann gibt heute zu, dass er damals dachte: Na, die wird sich noch wundern.

Peter Hintze, der Merkels zweiter, ihr Parlamentarischer Staatssekretär im Frauenministerium war, bot an, sie in der Staatssekretärsfrage ein bisschen zu beraten. Auch dem sagte Merkel: Danke schön, nicht nötig, lassen Sie mal, ich weiß schon jemanden.

Na, die wird sich noch wundern, hat sich auch Hintze gedacht.

Und dann haben sich beide gewundert, Hintze und Hausmann. «Nach ein paar Wochen rief sie mich von der Regierungsbank an und sagte, bringen Sie mir mal schnell Ihren Lebenslauf und Ihre wichtigsten Daten», erzählt Hausmann, der also ihr Staatssekretär wurde und heute Bundesgeschäftsführer der CDU ist.

Für einige Mitarbeiter im Ministerium war es offenbar eine große Überraschung, dass diese junge Ministerin aus dem Osten genau wusste, was sie will, und es auch ganz unverblümt ansagte. Sie war im Ministerium dann bald geachtet, aber auch gefürchtet.

«Sie guckte dich an wie eine Schlange», erzählt einer. «Du wusstest noch gar nicht, was will sie überhaupt, schon schnappte sie zu.»

Angela Merkel kann im Innenkontakt, höflich gesagt, etwas direkt und unverbindlich sein. Bei einem Mann würde man sagen, der macht klare Ansagen. Manchmal schreit sie auch. Das hat einige Leute im gemütlichen Bonn vor den Kopf gestoßen.

Angie, die Schlange, hieß es im Ministerium. Angie ist gefährlich. Und sie sprachen dieses Angie englisch aus, wie in dem Lied von den Stones. Angie-Baby kann hammerhart sein, sagen noch heute einige in ihrem Landesverband Mecklenburg-Vorpommern. Komischerweise benutzen im Gespräch über Angela Merkel immer gerade solche Menschen Ausdrücke wie Angie oder Angie-Baby, die am meisten Respekt vor ihr zeigen, sobald sie in der Nähe ist.

Der große Psychologe Kurt Eissler hat einmal am Beispiel Goethes sehr schön herausgearbeitet, dass in der deutschen Privatsprache sowohl der Diminutiv als auch englische Kosewörtchen gerne benutzt werden als Klein- und Putzigmacher von etwas, was einem nicht ganz geheuer ist: Angie, Angie-Baby.

So wie auch die öffentliche Sprache erfolgreiche Frauen mit ganz bestimmten Vokabeln klein macht. Michael Glos nennt

Angela Merkel immer eine *tüchtige Frau*. *BILD* schrieb eine Zeit lang gönnerhaft von der *tapferen Frau Merkel*. Tüchtig und tapfer gehören zu einer ganz seltsamen Reihe von Wörtern. Wörter, die in diesem Land exklusiv für Frauen vorgesehen sind und gerne auch von Frauen für Frauen benutzt werden: *Streitbar* ist auch so ein Wort.

Die Bonner Journalisten, die direkten Kontakt mit der neuen Ministerin hatten, schrieben in ihren ersten Porträts über Angela Merkel nie *tüchtig, tapfer* oder *streitbar*. Sie benutzten das schöne deutsche Wort *echt*, um sie zu beschreiben. Schon das sonst so beliebte Modewort *authentisch* war offenbar zu abgenutzt, zu sehr Politsprech, um diese ungewöhnliche Echtheit zu beschreiben.

Einmal, ganz zu Beginn ihrer Ministerzeit, ist Angela Merkel mit einem Bus ins Vogtland gefahren, abgewickelte Betriebe zu besuchen. Da haben ihr die Frauen in einer Textilfabrik ihre schlimme Situation geschildert. Kinder hielten Plakate hoch: *Gib unserer Mutti wieder Arbeit.*

Das hat sie sich eine Weile angehört. Dann hat sie nachgefragt und wieder zugehört, und dann hat sie – echt – geweint, so angegriffen war sie von den ungeheuren Schwierigkeiten.

Sie kam aus dem Osten und wollte nicht im Abgeordnetensilo wohnen, genoss es vielmehr, eine richtige Wohnung in Godesberg zu beziehen.

Sie bewunderte Helmut Kohl. Aber nicht mit dieser distanzlosen und ängstlichen Nibelungentreue wie viele andere. In Hintergrundgesprächen mit Angela Merkel gab es immer interessante Einschätzungsdetails zu erfahren. Da war sie freimütig und offen. Manchmal benutzte sie sogar aus Versehen das Wort «die», nicht «wir», wenn sie von der CDU sprach.

Ein Jahr später war sie Parteivize. Und als Erstes forderte sie, anders als ihr Vorgänger Lothar de Maizière, eine halbe Stelle für dieses Amt. So kam Beate Baumann zu Angela Merkel.

Trotzdem geht die Legende dieser Zeit heute so: Sie war eine graue Maus, ein armes Hascherl von Kohls Gnaden, ein schnell lernendes Hascherl aus dem Osten. Vor der ersten Haushaltsdebatte hat sie mit ihren Leuten im Ministerium genau durchgespielt, wie so etwas läuft. Und diejenigen, die ihr damals geraten haben, bloß keine Zwischenfragen zuzulassen, um nicht aus dem Konzept zu geraten, müssen heute lachen, wenn sie sich daran erinnern. Zwischenfragen parieren sei ja inzwischen eine Spezialität von Angela Merkel, finden sie.

Die damalige Sozialministerin von Brandenburg, Regine Hildebrandt, war Frauenministerin in der Regierung de Maizière gewesen. Sie kannte die neue Bundesministerin also schon ein wenig, als sie sie bei einer ihrer ersten Exkursionen zum Planeten Bonn in ihrem Ministerium aufsuchte.

«Die Merkel war da in Bonn so, wie ich sie immer geschätzt habe, praxisbezogen, relevant, sachlich orientiert an der Lösung von Problemen und nicht daran, uns irgendeinen allgemeinen Schnee zu erzählen.»

Es ist ein wenig traurig, im Frühjahr 2001 ins Willy-Brandt-Haus zu gehen und Regine Hildebrandt zu besuchen. Sie sieht wohl aus, trägt aber eine Perücke. Sie ist sehr krank. Sie ist mager geworden. Das Gespräch über Angela Merkel wird schnell zur Tour d'horizon über die politischen Erfahrungen der Regine Hildebrandt. Sie scheint zufrieden zu sein, dass ein Tonband mitläuft. Und fast alles, was sie in alter Fröhlichkeit und Schnoddrigkeit sagt, klingt wie ein Vermächtnis.

«Ich kam nach Bonn und war in meiner Eigenschaft als Gesundheitsministerin bei Frau Hasselfeldt. Da ging es um den Erhalt von Polikliniken. Und es war, wie es in der BRD üblich ist, eine große Runde. Die Ministerin hält eine längere Begrüßungsrede. Die Referenten erzählen dies und jenes. Und ich denke, das ist ja alles gut und richtig, aber wir haben Probleme, die jetzt gelöst werden müssen. Und die halten da Vorträge, als ob wir Zeit hätten bis zum Jahre 2030. Dann habe ich versucht, meine Polikliniken anzubringen. Die Ministerin war nicht informiert. Von dieser Veranstaltung, die für mich richtig Bonner Raumschiff war und genauso organisiert war, dass sie auch ohne mich hätte stattfinden können, kam ich zu Frau Merkel.» Ein Unterschied wie Tag und Nacht sei das gewesen. Brandenburg hatte damals als einziges Land den Vertrag zur Unterstützung der Kindertagesstätten in Ostdeutschland nicht unterschrieben, weil Ministerin Hildebrandt sagte, es ist zu wenig Geld, das unterschreibe ich nicht.

«Da kam die Merkel gleich auf mich zugeschossen und hat gesagt, pass mal uff, Frau Hildebrandt, wenn Sie das Angebot der Bundesregierung nicht unterschreiben, dann ist das wenige Geld nachher auch noch weg. Ich habe alles versucht, was ich konnte. Mehr Geld kriege ich nicht heraus. Und wenn Sie das nicht unterschreiben, dann ist das Geld auch noch weg.»

Merkel hatte die wichtigste Lektion der parlamentarischen Parteiendemokratie verstanden. Regine Hildebrandt noch nicht. Politik besteht meistens nicht im Durchsetzen der eigenen Meinung, sondern im mühevollen Aushandeln von Kompromissen. Hildebrandt glaubte noch daran, dass das Richtige, Gute sich von allein durchsetzt. Merkel hatte schnell verstanden, dass das nicht stimmt, dass man Mehrheiten finden muss, dass Politik die ständige Suche nach dem größten gemeinsamen Nenner, nie das Ideal, immer der Kompromiss ist. Und auch, dass ein Kompromiss besser sein kann, als Recht zu behalten und gar nichts durchzusetzen.

Regine Hildebrandt hat das in diesem Augenblick verstanden und hat unterschrieben. Und erst dann sind die beiden in die große Runde.

«Da hat sie mich dann als Erstes vor ihren Beamten gefragt, ob es denn einigermaßen geht. Also waren wir sofort drin. Und haben nicht palavert über die Schwierigkeiten der Frauenpolitik im Osten und im Westen, sondern wir waren sofort bei den Problemen. Und deswegen habe ich sie immer verteidigt, weil sie doch immer das Mädchen von Kohl war, und wie sie schon aussieht, diesen Schlafzimmerblick, und wat weeß ick noch. Ich fand das unerhört, weil sie wirklich eine intelligente und sachbezogene Ministerin war.»

Nur beim Paragraphen 218, da hat Merkel es geschafft, mit ihrer neu erkannten Kompromissbereitschaft alle zu enttäuschen, die eigene Partei und die meisten Frauen, vor allem im Osten. Für bundesrepublikanische CDU-Verhältnisse war die Vorlage zur Fristenregelung aus dem Hause Merkel relativ mutig und entsprechend umstritten in der Union. Für die meisten Frauen, besonders für die Frauen im Osten, war sie eine große Enttäuschung und Bevormundung.

Und dann hat sich die Ministerin bei der Abstimmung über den eigenen Entwurf auch noch der Stimme enthalten: Die Ministerin könne die Vorlage aus dem eigenen Haus mit ihrem Gewissen nicht vereinbaren. Sich als verantwortliche Ministerin bei einer Gesetzesvorlage aus dem eigenen Haus zu enthalten geht eigentlich sowieso nicht. Sie hätte also entweder den Mut finden müssen, wie Rita Süssmuth zu sagen, ich springe über den Graben, oder aber gar nicht mit dieser Vorlage in die Abstimmung gehen dürfen.

Noch heute fällt vielen diese Abstimmung ein, wenn sie erklären wollen, dass Angela Merkel immer schon abgewartet hat, woher der Wind weht, dass sie immer laviert, dass sie offenbar dem Helmut Kohl viel zu lange beim Aussitzen zugeguckt hat.

Regine Hildebrandt sagt: «Trotzdem habe ich sie immer, wenn ich konnte, verteidigt, weil ich den Eindruck hatte, sie wird in der Öffentlichkeit zu schlecht beurteilt. Das finde ich nicht in Ordnung. Schon wegen der Gerechtigkeit.»

Zwei Strafanzeigen sind letzte Woche bei der Bonner Staatsanwaltschaft eingegangen. Eine gegen Helmut Kohl wegen schwarzer Parteispenden. Und eine gegen Angela Merkels Friseur wegen fahrlässiger Körperverletzung.

Die Merkel hängt jetzt auch in der Spendenaffäre mit drin. Helmut Kohl hat ihr hundert Mark für den Friseur gegeben. Und keiner weiß, wo die hundert Mark geblieben sind.

Einer noch: Was ist eigentlich Angela Merkels Friseur von Beruf?

Angela Merkel würde jetzt sagen: Typisch, dass ausgerechnet eine Frau in einem Buch über mich solche Witze aufschreibt.

«Bei mir hat sich noch nie ein Mann auf die Erde geschmissen, um von mir ein paar schiefe Absätze im Parlamentssaal zu fotografieren. Das haben nur Frauen fertig gekriegt. Insofern ist mein Gefühl, dass Frauen gegenüber Frauen immer nur hilfreich sind, auch nicht so ausgeprägt, dass ich jetzt sagen würde, das alleine macht es schon.»

Es muss sein. Es gehört dazu. Helmut Kohls Frisur – falls man das, was er auf dem Kopf hat, überhaupt so nennen wollte – ist niemals ein Thema gewesen. Aber bei Angela Merkel hört es einfach nicht auf, ein nationales Thema zu sein. In allen Zeitungen, auf allen Partys Witze, die von Angela Merkels Friseur handeln, und ernsthafte Debatten, ob es nun eigentlich eine Prinz-Eisenherz oder nicht doch eine Jeanne d'Arc-Frisur ist. Manche machen es wie Edmund Stoiber bei «Beckmann». Nicht etwa er selber, sagte Stoiber da betont beiläufig, aber doch seine Töchter fänden, Frau Merkel könne «ein bisschen mehr aus sich machen». Andere machen es gleich noch platter.

Willi Hausmann erzählt: «Die häufigsten kritischen Anmerkungen kriege ich immer im Hinblick auf ihr Aussehen. Dass sie zu wenig aus sich macht und so was. Wenn sie ein bisschen zurechtgemacht ist, sieht sie ja super aus, weil sie auch ihren Charme hat. Das habe ich ihr auch schon gesagt.»

Was haben Sie ihr gesagt?

«Ich habe ihr neulich gesagt, Frau Merkel, wenn Sie morgens geschminkt von einem Interview aus dem Frühstücksfernsehen kommen, sehen Sie wirklich richtig hübsch aus. Warum machen Sie das nicht jeden Morgen? Wissen Sie, wenn Sie jemanden ordentlich beraten wollen, dann müssen Sie ja auch kritische Punkte ansprechen. Ich kann ja nicht immer nur reinkommen und sagen, jawohl, toll. Man muss das dezent angehen. Sie lässt sich nicht verbiegen, was ich auch für richtig halte. Sie würde jetzt nicht plötzlich erscheinen mit geschminkten Lippen und Krollekopf.»

Und was?

«Dauerwelle, Minipli. Krollekopf sagt man bei uns.»

Willi Hausmann stammt aus Oberhausen.

Angela Merkel sagt: «Es ist letztlich auch die Aufgabe eines Politikers, dafür zu sorgen, dass er nicht verbogen wird. Fragen Sie mal meine Berater, wozu ich alles nein sage. Wenn ich mich danach richten würde, was ankommt, müsste ich mich erst mal um meinen Pony kümmern. Und zwar ganztägig.»

So spielt sie längst mit diesem Thema, das eine Art Markenzeichen der Angela Merkel geworden ist. Vollkommen ungeschminkt tritt sie, wie alle Politiker, schon seit Monaten nur noch vor Kameras, wenn wieder einmal die Zeit überhaupt nicht gereicht hat. Die Schlabberröcke gibt es gar nicht mehr. Meistens erscheint sie, frisch geföhnt und dezent zurechtgemacht in Business-Kleidung. Sie hat das langsam geändert, so wie die Markenstrategen den Schriftzug der Nivea-Dose ganz langsam, aber schließlich grundlegend geändert haben. Nivea-Dosen haben doch immer so ausgesehen, würden alle sagen. So wie heute alle sagen: Angela Merkel hat doch immer so ausgesehen. So wie sie heute in Mecklenburg noch sagen: Die war wieder bei der Kleidersammlung einkaufen. Bis sie dann einmal alte Fotos sehen.

Die Meinungsforscher sagen ohnehin, dass Merkels Aussehen möglicherweise zwar nicht den Geschmack der so genannten Meinungselite in Berlin trifft. Draußen aber sei es etwas ganz anderes. Für die Menschen draußen in den Städten und Städtchen der deutschen Provinz, da sieht Angela Merkel genauso aus, wie die Tochter des Apothekers oder Pfarrers eben auszusehen hat, wenn was richtig Anständiges aus ihr geworden ist.

Politikberater und Spin-Doctors haben offenbar vergessen, was Helmut Kohl nie vergessen hat: dass Wahlen auch in der Ereignisdemokratie nicht wirklich an den Tischen der schnieken Berliner Restaurants, sondern draußen in der Provinz entschieden werden. Angela Merkel hat Kohl aus der Nähe beobachtet. Sie kennt ihre Mecklenburger. Sie hat das Prinzip Bayern studiert. Sie hat den altmodischen Erwin Teufel souverän siegen sehen in Baden-Württemberg gegen eine junge, fernsehtaugliche und von den Medien hochgejubelte Herausforderin.

Also lässt sie mit diesem Wie-sieht-die-denn-aus-Image spielen. Also stellt sie eine ironische Anzeige ins Internet und ganzseitig in die großen Zeitungen mit einem wirklich schrecklichen Foto. Angela Merkel, spitzmäusig, mit zusammengepressten Lippen und Siebziger-Jahre-Schulterpolster im schlecht sitzenden Jackett. Darunter stand: MACHEN SIE MEHR AUS IHREM TYP. Das war in Großbuchstaben geschrieben und also doppeldeutig gemeint. Einmal: Machen Sie mehr aus Ihrem Typ, also die Aufforderung an kreative Werber, der CDU für die Bundestagswahl 2002 eine Kommunikationsstrategie aufzubauen und am Tag nach der Wahl das gesamte Werbeteam als selbständiger Unternehmer zu übernehmen. Und zweitens: Machen Sie mehr aus ihrem Typ, aus Angela Merkel also.

Die feine Doppeldeutigkeit ist dann in der Berichterstattung verloren gegangen. Mehr als eine Botschaft geht ja heutzutage nicht mehr über die Rampe. *Machen Sie mehr aus Angela Merkel* war das Einzige, das rübergekommen ist. Noch ein Beweis also, dass man als Frau nicht damit rechnen kann, in keiner Beziehung, öffentlich so behandelt zu werden wie ein Mann. Offenbar kann genau das aber auch in der Politik sogar Vorteile haben.

Als Helmut Kohl in seiner späten, weinerlichen Selbstherrlichkeit bei der Vorstellung seiner Buchversion über die Spendenaffäre sagte: «Keiner hat so viel gelitten wie ich», da haben alle gelacht. Aber außer Angela Merkel hat niemand gewagt, öffentlich zu widersprechen.

«Es gab noch andere, die haben auch sehr leiden müssen», hat sie gesagt.

Und die Männer in der CDU haben einem anschließend erklärt, es sei eben für eine Frau leichter, etwas derart Einfaches und Plausibles auszusprechen. Schäuble hätte so etwas nie gesagt.

Heiner Geißler sagt, eine Frau als Parteivorsitzende sei auch vor ungerechtfertigten Angriffen viel geschützter als ein Mann. Bei einem Mann könne man einen Angriff aus dem Nichts schon mal versuchen, ohne selber Schaden zu nehmen, aber nicht bei Angela Merkel.

«Insofern ist die Tatsache, dass sie eine Frau ist, auch von Vorteil», sagt Geißler. Und nur, damit wir uns nicht falsch verstehen, sagt er auch noch: «Wenn sie allerdings ein, zwei schwere Fehler macht, ist sie auch weg.»

Die Meinungsforscher rechnen Merkel vor, dass Weiblichkeit bei Wahlen ein Pluspunkt ist. Auf den Stimmensockel einer Partei könne man zwei bis drei Prozent Frauenbonus dazurechnen. Das habe man bei Heide Simonis gelernt.

Ob das auf Angela Merkel übertragbar ist? Und auf einen Bundeswahlkampf? Man sollte Meinungsforschung ohnehin immer mit dem langen Löffel zu sich nehmen. Erst recht alle für Angela Merkel positiven Kanzlerumfragen. Wichtig ist immer, was genau gefragt worden ist.

Interessant ist nicht so sehr, ob eine hinreichende Mehrheit der deutschen Wähler ihr, einer Frau also, zutraut, Kanzlerkandidatin der CDU zu sein. Das mögen ja sogar eine ganze Menge sein. Das ist man sich und der Emanzipation der Frauen in diesem Land sozusagen schuldig am Anfang des neuen Jahrhunderts. Entscheidend aber ist einzig und allein die Frage, wie viele Wähler ihr das Kanzleramt dann auch zutrauen.

Alles ist also ein wenig anders bei einer Frau in der Politik. Angela Merkels Berater erklären einem, dass sie diese Tatsache ständig bedenken und zugleich vergessen müsse. Sie versuche, sich dagegen immun zu machen, sie wisse, wie verkrampft es wirken könnte, wenn sie dieses Thema ständig als Monstranz vor sich her trüge. Andererseits müsse sie es trotzdem immer im Hinterkopf haben.

Auf dem Parteitag in Essen im April des Jahres 2000 sind mit der neuen Parteivorsitzenden ja gleich auch noch eine ganze Reihe von Frauen in den neuen Vorstand der CDU gewählt worden. Der Reporter der *Süddeutschen Zeitung* schrieb, offenbar werde jedes für einen Posten kandidierende Parteimitglied nach vorne gewählt, sofern es nur nachweisen könne, dass es einen Rock trägt. Er schrieb das allerdings nicht, ohne sich vorher bei einer Kollegin zu erkundigen, ob es wohl *frauenpolitisch korrekt* sei, so etwas hinzuschreiben.

Merkel kommentierte Journalistenfragen nach dem hohen Frauenanteil damals mit: «Die CDU ist eben eine tolle Partei. Und Frauen sind auch Menschen.»

Auf die Nachfrage: Wechselt die CDU nun vom Patriarchat zum Matriarchat? antwortete sie: «Nein, wir wechseln nur vom 20. ins 21. Jahrhundert.»

Und damals waren alle zu gut gelaunt, um zu fragen, was eigentlich passieren würde, falls die CDU nach Essen sich doch wieder entscheiden sollte, lieber noch ein bisschen im 20. Jahrhundert zu verweilen. Ob dann nicht Angela Merkel zwangsläufig das erste Opfer sein würde.

Sechstes Kapitel
DIE TRÄNEN DER CASTOREN

FRÖSCHE IM WASSERBAD

Zu einer Zeit, in der die Trennung eines rotblonden Tennisspielers von seiner Frau zur Topmeldung für die 20-Uhr-Fernsehnachrichten der öffentlich-rechtlichen Sender avancieren konnte, gelang dem Autovermieter SIXT eine seiner erfolgreichsten Zeitungsanzeigen. Unter einem Foto von Angela Merkel war zu lesen: *Lust auf eine neue Frisur?* Wer umblätterte, bekam auf der Rückseite der Anzeige noch einmal Angela Merkel zu sehen. Dieses Mal hatten sie ihr die Haare zu Berge gestellt: *Mieten Sie ein Cabrio.*

Alle Zeitungen druckten das Struwwelpeter-Bild. Die Sender zeigten es dreimal am Tag. Nicht gegen viel Geld und schlau ausgehandelte Millionenverträge mit den Werbeabteilungen, sondern kostenlos im redaktionellen Teil, versehen mit Gratiskommentaren von richtigen Journalisten. Dann wurden andere richtige Journalisten ausgeschickt, doch einmal zu recherchieren, wie Angela Merkel mit dieser dreisten Anzeige umgeht. Ob sie beleidigt ist? Ob sie klagt?

Den ersten beiden Journalisten sagte sie: «Das ist ein interessanter Stylingvorschlag.» Und weil sie noch nie in ihrem Leben Cabrio gefahren sei, wäre es doch vielleicht ganz nett, wenn Frau Sixt sie demnächst als Entschädigung mal zu einer Fahrt mit einem offenen Auto einladen würde. Dem dritten Reporter teilte sie mit, das Foto mit den zu Berge stehenden Haaren sei aufgenommen worden, als sie zum ersten Mal die Rentenpläne der Bundesregierung zur Kenntnis genommen habe.

Tagelang redeten Menschen aller Bildungsschichten über diese Anzeige und Merkels «tolle» Reaktion darauf.

Es ist mit solchen Anzeigen wie mit den Plakaten der Parteien, die eigentlich optische Pressemitteilungen heißen müssten. Und es ist auch egal, ob sie nun von SIXT oder von Müntefering kommen: Sie sind gar nicht wirklich oder nur als Anzeigen und Plakate entworfen, sondern für die Chance auf eine Gratis-Abbildung und Gratiskommentierung im redaktionellen Teil der Medien.

Werbeagenturen testen und berechnen die Reaktionen der Medien wie Pawlowsche Reflexe. Und wenn sie es richtig gemacht haben, können die auftraggebenden Firmen oder Parteien Millionen sparen. Das funktioniert bei Müsliriegeln wie bei Politikern. Je austauschbarer die Inhalte, desto wichtiger die Verpackung. Wenn die Plakate und Anzeigen nur dreist genug sind, werden sie gratis gedruckt und kommuniziert. Wer die Schmerzgrenze nicht streift, wird auch nicht zitiert. Wer sie allerdings überschreitet, steht schnell als geschmackloser Verlierer da wie die CDU mit ihrem Schröder-Renten-Verbrecher-Plakat.

Und weil zu der Zeit, als die Struwwelpeter-Anzeige überall nachgedruckt wurde, gerade ein bisschen missverständlich geblieben war, ob der neue FDP-Parteivorsitzende Guido Westerwelle sich für den Bundestagswahlkampf 2002 nun eigentlich ganz fest an den Hals der SPD werfen oder doch eine kleine Option mit der CDU offen halten würde, hat er sich auch noch angehängt. Westerwelle lud Angela Merkel zu einer Cabrio-Tour ein. Sie hat ihn dafür sogar ans Steuer gelassen bei der Fahrt um die Berliner Siegessäule für ein Foto, das exklusiv in der *BILD*-Zeitung gedruckt werden durfte.

Physiker, die in der DDR aufgewachsen sind, wissen, dass die Erkenntnisse aus der Heisenbergschen Unschärferelation auch für die Politik gelten: Jedes System verändert sich durch Beobachtung. Die DDR war ja *das* exzellente Beispiel dafür. Möglicherweise wäre der real existierende Sozialismus in Deutschland nie oder erst viel später implodiert ohne die fürsorgliche Belagerung und Berichterstattung des Westfernsehens, dieses ständigen Unruhe- und Vergleichsstifters.

Menschen, die im Westen aufgewachsen sind, müssten genauso wissen, dass sich auch ihr System durch Beobachtung verändert hat. Möglicherweise ahnen sie es auch nur. Mit der parlamentarischen, repräsentativen Demokratie des deutschen Grundgesetzes von 1949 hat das, was heute in der Bundesrepublik Deutschland geboten wird, nicht mehr viel zu tun.

Der Westen ist allerdings so langsam und so ohne spektakuläre Brüche an die Veränderung gewöhnt worden, dass sich, außer einigen Politikwissenschaftlern und wenigen Journalisten, nur noch selten überhaupt jemand damit aufhält.

Die Telekratie ist ja nicht von einem auf den anderen Tag oder mit dem Umzug von Bonn nach Berlin plötzlich über die Republik gekommen. Die Veränderung durch Beobachtung hat sich mit der wachsenden Zahl und Wirkung der Medien beim Übergang der Leistungs- zur Bedeutungsgesellschaft im Laufe von Jahrzehnten nach und nach eingeschlichen.

Am Anfang ein deutsches Fernsehprogramm. Dann zwei, dann drei.

Jetzt 36.

Damals, im alten Wochenschautonfall um Einigkeit und Recht und Freiheit bemühte Wahrheits- und Wirklichkeitsfinder, schwarzweiße Seriosität, deutsche *Nie-wieder*-Ernsthaftigkeit, stramme ideologische Bindungen und dennoch große, professionelle Distanz zum beobachteten Gegenstand. Nachts und vormittags das Testbild zum Abschalten und selber denken.

Heute, rund um die Uhr auf allen Kanälen diese ständig aufgeregte Erzeugung und Bearbeitung von Irritation, die nach Luhmann die einzige Funktion der sich selbst befruchtenden Maschinerie der Massenmedien ist und die mit der Bereitstellung zutreffender Informationen über die Welt nicht mehr viel zu tun hat.

Zunächst der beim ersten Mal noch überraschende Versuch Helmut Schmidts, seine Fraktion auch mal über das Fernsehen zu überrumpeln.

Inzwischen die Ausnahme als Regel: Gar nichts mehr wird im deutschen Parlament, im Plenarsaal und in den Gremien, alles vorab in außerparlamentarischen Kommissionen und Räten verhandelt oder gleich per Dekret im Interview, bei Sabine Christiansen, im inszenierten Politereignis und in symbolischen Bildern, die das politische Handeln mehr und mehr ersetzen.

Früher Theodor Heuss einmal pro Jahr im großen Interview zu den vorletzten und letzten Fragen.

Jetzt Guido Westerwelle im Big-Brother-Container.

Die Pervertierung des parlamentarisch-repräsentativen Systems zum medial-präsentativen System der Ereignisdemokratie, der Übergang der Parteiendemokratie zur Telekratie, hat sich schleichend vollzogen. Das ist die Falle. Und deswegen wehrt sich niemand. Wäre die Fernsehgegenwart der inszenierten Politsoaps des Jahres 2001 eines Tages in den sechziger Jahren ganz plötzlich und anfallartig über das Land gekommen, hätte ja niemand still gehalten.

Wenn man einen Frosch in einen Topf mit warmem Wasser setzt und das Wasser langsam zum Kochen bringt, bleibt der Frosch drin sitzen. Bis er gar gekocht ist.

Versucht man aber, einen Frosch in einen Topf mit Wasser zu setzen, das bereits siedend heiß ist, dann springt der Frosch natürlich sofort heraus mit allen Anzeichen von Entsetzen. Und rettet sich. Das ist der Vorteil derer, die von außen dazugekommen sind. Sie merken noch was.

Das ist der Grund, warum die so genannten Quereinsteiger des ersten Schröder-Kabinetts, der Manager Jost Stollmann und der Publizist Michael Naumann, es vorgezogen haben, schnell wieder auszusteigen und sich in Sicherheit zu bringen.

Das war auch Angela Merkels Chance.

Deswegen konnte sie so entsetzt wie beherzt rausspringen aus der Nibelungentreue zu Kohl und ihren *FAZ*-Aufsatz schreiben, während die anderen noch regungslos im Topf saßen, wo es doch immer schon so schön warm und sicher gewesen war bei Väterchen Kohl.

Und deswegen wird Angela Merkel durch nichts jemals zu bewegen sein, Kameras und Journalisten auch nur in Witterungsweite von dem zu lassen, was ihr an Privatleben geblieben ist. Obwohl sie andererseits die Mechanismen der Aufregungsdemokratie für ihre politische Performance routiniert bedient, zynisch routiniert.

Man kann Angela Merkels rasanten Aufstieg im System der Bundesrepublik auch als eine Geschichte von kompensierten Desillusionierungen erzählen. Diese Geschichte würde davon handeln, wie eine, die von außen dazugekommen ist mit einer Idealvorstellung von Parlamentarismus und repräsentativer Demokratie, nach und nach, Schicht für Schicht ihre Idealvorstellung abträgt und abgleicht an der Realität, die sie in der Bundesrepublik nach 1989 vorfand: die Realität eines ohnehin schon zum Parteienstaat mutierten parlamentarischen Systems beim Übergang zur Telekratie.

Und weil sie nicht mit den anderen immer schon in einem Topf saß, konnte sie von Zeit zu Zeit rausspringen und zu präzisen und etwas anderen Erkenntnissen beim Umgang mit diesem System finden. Erkenntnisse, die ihren Aufstieg beschleunigten und absicherten. Zunächst.

Als stellvertretende Sprecherin der letzten DDR-Regierung hatte sie erlebt, wie sich Männer und Frauen aus allen Berufen die repräsentative Demokratie in ihrer Urform aneigneten. Als Frauenministerin der Bonner Republik verstand sie im Crashkurs und grundlegender als viele andere, wie Parteiendemokratie in einer pluralistischen Gesellschaft die Idealvorstellung von repräsentativer Demokratie einschränkt: dass man nicht nur das Gute wollen, planen und verkünden muss, sondern herumtelefonieren, Gremien besuchen, mit Lobbyisten reden, die verschiedenen Arbeitsgruppen seiner Fraktion einschwören, sich Mehrheiten organisieren und vor allem lernen muss, immer wieder mit Rücksichten auf die Linie der eigenen Partei Kompromisse zu suchen und diese Kompromisse als Erfolge, nicht als Niederlagen anzusehen und zu verkaufen.

Als Umweltministerin wird die Musterschülerin der Demokratie dann genötigt, die Mechanismen der Medien in einer Ereignisdemokratie zur Kenntnis zu nehmen.

Früher, vor dem Mauerfall, als Angela Merkel noch von draußen zugeschaut hat, als sich aus Weltanschauungen noch stabile Milieus bildeten und die Bindung der Wähler an die Parteien entsprechend stabil war, ging es in den relativ kurzen, intensiven Wahlkämpfen der alten Bundesrepublik darum, die jeweilige Anhängerschaft zu mobilisieren und davon zu überzeugen, zur Wahl zu gehen. Im postideologischen Zeitalter, seit dem Fall der Mauer, also etwa, seitdem Angela Merkel in Spitzenpositionen in der neuen Bundesrepublik mitmischt, hat die Bindung an Parteien, so wie die Mitgliederzahlen, rapide abgenommen. Die Wähler müssen nicht nur am Wahltag mobilisiert, sondern immer wieder neu gewonnen werden. Deswegen hört der Wettstreit um die Gunst der Wähler nie auf. Personen werden wichtiger als die Details der sich ohnehin immer weniger voneinander unterscheidenden Parteiprogramme. Die Überzeugungen der Wähler bilden sich – auch was die Einschätzung der politischen Kompetenz einer Person angeht – über einen immer längeren Zeitraum, und, was noch wichtiger ist, sie können sich schnell ändern.

Angela Merkel sagt: «Wer heute noch der große Macher ist, kann morgen schon als Weichei dastehen. Der Grat ist unheimlich schmal.»

Also ist immer Wahlkampf. Und die Vermittler in diesem permanenten Wahlkampf sind nicht mehr die Parteien, sondern die Medien – alle Medien, auch die Unterhaltungsmedien und der Boulevard, die das Image eines Politikers mitgestalten. Die Medien sind im politischen System der Bundesrepublik langsam an die Stelle der Parteien getreten. Sie sind, wie die Politologen sagen, jetzt zum Transmissionsriemen geworden zwischen Politik und Gesellschaft.

Einer, der das vor allen anderen verstanden und immer schon genutzt hat, ist heute Bundeskanzler. Man braucht, sagt er, dazu vor allem «*BILD* und Glotze».

Und Angela Merkel hat es bei Gerhard Schröder gelernt. Als sie Umweltministerin wurde, war er noch Ministerpräsident in Niedersachsen, aber schon der Großmeister der Medien. Während der Energiekonsensgespräche 1996 zeigte er ihr, wie man mit diesen Medien spielt, wie man sie in Stellung bringt, auch gegen die eigene Partei. Und, als die Energiekonsensgespräche gescheitert waren, hat er dieselben Medien benutzt, um die Umweltministerin der CDU vorzuführen und sein eigenes Image zu retten.

Diese Erfahrung hat Angela Merkel damals so wütend gemacht, dass sie 1997 im Gespräch mit Herlinde Koelbl ungewöhnlich furios ankündigte: «Ich habe ihm gesagt, dass ich ihn irgendwann genauso in die Ecke stellen werde. Ich brauche dazu noch Zeit, aber eines Tages ist es so weit. Darauf freue ich mich schon.»

Sie arbeitet noch daran.

Am Ende ihrer Amtszeit als Umweltministerin musste sie wegen der Affäre um die undichten Transportbehälter für Atommüll beinahe zurücktreten. Dann aber, im letzten Moment, hat sie die Kommunikationsmuster umgedreht, als sie die Castor-Transporte stoppte und sich mit der Atomwirtschaft anlegte, die mit ihrer Geheimhaltungsstrategie den Skandal erst zur politischen Glaubwürdigkeitskatastrophe gemacht hatte. Damit sicherte Angela Merkel nicht nur ihr politisches Weiterleben, sondern hielt auch den Meisterbrief in der Hand als Telepolitikerin und Ereignismanagerin der etwas anderen Art.

Der Reihe nach: Das Ministerium für Umweltschutz und Reaktorsicherheit war eine instinktsichere Erfindung Helmut Kohls nach der Reaktorkatastrophe von Tschernobyl. So wie das Ministerium für Landwirtschaft und Verbraucherschutz eine kluge Reaktion der Schröder-Regierung auf die so genannte BSE-Krise des Jahres 2001 war.

Merkels Vorgänger im Amt, Klaus Töpfer, war den Umweltschutz als Generalist angegangen. Sobald die Leute in seinem Ministerium eine gute Idee produziert hatten, lud er zur Pressekonferenz, verkündete und verlangte das Optimum. Wenn er dafür zwar den öffentlichen Applaus, nicht aber die Mehrheit in der Union bekommen hatte, und er bekam diese Mehrheit fast nie, starb das Projekt, was Töpfer den Ruf eines Ankündigungsministers eintrug.

Andererseits hatte er sich bei den Fachjournalisten mit seinen Entwürfen zu großen umweltpolitischen Zusammenhängen hohes Ansehen, fast so etwas wie Bewunderung erworben. Die politischen Journalisten schätzten ihn ohnehin als einen der wenigen erfahrenen Antagonisten Helmut Kohls, die gelegentlich in Hintergrundgesprächen auch mal Klartext redeten.

Als Angela Merkel Umweltministerin wurde, hieß es deswegen natürlich und in der Interpretation der Kohl'schen Intention wohl auch zu Recht: Dem Bundeskanzler hat das Thema Umweltschutz und die Person Klaus Töpfer wohl allmählich zu viel Gewicht bekommen. Deswegen schiebt er den Töpfer ins Bauressort ab und nimmt diese junge, unerfahrene Frauen- und Jugendministerin aus dem Osten.

Die Kommentare waren hämisch bis unverschämt: Wie soll ausgerechnet diese junge, dumme Gans aus dem Osten, Kohls Mucksmäuschen, fortführen, was ein international geachteter Mann mit lebenslänglicher politischer Erfahrung aufgebaut hat? Wie soll ausgerechnet die sich gegen die Wirtschaft und innerhalb der wirtschaftsfreundlichen Union auch nur in

Nuancen für den Umweltschutz durchsetzen? Kann die überhaupt Englisch?

Mit dem Englisch, das hält sich. Ist die Merkel nicht zu Russisch-Olympiaden gereist nach Moskau? Und tuschelt sie nicht, um die westlichen Kollegen Generalsekretäre zu irritieren, vor den Elefantenrunden schon mal ein bisschen russisch mit Dietmar Bartsch, dem Generalsekretär der PDS?

Merkels damalige Pressesprecherin, Gertrud Sahler, erinnert sich an die Eröffnung des Klimagipfeltreffens der Vereinten Nationen in Berlin, Ende März 1995, und an eine Kollegin aus der deutschen Verhandlungsdelegation, die neben ihr stand. Als Angela Merkel mit ihrer Begrüßungsansprache anfing, sagte die vollkommen verblüfft: «Mein Gott, die spricht ja viel besser englisch als Töpfer.»

Als Angela Merkel sechs Jahre später ihren ersten Washington-Besuch als CDU-Parteivorsitzende unternimmt, halten sich in den deutschen Medien die meisten immer noch mit ihrem Englisch auf: Erstaunlich, erstaunlich, legt die doch tatsächlich ihr Manuskript weg und spricht vollkommen frei und in vollkommenem Englisch.

Kaum waren die allseits skeptischen Begrüßungskommentare für die neue Umweltministerin versendet und im Altpapier, da entließ Angela Merkel den langjährigen Staatssekretär im Umweltministerium, Clemens Stroetmann.

Schuld war dieses «Egal, wer unter uns Minister ist», das sich fast immer ausbildet, wenn die Personalstrukturen in einem Ministerium stabil bleiben, die Minister aber wechseln. Zu den hübscheren Bonner Schnurren gehört ja die Geschichte des Staatssekretärs im Wirtschaftsministerium, der zur Begrüßung des neuen Ministers sagte: «Was immer dirigiert wird, wir spielen Beethovens Neunte.»

Staatssekretär Clemens Stroetmann, ein ausgewiesener Umweltexperte, der unter Töpfer die Partituren des Ministeriums ausgearbeitet hatte, machte den großen Fehler, Angela Merkel zu unterschätzen. Mitarbeiter erzählen, dass er offenbar dachte: Jetzt ist der Töpfer weg. Jetzt kann ich hier mal endlich selber dirigieren und richtig Politik machen.

Angela Merkel hat sich das nicht lange angeschaut. Am 17. November 1994 hatte sie ihr Amt angetreten. Anfang Januar 1995 war Staatssekretär Stroetmann weg.

Damals führte das zu einer zweiten, verheerenden Kommentarrunde in allen Medien: Und jetzt schickt die auch noch den einzigen Menschen mit Sachverstand in die Wüste.

Heute dient der Casus Stroetmann als Beleg dafür, wie sicher der Machtinstinkt dieser Angela Merkel «immer schon» gewesen ist.

Bei den 800 Mitarbeitern im Ministerium war seit Anfang Januar 1995 jedenfalls klar, wer der Boss ist. Die Leute sagen einem, dass Angela Merkel eine harte Chefin war, die auch unangenehm werden konnte. Sie loben aber vor allem ihren Sachverstand und ihre Detailkenntnisse, erzählen, dass Merkel die bisher Erste und Einzige gewesen ist, die die Vorgänge und Zusammenhänge ihres Ministeriums wirklich von Grund auf verstand und nachvollziehen konnte. Oder sie erzählen, wie es war, als das Ministerium ein neues Datenverarbeitungsprogramm bekam. Da war es die Ministerin aus dem Osten, die ihren leitenden Herren erklärte, wie so etwas funktioniert. Die Begeisterung für Computer und Handys, für das jeweils Neueste vom Neuen Markt, gehört ja auch zu den eher überraschenden Eigenschaften der Angela Merkel. Sie ist da ein richtiger Freak. Und wenn bei Podiumsdiskussionen wieder mal die Mikrofone nicht richtig ausgesteuert waren und rückkoppelten, konnte der Moderator froh sein, wenn Umweltministerin Merkel sein Gast war und das eben schnell richtete.

Schließlich bin ich Physikerin, sagt sie in solchen Situationen.

Die Berliner Klimakonferenz im Jahr 1995 sieht Angela Merkel als einen großen persönlichen Erfolg: «Das war meine Sternstunde.»

Über 1000 Delegierte aus 160 Ländern waren nach Berlin gekommen. Weil Deutschland den Vorsitz übernommen hatte, war die neue Umweltministerin während der 14 Tage fast immer präsent. Beim Thema Reduzierung von Treibhausgas ging überhaupt nichts voran. Es sah sogar so aus, als würde die Konferenz ohne jedes Ergebnis auseinander gehen. Angela Merkel hat die Streitparteien in stundenlangen Einzelgesprächen bearbeitet, hat Abendessen gegeben für die wichtigen Staaten, die vielleicht doch noch einmal miteinander reden sollten, hat vermittelt, verhandelt und Kompromissvorschläge gemacht. In den letzten Nächten der Konferenz ist sie unermüdlich hin- und hergeschossen zwischen den Delegationen wie ein Weberschiffchen. Wie weit können die Asiaten gehen? Was hilft den Afrikanern, doch zuzustimmen? Wie bringe ich die Amerikaner dazu, noch ein bisschen nachzugeben? Wo liegt die Linie, auf die sich 160 Staaten vielleicht doch noch einigen können?

Morgens um acht Uhr am 7. April 1995 war es dann so weit, das «Berliner Mandat» wurde verabschiedet, ein Konglomerat von guten – und inzwischen ja leider auch wieder aufgekündigten – Absichtserklärungen. Nicht sehr viel mehr. Aber immerhin das.

Sie sagte damals: «Vielleicht ist ein Kompromiss eben gerade dann gut, wenn alle Beteiligten am Ende schlechte Laune haben – da muss ich mich dann alleine freuen.»

Kompromisse finden, vermitteln, verhandeln, kontroverse Diskussionen zu dem Ergebnis führen, mit dem schließlich alle, wenn auch zähneknirschend, leben können, das ist Angela Merkels ganz herausragende politische Begabung. Dummerweise sitzt sie einer Partei vor, die sich nur im ersten Schock der Spendenaffäre selber einredete, genau das zu wollen: endlich wieder Entscheidungen von unten nach oben, endlich wieder demokratische, diskursive Meinungsbildung. Inzwischen sehnt sich diese Partei, die 25 Jahre lang nichts anderes als das System Kohl gekannt hat, ja ganz offensichtlich längst wieder nach autoritärer Führung, nach harten, klar durchgestellten Ansagen von oben, nach einem wie Roland Koch oder, zur Not, Edmund Stoiber, nach irgendwem halt, der bitte schön ein bisschen wie Kohl mit ihnen umspringen möge. Und der ihnen vor allem das Denken und Entscheiden wieder abnimmt.

SPRACHERKENNNUNG

Am Rande des CSU-Parteitags im November des Jahres 2000 ereignete sich im Süden des Wilden Westens ein Duell zwischen Siemens-Chef Heinrich von Pierer und der CDU-Chefin Angela Merkel.

Heinrich von Pierer sprach die Vorsitzende der CDU nach ihrer von den CSU-Delegierten umjubelten Rede an: «Nur wegen Ihnen bin ich gekommen. Seit 25 Jahren war ich nicht mehr auf einem Parteitag. Aber heute wollte ich Sie sehen. Ich habe nach Ihrer Rede auch geklatscht. Ich bin sogar aufgestanden.»

Angela Merkel kann überraschend schroff auf harmlose Small-Talk-Versuche reagieren: «Gut, dann komme ich auch und klatsche, wenn Sie auf Ihrer Hauptversammlung reden.»

Pierer gab noch nicht auf. Er sagte: «Sie waren heute sehr kämpferisch.»

Merkel antwortete: «Heute? Kämpferisch war ich schon immer. Haben Sie vergessen, wie ich als Umweltministerin für Ihre Castor-Transporte gekämpft habe?»

Mit diesen Worten öffnete Merkel ihre Handtasche, zog blitzschnell ihr Handy, das allerneueste Siemens-Modell mit Spracherkennung, und richtete es auf Heinrich von Pierer.

Dann sagte sie: «Ich habe damit ein Problem, das müssen Sie mir mal erklären.»

Pierer war natürlich schneller, hatte nahezu im gleichen Moment gezogen, dasselbe allerneueste Siemens-Modell mit Spracherkennung selbstverständlich, und sagte: «Schau'n Sie mal, bei mir ist das so: Wenn ich jetzt *Büro* sage, zeigt mir das Handy die Nummer von daheim. Der Computer ist nämlich so schlau, dass er genau weiß, dass ich jetzt nicht mehr im Büro bin, sondern mein Büro am Freitagabend daheim ist.»

Merkel zeigte ihm den Vogel und sagte: «Sie haben Ihr Handy nur falsch programmiert. So einfach ist das.»

Und zur Reporterin der *Abendzeitung*, die während dieses hübschen kleinen und sehr postmodernen Duells daneben stand, sagte sie schnippisch: «Schließlich bin ich Physikerin.»

Schließlich ist sie Physikerin.

Weil sie Physikerin ist und nicht so sehr, weil sie als CDU-Umweltministerin nun einmal wirtschaftsnahe Atompolitik zu vertreten hatte, nannte Angela Merkel die Plutoniumwirtschaft nicht nur ganz unbefangen «beherrschbar», sie glaubt offenbar wirklich daran. Ihre Äußerungen klangen in den Ohren der westdeutschen Anti-Atom-Bewegung unfassbar und schmerzhaft naiv, gemessen am Stand der Atomdebatte in Westdeutschland waren sie es wohl auch. Beim Kohlebergbau habe es bisher mehr Tote gegeben als bei der zivilen Nutzung der Kernenergie, sagte sie. Oder, auf Atommüll bezogen: Wo gebacken wird, bleibt halt auch mal etwas Backpulver liegen.

Backpulver!

Einer aus der Schröder-Truppe erinnert sich: «Wir dachten erst, na ja, die plappert halt besonders stramm nach, was Parteilinie ist. Bis wir dann gemerkt haben: Meine Güte, da ist Überzeugung dahinter. Die Überzeugung der Naturwissenschaftlerin. Das kann richtig gefährlich werden.»

Im Konflikt mit der SPD/Grünen-Landesregierung von Niedersachsen um Castor-Transporte nach Gorleben pochte sie auf Erfüllung der Gesetze, operierte mit Weisungen. Wie das heute der Bundesumweltminister Trittin tut, der damals als Landesumweltminister auf der anderen Seite stand.

Außerdem nahm sie das Grundgesetz beim Wort. Anders als die meisten Westdeutschen. Die hatten sich angewöhnt, es in

Ordnung zu finden, «irgendwie schon in Ordnung», wie sie meistens sagten, wenn Demonstranten für eine «gute Sache» oder gegen eine «schlechte Sache» auch mal ein paar illegale Aktionen machten oder sogar mit Gewalt gegen Entscheidungen vorgingen, die auf rechtsstaatlich korrektem Weg gefallen waren.

Da war sie aber ganz anderer Meinung,

Sie ist dann zu den Gorleben-Fightern gegangen. Hat versucht, mit ihnen das Thema Gewaltmonopol des Staates noch einmal durchzudeklinieren. Hat gesagt: «Ich habe keine Angst vor der Diskussion. Ich bin bereit, sie zu führen. Ich höre Ihre Argumente, bitte hören Sie auch meine.» Und hat sich natürlich nichts anderes als geballten Hass abgeholt.

Ihre damalige Pressesprecherin erinnert sich mit Grausen: «Da steht Ihnen eine Wand von Demonstranten gegenüber, die gehen langsam auf die Polizei zu. Und in der ersten Reihe sind die Kinder. Das muss man erst mal wirklich gesehen haben, um zu begreifen, was da passiert. Was meinen Sie, was da in so einem Polizisten vorgeht. Die hauen doch keine Kinder. Und Angela Merkel hat sich immer gefragt: Was sind das für Eltern?»

In den Atomkonsensgesprächen hatten Angela Merkel und Gerhard Schröder dann versucht, einen Kompromiss über die künftige Rolle der Atomkraft bei der Energieversorgung zu finden. Für bestehende Atomkraftwerke sollten Restlaufzeiten vereinbart und im Gegenzug die Option für den Bau eines neuen, sicheren Reaktortyps erreicht werden. Darüber war sie sich mit dem Verhandlungsführer der SPD einig.

Das Problem war nur, dass dieser Verhandlungsführer sich darüber überhaupt nicht mit seiner eigenen Partei einig war. Und mit seinem damaligen Parteivorsitzenden Oskar Lafontaine schon gar nicht. Schröder hatte alles, was er zum Thema Atommüllentsorgung im Zwischenlager Gorleben mit Merkel besprochen und verhandelt hatte, ganz schlau sofort in die Öffentlichkeit getragen, um seine Position zu verbessern und die eigene Partei in Zugzwang zu bringen. Angela Merkel hat dann erlebt, wie Lafontaine und Schröder in den Gesprächen nebeneinander ihr gegenübersaßen und sich nicht einig waren. Wie der eine hü sagte und der andere hott. Wie Lafontaine sich eben nicht in Zugzwang setzen ließ. Wie kühl er seinen so trickreichen Parteifreund Gerhard Schröder in Anwesenheit der politischen Gegnerin regelrecht vorführte und ihm die Rückendeckung der Partei entzog. Für Merkel war es nach diesem Schauspiel nicht mehr sehr schwer vorherzusagen, was passieren würde, wenn der eine erst Bundeskanzler ist und der, der ihn da so rücksichtslos vorgeführt hatte, ihm den Finanzminister machen soll.

Sie hat damals dann in einem internen Gespräch zu Gerhard Schröder gesagt, ihr Eindruck sei, dass er überhaupt kein Verhandlungsmandat seiner Partei mehr habe. Es erscheine ihr daher nicht sinnvoll, weiter mit ihm zu verhandeln. Schröder ließ, noch bevor diese Version die Öffentlichkeit erreichen konnte, einige ausgesuchte Journalisten wissen, Merkel sei leider politisch naiv, inkompetent und zu Verhandlungen nicht in der Lage.

Was sie damals gelernt hat im Nahversuch und Selbstexperiment, war etwas, was sie an Kohl zuerst beobachtet hatte, nun also auch bei Schröder: Eigentlich gewinnt immer der, der sich nicht an die Spielregeln hält, der Sachen an die Presse gibt, bevor sie spruchreif sind, oder etwas anderes weitergibt als das, was spruchreif ist – ganz wie es ihm ins strategische Kalkül passt.

Die Juristen im Umweltministerium haben die Novelle des Atomgesetzes dann trickreich so formuliert, dass sie durchgezogen werden konnte ohne Zustimmung des Bundesrates, in dem damals die SPD die Mehrheit hatte. Damit habe Angela Merkel Schröder «einen Fußtritt» versetzt, fand vor allem Angela Merkel selbst und jubelte: «Herr Schröder kann Niederlagen nicht gut vertragen. Und er kann es nun gar nicht haben, wenn auch noch eine Frau seine Spiele durchkreuzt.»

Ein halbes Jahr vor dem Ende der Legislaturperiode begann der erste große, politische Kampf der Angela Merkel. Der Kampf ums politische Überleben. Ein Kampf, der in jedem Akt ein Lehrstück war über die Mechanismen von Medien und die Möglichkeiten zum Ereignismanagement in der Bundesrepublik.

Im Mai 1998 teilten französische Behörden dem deutschen Umweltministerium mit, dass sie an einem aus Deutschland kommenden Transportbehälter für Atommüll Strahlung gemessen hätten. Es handle sich möglicherweise um Kühl- oder Schwitzwassertränen auf der Unterseite der Castoren. Genaueres könne man aber noch nicht sagen.

Der Leiter der zuständigen Abteilung im Umweltministerium war auf Zack und empfahl: Das muss raus. Da müssen wir sofort eine Presseerklärung machen.

Gertrud Sahler erinnert sich, wie sie mit der Nachricht zu ihrer Ministerin ist. Und vor allem erinnert sie sich, was dann geschah.

Nichts.

«Wir haben die Presseerklärung rausgegeben. Und niemand hat sie zur Kenntnis genommen.»

Vier Tage lang war diese Presseerklärung draußen. Die Redaktionen hatten diese Meldung auf dem Tisch. Und druckten sie nicht. Erkannten nicht die Brisanz.

Dann hat ein deutscher Journalist in Paris recherchiert. Aus Paris kam dann auch die erste Agenturmeldung. Und plötzlich ging es los. Aber wie.

Die Sache mit den Castor-Tränen hatte ja zwei Dimensionen, nahezu zwei Realitätsebenen. Die punktuelle Strahlung an der Unterseite der Behälter war dort, wo sie besonders hoch war, wo also die Schwitzwassertränen saßen, etwa so intensiv wie beim Zifferblatt einer alten Armbanduhr. Nun ist der Strahlenschutz-Grenzwert beim Umgang mit nuklearem Material zu Recht Null. Und auch ein altes Uhrenzifferblatt liegt über Null.

In der Berichterstattung über die «verstrahlten» Transport-

behälter war aber von tödlicher Gefahr die Rede. Die Polizei-
beamten, die die Castoren begleitet hatten, wurden aufgefordert, die Umweltministerin anzuzeigen und schon mal einen
Antrag auf Anerkennung als Frührentner wegen der Strahlen-
schäden zu stellen. Das war die zweite, die skandalisierte Reali-
tätsebene.

Die Karriere des Themas Umweltschutz in Deutschland zeigt,
was geschieht, wenn seriöser, investigativer Journalismus in
Kampagnenjournalismus umkippt. Welchen dramatischen Ein-
sturz von Informationsqualität Massenmedien mit sich bringen.
Das Image von ernst und investigativ ist ja aus den seriösen Zeiten bis heute am Umweltjournalismus kleben geblieben, auch
wenn es inzwischen nur noch um den Panikstoff der Woche
geht.

Als die deutsche Atomindustrie dann auch noch einräumen
musste, dass sie von den radioaktiven Tränen der Castoren
längst wusste, dass das seit 15 Jahren so ging und man es dem
Umweltministerium und der deutschen Öffentlichkeit nur verschwiegen hatte, wurde der Skandal zum GAU und zu einer
Glaubwürdigkeitskrise, mit der die deutsche Atomwirtschaft
bis heute kämpft.

Aus den Atomkonzernen kam ja dann sogar noch der Vor-
wurf, das Umweltministerium hätte die Sache auch unter der
Decke halten oder die Grenzwertüberschreitungen niedriger
hängen sollen.

Da hat Angela Merkel die Sache kühl umgedreht. Sie wies
auf ihre eigene, frühe Presseerklärung hin und sagte: im Gegenteil. Die einzige Strategie beim Umgang mit strahlendem Material sei völlige Offenheit. Und dann hat sie sich in aller Offenheit in Sicherheit gebracht, hat vor dem Deutschen Bundestag
die Atomwirtschaft heftig angegriffen und einen Stopp aller
Atommülltransporte verfügt.

Die *FAZ* überschlug sich damals vor Begeisterung. Damit sei
eine Symbolträgerin zum politischen Vollprofi geworden. Hel-

mut Kohl lobte sie noch im Mai des Jahres 2000 in einem Gespräch mit Wolfgang Stock: «Sie hat einen guten Job gemacht. Wenn ich an die Castor-Affäre denke, hat sie mehr Mut bewiesen als viele Männer.»

Und plötzlich war ja außerdem die Luft raus. Plötzlich hatte der Wahlkampf begonnen. Merkels engste Mitarbeiter im Umweltministerium, die Tage und Nächte lang kein Privatleben mehr gehabt hatten, hatten auf einmal nichts mehr zu tun. Ganz plötzlich interessierte sich niemand mehr für undichte Castoren. Als wäre nie etwas gewesen. Oder als wäre die Strahlenbelastung nur etwa so hoch wie beim Zifferblatt einer alten Armbanduhr.

UMWELTMINISTERIN BEISST HUND

Angela Merkels Ausbeute an medienstrategischer Erfahrung aus ihrer Umweltministerzeit war immens, ihre sachpolitische Bilanz eher bescheiden. Auf der Habenseite steht, wie sie sich auf dem Bundesparteitag 1994 gegen erheblichen Widerstand der Sozialausschüsse durchsetzte mit ihrem Plan, der sozialen Marktwirtschaft im Parteiprogramm der CDU für die Zukunft das Wort *ökologisch* voranzustellen.

Anderes misslang. Als sie – kurz vor der Hessenwahl – die Besteuerung von Flugbenzin forderte, pfiff der Bundeskanzler sein Mädchen zurück. Beim Ozongesetz gegen den Sommersmog und bei der Novelle zur Verpackungsverordnung geriet sie zwischen alle Fronten. Einmal hat sie im Kabinett dann sogar geweint. Sie hatte die Pressekonferenz zum Sommersmog schon angesetzt und musste sie wieder absagen, weil das Kabinett sich nicht einigen konnte. Als Helmut Kohl sie dann auch noch anherrschte, sie solle bitte schön in Zukunft «ausgegorene Vorschläge» präsentieren, anstatt das Kabinett aufzuhalten, flossen Tränen.

Wenn sie sechs Jahre später darauf angesprochen wird, zum Beispiel von Alfred Biolek, sagt sie: «Na und? Andere schreien.» Ohne diesen kleinen Eklat, aber das sagt sie nicht, hätte sie vielleicht nie eine Mehrheit für ihre Ozonverordnung bekommen.

Und dann war da noch die Sache mit dem Hund. Im August 1995 war die Umweltministerin, die in der Nähe ihres Wochenendhauses in der Uckermark mit dem Fahrrad unterwegs war, von einem Hund ins Knie gebissen worden. Sie ging zum Arzt, ließ das Knie behandeln und verbinden und erstattete keine Anzeige.

Dann explodierte der Boulevard. Die Rechercheure fanden heraus, dass es sich bei dem Hund, der die Ministerin aus dem Osten ins Knie gebissen hatte, um den Deutschen Kurzhaardackel und Jagdhund Bessi handele. Hund Bessi war ein paar Monate zuvor durch die Jagdprüfung gefallen, ausgerechnet wegen «Bisslosigkeit». Wie hat sie das nur geschafft, dass der sie trotzdem beißt? Warum hatte Herrchen eine Fährte gelegt, die dummerweise den Radweg der Angela Merkel kreuzte?

Als die Presseabteilung des Umweltministeriums sich etwa eine Woche lang mit Anfragen und Interviewwünschen zu diesen bedeutenden Themen befasst hatte, sagte Angela Merkel, langsam habe sie das Gefühl, «ich habe den Hund gebissen und nicht der mich».

Und dann sagte sie auch noch, damals möglicherweise im Scherz: Angela, das hast du falsch gemacht. Du hättest gleich am nächsten Tag mit ausgesuchten Journalisten und einer Wurst zu dem Hundebesitzer gehen müssen und sagen, Ihr Hund hat mich zwar gebissen. Aber ich verzeihe ihm. Dann hätten wir eine prima Presse gehabt.

Damals war das ein Witz. Heute würde sie es möglicherweise tatsächlich genau so machen. Heute dreht sie für einen zweifelhaften Gag mit Westerwelle ein paar Runden im Cabrio um die

Siegessäule. Allerdings nur, wenn ihre Umfragewerte gerade wirklich tief im Keller sind.

Und was das Schlimmste ist: Nach der Cabrio-Runde sind die Werte dann auch wieder etwas besser.

Also gräbt sie in Adenauers Garten eine Rose aus und pflanzt sie in den Hof der neuen Parteizentrale in Berlin. Damit wir alle sehen können, wo Angela Merkels CDU ihre Wurzeln hat. Gleichzeitig lässt sie die Neonbuchstaben CDU von Helmut Kohls Bonner Parteizentrale ostentativ in Bonn zurück, lässt sie schnöde abladen im Haus der Deutschen Geschichte, da, wo sie am liebsten Helmut Kohl auch längst abgeladen hätte.

Als die CDU im Jahr nach der verlorenen Bundestagswahl hintereinander eine ganze Reihe von Landtagswahlen gewonnen hatte, ließ sie Umzugswagen an der SPD-Parteizentrale vorfahren und Umzugskartons ausladen. Auf dem Umzugswagen stand *Die neue Mitte zieht um*, auf die Kartons hatten sie *Verantwortung* geschrieben, *Vertrauen* und *Hoffnung*.

Dann wurden die Kisten, jetzt in Anwesenheit von Fotografen und Fernsehleuten, eingeladen und schräg gegenüber vor der CDU-Parteizentrale wieder ausgeladen. Das sollte heißen: Wir haben die «Mitte» nach Hause geholt, zurück zur CDU, wo sie hingehört, weil sie bei den Sozialdemokraten keine neue Heimat gefunden hat.

Als die SPD dann noch eine Landtagswahl verlor, schickte Angela Merkel Franz Müntefering die selbst singende Postkarte «Meer mit untergehender Sonne» zur Melodie «Wenn bei Capri die rote Sonne im Meer versinkt».

Und die Vertreter der Sender und Druckerzeugnisse taten, was sie tun sollen: Sie sendeten und druckten.

Angela Merkel hat aus alledem dann offenbar abgeleitet, dass man es in dieser Telekratie gar nicht zu dick und zu platt treiben kann.

Kann man aber doch. Noch gibt es Grenzen. Der amtierende Bundeskanzler als Verbrecher auf einem Plakat, das war jenseits der Schmerzgrenze. Und plötzlich stand Angela Merkel als Zauberlehrling da. Sie bezahlte ihr Lehrgeld mit einem immensen Prestige- und Imageverlust.

Als sie 1998 noch einmal in Adlershof gewesen ist, um vor dem Bauschutthaufen, der einmal ihre Forschungsbaracke war, über die Vergangenheit zu meditieren, sagte sie: «In der Wissenschaft kann man sich jeden Tag etwas Neues ausdenken, in der Politik muss man oft über lange Zeiträume immer die gleiche Botschaft vertreten, damit sie bei den Leuten ankommt.»

Damals, als die Mauer noch stand, hat sie da vor ihren Rechnungen gesessen in der ewig gleichen, braunen Kordhose und mit Ärmelschonern über der Strickjacke. Und wenn sie aus dem Fenster geschaut hat, war der Blick auf die Welt verstellt von dichten Schlehenbüschen und dem Stacheldraht des Stasi-Wachregiments Feliks Dzierzynski.

Wenn ihr heute der Blick auf die Welt verstellt wird, dann von einer ganz anderen Mauer, von einer Wand aus aufgeregten Einäugigen. Aus ihrer Perspektive ist das immer das Gleiche: eine Wand aus Menschen mit Fotoapparaten und Kameras vor der einen Hälfte ihrer Gesichter, das Auge der anderen Hälfte zugekniffen. Aus dieser Wand ragen grauzottelige Mikrofonpüschel, die aussehen wie Modehunde.

Ob sie in ihrem Wahlkreis Grimmen aus dem Auto steigt oder in Washington aus dem Flugzeug, ob sie vor der CDU-Zentrale an der Klingelhöferstraße zu Berlin vorfährt oder zu den Festspielen in Bayreuth: überall und sofort steht diese Objektiv- und Mikrofonmauer. Und Angela Merkel spricht in diese Wand, als hätte sie niemals etwas anderes getan in ihrem Leben.

Es gibt nicht viele Menschen, die es so sehr hassen, fotografiert zu werden, wie Angela Merkel. Und die sich so zieren und anstellen dabei. Sie bringt es fertig, einem berühmten Fotografen wie Jim Rakete zu sagen: Sie haben sechzig Sekunden. Und sich dann in den sechzig Sekunden so zu verkrampfen, dass selbst Jim Rakete nichts anderes kann, als eine verkrampfte Angela Merkel abzubilden. Sie ist vollkommen ungeeignet als Fotomodell.

Am Anfang konnte sie es nicht einmal aushalten, Fernsehbilder von sich selbst anzusehen. Es war ihr unangenehm, jetzt selber genau in den Programmen vorzukommen, die ihr früher die Verheißungen des Westens über die Mauer gesendet hatten. Sie hat die Augen geschlossen und sich die Ohren zugehalten. Sie konnte nicht einmal ihre eigene Stimme ertragen.

Sie erzählt, dass sie sich erst in der Zeit als Umweltministerin gezwungen hat, hinzuschauen und sich systematisch zu analysieren: zu zappelig. Zu schnell gesprochen. Zu hoch gesprochen. Zu viel vorausgesetzt. Viel zu viele Grimassen.

Seither hat sie nicht viel ausgelassen, keine Talk-Show, kein Interview, keinen Porträtwunsch, sogar *Gala* darf Titelgeschichten mit ihr machen. Zusammengerechnet hat sie an manchen Tagen der Spendenaffäre zehn Millionen Menschen erreicht. Und selbst wenn sie da über ihre Garderobe, ihr Aussehen und über anderen Schnickschnack palavern muss, «der Haupteffekt ist doch, dass man auch in der Sache sprechen kann. Bei *Pro7* habe ich dreißig Sekunden, bei *Sat1* vierzig, in der *ARD* eine Minute. Und den Rest muss ich eben in die Talkshows packen.»

Es ist eben auch eine Frage der Ökonomie: «Ob Sie vor einer Versammlung mit hundert Menschen oder vor einer Kamera sprechen und sechs oder acht Millionen Menschen haben, Sie machen es immer mit der gleichen Anstrengung oder Unanstrengung. Zu den hundert sprechen ist oft sogar anstrengender.»

Angela Merkel hat an sich beobachtet, dass die Kunst der freien Rede offenbar in Schüben wächst. Man ist zuerst sehr vorsichtig, zurückgenommen, fast ein bisschen hölzern, und bleibt am liebsten ganz dicht am Blatt, erzählt sie.

Dann wird man freier und leichtsinniger, schreibt sich nichts mehr auf, verlässt sich darauf, dass einem immer von allein was einfällt. Schließlich probiert man auch mal Gags und was man sonst noch im Gehirnarchiv hat. Dadurch geht dann aber auch die Kontrolle etwas verloren.

«Ich glaube, ich fange jetzt erst mal wieder an, kontrollierter zu reden», hat sie mir einmal erklärt, als sie eine Weile auf dem Reim- und Werbetrip gewesen war, als sie anfing, Schröder auf Blöder zu reimen und keine Spur auf Leitkultur, und die CSU-Delegierten in München mit ihrem «Merkel bleibt Merkel, mit allen Risiken und Nebenwirkungen» entzückt hatte.

Im Osten haben ihr viele Menschen nach den heftigen Bundestagsdebatten des Frühjahrs 2001 gesagt: Hör doch mal auf zu schreien. Was schreist du so? Du solltest es doch gerade anders machen. Jetzt bist du wie die Männer. Der Schlauch hat geschrien, der Schröder schreit, also schreist du auch. Du bist doch viel stärker, wenn du ruhig sprichst und durch deine ruhigen und nüchternen Argumente überzeugst.

«Ich fange jetzt wieder an, kontrollierter zu reden. Aber nur, um dann auf einer nächsten Ebene wieder ganz frei zu sprechen. Der gelassen sitzende Angriff, an dem muss noch gefeilt werden. Aber ich kann ja auch nicht jede Rede dreimal vor dem Spiegel üben. Da reicht meine Phantasie auch nicht mehr aus, mir Herrn Struck und Herrn Bundeskanzler Schröder hinter dem Spiegel vorzustellen und da was auszuprobieren.»

Wenn man ihre Reden von heute mit denen aus ihren Ministertagen vergleicht, hat sich der Wechsel von Kontrolle und Loslassen gelohnt. Sie spricht jetzt viel selbstbewusster als früher, auch langsamer, mit tieferer Stimme, meistens frei und ohne einen Blick auf das Manuskript. Vokabeln aus dem allgemeinen Politsprech, die die Menschen so abschrecken, schleichen sich nur selten ein.

Andererseits spürt und sieht man in Pressekonferenzen, Fernsehinterviews und sogar im Zwiegespräch die ungeheure Anstrengung, nur ja nichts Falsches zu sagen, nicht ein Wort zu riskieren, das wieder interpretierbar wäre für eine Schlagzeile.

Merkels CDU baut sich gerade erst auf, was Gerhard Schröder seit dem letzten Wahlkampf um sich hat, ein Team von professionellen Medienberatern, Spin-Doktoren, Schreibern und Trainern. Angela Merkel scheint aber vor allem der Meinung zu sein, dass man so etwas am allerbesten selber macht. Manchmal wirkt es dann auch ein bisschen so: selbst gemacht.

Sie probiert noch, wo genau der Unterschied ist zwischen der Rolle der Person und der Rolle der Funktion in einer Teledemokratie. Umweltministerin ist als Funktionsrolle natürlich etwas anderes als Generalsekretärin, Generalsekretärin etwas ganz anderes als Parteivorsitzende. Aber Angela Merkel ist Angela Merkel. Und ihre Personenrolle seit der Spendenaffäre war vor allem: Glaubwürdigkeit. Deswegen hätte sie als ehemalige Umweltministerin, die heftig für eine Ökosteuer war, eben nicht plötzlich gegen die Ökosteuer sein dürfen, nur weil jetzt die SPD eine Ökosteuer verabschiedet und sie die Generalsekretärin der Opposition ist. Auch wenn sie noch so differenzierte Argumente hat.

Sogar Gerhard Schröder hat ja in diesen Rollenmustern noch dazulernen müssen. Vor seiner Wahl zum Bundeskanzler, als Kandidat, als Ministerpräsident und SPD-Haudrauf konnte er ohne Schaden zu «Gute Zeiten, Schlechte Zeiten» gehen. Die seriösen Journalisten haben ihn dafür zwar beschimpft, aber er hat Millionen Menschen erreicht, die er sonst niemals erreicht hätte, weil sie bei «Politik» immer gleich ausschalten.

Sechs Wochen später war er Kanzler.

In der neuen Rolle als Kanzler aber durfte er eben nicht mehr in einem Modemagazin Werbung machen für teure Brioni-Anzüge. Als er die Umfragen gelesen und das verstanden hat, gab er vor Schreck auch noch das Zigarrenrauchen auf. Das aber hätte er ruhig beibehalten können. Das gehörte ja seit seiner Ministerpräsidentenzeit und längst auch für die Malocher im Pott zur akzeptierten und bewunderten Personenrolle des Gerhard Schröder wie die Currywurst mit Fritten, die wir in Berlin deswegen inzwischen «Kanzlerplatte» nennen.

WESTERWELLE SAGT JA!

Der größte Zampano der Erregungsdemokratie heißt Guido Westerwelle. Ihm gelang es, ausschließlich durch eine penetrante Öffentlichkeitsstrategie geradezu umgekehrt proportional zur Bedeutung und Stärke der FDP in den Medien präsent zu sein. Zwischen Januar und Anfang Juni 2000 sind 64 Politiker in insgesamt 280 TV-Debatten und Talk-Shows zu sehen gewesen. Guido Westerwelle war der Spitzenreiter mit zwölf Auftritten.

Und je öfter er im Fernsehen zu sehen war, desto besser wurden seine Umfragen. Die Bedeutung einer Person hat ja in der Telekratie nichts mit Leistung oder originärem Wählerzuspruch zu tun. Bedeutung wird allein durch Präsenz hergestellt. Sie führt dann allerdings zu steigender Wählerzustimmung. Und dazu, dass man Parteivorsitzender wird.

Wenn Guido Westerwelle zu Big Brother in den Container geht und anschließend zu Stefan Raab, dann kümmert es ihn nicht, dass die so genannte Informationselite aufheult. Für ihn ist es ein Rechenexempel: «Eine Stunde lang erreiche ich dort eins zu eins Menschen, die sich sonst überhaupt nicht für Politik interessieren.»

Die FDP ist unter Westerwelle zur modernsten Partei Deutschlands, zu einer Art Werbe- und Bedeutungsagentur geworden. Wenn man Guido Westerwelle einen Brief geschrieben hat mit der Bitte um ein Gespräch über Angela Merkel, dann ruft bald danach ein fröhlicher junger Mann aus dem Büro Westerwelle zurück und schmettert mit der optimistisch betörenden Stimme der Waschmittelwerbung ein knackiges: «Westerwelle sagt Ja!»

Und das klingt dann wie bei Boris Becker: Ich bin drin.

Dafür kann man mit Guido Westerwelle sehr fundiert über die Risiken und Nebenwirkungen der Telekratie diskutieren. Und er weiß auch sehr schöne Geschichten von Angela Merkel.

Er hält jede Menge von ihr.

«Ich habe sehr schnell Vertrauen zu ihr gefasst. Ich glaube, sie auch zu mir. Was sicher auch daran liegt, dass wir ungefähr gleich alt sind.»

Als neuer Generalsekretär ist er zum Antrittsbesuch bei ihr gewesen. Und er schwärmt von der stilvollen Teestunde an einem runden Tisch mit sehr schönem Porzellan. Westerwelle mag sehr, dass sie so höflich ist mit sehr guten Umgangsformen. Das mag er an sich selber auch.

«Gerade in der Politik, wo man manchmal so derb miteinander streiten muss.»

Es war also «eine ganz reizende Begegnung».

Ein anderes Mal hat er sie fünfundzwanzig Minuten warten lassen. Und das ist ihm heute noch peinlich. Sie hatten ihm aufgeschrieben 12.30 Uhr. Er war aber schon um 12 Uhr mit ihr verabredet beim Italiener in Bonn. Und Viertel nach 12 hat sie angerufen. Angela Merkel wartet nicht gerne.

Guido Westerwelle ist dann mit Vollgas dahin.

Er erzählt: «Da kam in mir meine ganze Kinderstube hoch. Ich hatte das Gefühl der Scham und der Pein, und trotzdem habe ich ganz offen gesagt: Es tut mir wahnsinnig leid. Ich muss mich hundertmal entschuldigen, es gibt keinen Grund, keinen Stau, es gibt nichts, keinen Unfall, gar nichts. Ich hab's falsch notiert bekommen.»

Westerwelles Fahrer hat dann einen schönen, dicken Blumenstrauß gebracht und ihn Westerwelle überreicht, damit der aufstehen und ihn Angela Merkel überreichen konnte.

«Und dann ist sie ein bisschen rot geworden. Und sie hat sich wahnsinnig gefreut. Verstehen Sie, eigentlich war ich derjenige, der sich schämen musste. Eine Frau in einem Restaurant warten zu lassen, das ist einfach besonders unangenehm.»

Und hätte er der Generalsekretärin, die ein wenig rot wird, wenn sie von Guido Westerwelle einen dicken Blumenstrauß bekommt, damals zugetraut, einmal Chefin der CDU zu werden?

«Es bleibt mir ein ewiges Rätsel, wie die Öffentlichkeit politische Persönlichkeiten bewertet und wie man sie dann selber bewertet, wenn man sie kennt. Welche Durchsetzungskraft Frau Merkel hatte, das hatte ich schon in dem ersten Gespräch bei ihr im Ministerium gemerkt. Und zwar sofort. Das ist eine Frau, die weiß, was sie kann, die in sich ruht, mit allen inneren Zerrissenheiten, die man hat, wenn man im öffentlichen Leben steht. Sie hat Statur, sie hat Power und sie hat Machtbewusstsein, und was für ein Machtbewusstsein. Und wenn mir damals beim Italiener jemand gesagt hätte: Sie haben gerade mit der künftigen CDU-Vorsitzenden zu Mittag gegessen, hätte ich gesagt: Ja, klar.»

Wie gesagt, die ganze FDP ist unter Westerwelle ein bisschen wie eine Werbeagentur geworden. Westerwelle, unser Experte für die Telekratie, sagt also auch noch, dass Merkel zu den wenigen gehört, die über die Rollen in der Ereignisdemokratie nachgedacht haben. Sie hat ihn zum Beispiel im *SPIEGEL* nicht direkt dafür kritisiert, dass er bei Big Brother im Container war.

«Sie hat gesagt: Sie hätte das nicht gemacht. Und das ist natürlich klug und richtig. So wie ich nicht in Trachtenjanker und Lederhose eine Blaskapelle dirigieren sollte, sollte sie nicht in den Container gehen.»

Von allem, was der einzelne Mensch weiß, beruhen heute höchstens noch 20 Prozent auf eigener Erfahrung. 80 Prozent werden ihm durch die Medien zugetragen. Und die meisten Menschen, das haben wissenschaftliche Versuche gezeigt, leiden daran nicht. Im Gegenteil: Sie setzen die medial übermittelten Erfahrungen gleich mit eigener Erfahrung. So wie viele Menschen glauben, sich ganz sicher an etwas aus ihrer frühen Kindheit aus eigener Erfahrung zu erinnern, obwohl sie es nur immer wieder erzählt bekommen oder, was noch viel stärker wirkt, immer wieder das Foto oder die Videoaufzeichnung zur Geschichte gesehen haben.

Weil jeden Tag eine Sache die erste Meldung sein muss und alles im gleichen Furor vorgetragen wird, vermittelt sich alles, was zur Erfahrung der Menschen wird, als gleichrangig wichtig. Medienwissenschaftler nennen das die zirkuläre Zirkulation, die die Wirklichkeitshierarchien homogenisiert. Und weil die meisten Medien inzwischen auf Aktualität mehr als auf Qualität setzen, werden als neu empfundene Erklärungen, Mitteilungen und reine Ersatzinszenierungen ungeprüft weitergegeben und kaum noch bewertet oder gewichtet.

Manchmal abends, nach langen Tagen im künstlich erregten Klima der Berliner Republik, fällt einen deswegen schon mal die Frage an: Was wäre hier eigentlich los, wenn wirklich mal was los wäre, wenn Kuba-Krise wäre oder eine Mauer gebaut würde quer durch die Stadt? Kein Politiker hätte eine Steigerungsmöglichkeit in Erregung und Tonfall. Und die meisten Medien auch nicht. Dieses erschreckende Schwanken zwischen Hysterie und Apathie, mit dem jede Woche eine andere Sau durchs Dorf gejagt wird! Und wenn sie durch ist, ist sie durch.

So war es 1998 mit den Castoren. Und so ist es ja auch mit BSE gewesen. Im Frühjahr 2001 hatten wir die große BSE-Krise: tagelang die Spitzenmeldung. Abend für Abend dieselben ekelhaften Fernsehbilder von Tierkadavern in Schreddermaschinen. Minister mussten zurücktreten. Neue Ministerien wurden mit neuen Ministern installiert. Metzgereien standen vor dem Ruin. Halb Deutschland wurde vorübergehend vegetarisch.

Und plötzlich, ohne jede Begründung oder Veränderung in

der Sache, war es vorbei mit BSE und auch mit der Maul- und Klauenseuche. Plötzlich war Scheidung bei Beckers.

Als dann im Mai des BSE-Jahres der eigentliche Skandal passiert, als herauskommt, dass der Handel das während der BSE-Krise unverkäufliche und deswegen eingefrorene Fleisch inzwischen als Frischfleisch auf den Markt bringt, ist es nur noch eine kleine, müde Meldung am Ende der Nachrichten. Die Deutschen essen im Mai des BSE-Jahres auch wieder Rindfleisch, mehr sogar als im Mai des Jahres zuvor. Im Mai des BSE-Jahres hatten wir ja auch plötzlich eine ganz andere Erregung: die große Gendebatte. Da lernten gerade alle eine neue Abkürzung. PID statt BSE.

Die Unterscheidung von Fakten und Fiktion hat an Bedeutung verloren. Die integrative und erklärende Leistung der Medien ist umgeschlagen in ein bloßes Zuschauen und Beschreiben. Die Realdeckung von Politik bleibt signifikant hinter der Symbolik der dargestellten Politik zurück. Plötzlich erscheint der ganze Betrieb als Fiktion. Heute dieses. Morgen das. Und sechzig Prozent der Jugendlichen sagen: Politik? Ist doch alles Volksverarschung!

Auch ein Gespräch mit Guido Westerwelle endet an diesem Punkt, wie es bei diesem Thema immer endet zwischen Politikern und Journalisten, mit Höflichkeitsformeln: Ja, wir müssen etwas ändern.

Aber bitte nach Ihnen.

Die Journalisten also: Zum Glück haben die besseren Tageszeitungen und Sender in Berlin Korrespondenten, die sich nicht zum Rezensieren von inszenierten Scheinereignissen hergeben. Vieles fällt durch. Vieles wird gar nicht wahrgenommen oder als das beschrieben, was es ist: Polit-Soap.

Die Politikberater sagen dann: Durchgefallen bei der Meinungselite heißt noch lange nicht, dass es kein Publikumserfolg war, wenn nur die meisten Sender gesendet haben.

Und dann, das ist in Washington nicht viel anders als in Berlin, gibt es auch Anpassungsprozesse. Wer neu in den Betrieb kommt, orientiert sich zunächst an den Interessen seiner Zuschauer, Zuhörer oder Leser. Er entlarvt also das Spiel, berichtet kritisch oder wenigstens ironisch über den Inszenierungsunsinn oder den Politikersatz. Je länger so einer aber dabei ist und von den Profis der anderen Seite bearbeitet wird, desto mehr stellt sich ein seltsames Elitegefühl ein. Nicht mehr: Ihr, die wir für unsere Zuschauer scharf beobachten. Sondern: Wir, die wir hier in Berlin zusammen Politik herstellen. Wir, die wir «unter Drei» was Bedeutendes wissen, aber nicht jedem weitersagen. Dann wird Politiker-Politik auch in den Medien hergestellt. Dann fühlen junge Journalisten von großen Medienkonzernen sich superstark, wenn sie dem Bundesgeschäftsführer der CDU auf einem Parteitag tatsächlich auch noch ankündigen: Wir haben die Frau Merkel schön hochgeschrieben. Und jetzt werden wir sie mal wieder runterschreiben.

Wie groß zum Dank dafür bei den Politikerzeugern die Hochachtung vor dem Beruf des Journalisten ist, mag man an den Vokabeln erkennen, die Politikberater verwenden: Da ist dann von *Spoonfeeding* die Rede und davon, dass man die Journalisten wohl mal wieder etwas *pampern* muss.

Es gibt eine Menge guter Ansätze innerhalb der Zunft. Es wird in Berlin unter Journalisten viel darüber nachgedacht. Es gibt Symposien und Diskussionsabende. Nur dass man bei solchen Gelegenheiten immer die wenigen Kollegen von den guten Zeitungen und Sendern trifft, die es sowieso schon immer ganz anders machen. Die, die es angehen könnte, haben ja auch keine Zeit, weil gerade die nächste Sau durchs Dorf muss.

Bitte nach Ihnen.

Und die Politiker? Johannes Rau ist eine Ausnahme und könnte ein Vorbild sein. Er hat es gegen den Strom versucht. Er hat den Medienzirkus nicht mitgemacht, hat ihn sogar brüskiert. Er hat auf die Inszenierungen verzichtet. Er würde nie mit Guido Westerwelle im Cabrio um die Siegessäule fahren, jedenfalls nicht, wenn seine Medienberater ihm das empfehlen. Er würde ja nicht einmal eine Talk-Show machen im Schloss Bellevue wie Roman Herzog. Das ist nicht mein Stil, sagt er.

Zu Beginn seiner Amtszeit hat sich das bitter gerächt, weil zu viele Journalisten verlernt haben, überhaupt noch etwas wahrzunehmen, was nicht mediengerecht aufgepeppt ist. Der Bundespräsident kam also überhaupt nicht vor: zu altmodisch. Von gestern. Nicht mal seine Reden gibt es vorab gedruckt.

Langfristig aber ist Johannes Rau gelungen, was dem ganzen Land gut tun würde. Er hat das Amt und schließlich auch sich selber vor den Deformationen der Telekratie geschützt. Und konnte dann umso glaubwürdiger eingreifen. Die meisten haben das erst in der zweiten Hälfte seiner Amtszeit gemerkt, einige erst nach seiner Rede zur Gendebatte.

Manchmal ist es ermutigend, mit Menschen zu reden, die nicht alle Tage in Berlin sind, die zu Hause in Stuttgart oder München noch mit abgeschwächten Formen der Ereignisdemokratie konfrontiert sind. Einmal habe ich Baden-Württembergs Kultusministerin und CDU-Vize Annette Schavan nach einem typischen Berlin-Tag am Kamin ihrer Landesvertretung erlebt. Den ganzen Tag hätte sie gerne den Hauptstadtjournalisten etwas zum Thema Bildungspolitik erzählt. Es war aber gerade Leitkultur dran.

«Und das Einzige, was hier interessiert, ist, ob ich diesen Begriff toll finde, ob ich ihn benutzen werde und, wenn ich ihn eher nicht benutzen möchte, ob ich es toll finde, dass Angela Merkel ihn zwar eigentlich auch nicht benutzen wollte, ihn aber jetzt in unser Papier reinschreiben lässt.»

Annette Schavan war richtig wohltuend wütend. Sie lasse sich doch nicht zu Schlagzeilensätzen nötigen oder zu jemandem abstempeln, der immer automatisch hinter diesem oder jenem steht.

«Ich finde das ziemlich abwegig. Es hat eine enorme Entpolitisierung eingesetzt. Ich werde dabei nicht mitspielen. Und wenn ich dann weniger vorkomme in den Medien, dann bitte schön.»

Sie ist eine Ausnahme.

Fast alle anderen sagen an dieser Stelle: So geht es auch nicht. Wer wichtig bleiben will, muss doch mitmachen. Und wer erfolgreich sein möchte, muss öfter vorkommen als die anderen. Mag sein, dass man sich immer ein wenig davor fürchtet, die nächste Sau zu sein, die durch Berlin-Mitte gejagt wird. Nur eines ist noch viel schlimmer: überhaupt nicht vorzukommen. Wer nicht vorkommt, den gibt es nicht mehr.

Weswegen der kürzeste Witz der Berliner Republik heißt: Geht ein Politiker an einem Reporter vorbei ...

Siebtes Kapitel
POLITJUNKIES

DAS MERKEL-PROGRAMM – KRAUSES VERSION

Es ist der Tag nach der Zwangsversteigerung von Börgerende. Die Überschrift in der Zeitung heißt: Ex-Haus der Ex-Frau des Ex-Ministers versteigert.

Der Ex-Minister heißt Günther Krause, Professor Doktor Günther Krause, wie die Bedienung der Bahnhofsgaststätte in Rostock freundlich, aber resolut korrigiert. Er war der Star der Nachwendezeit. Der Held des Ostens. Er war der Vorzeige-Ossi Kohls, der ihn das große politische Talent der neuen Bundesländer nannte. Er war einer der beiden Architekten der deutschen Wiedervereinigung. Der heiß geliebte Landesvorsitzende der CDU in Mecklenburg-Vorpommern. Er war der effektivste Verkehrsminister, den die Bundesrepublik je hatte. Und an einem Reporter ist Günther Krause auch nie vorbeigegangen.

Angela Merkel hat ihn bewundert, damals, als er Parlamentarischer Staatssekretär bei Lothar de Maizière war und sie stellvertretende Regierungssprecherin. Wie selbstbewusst der auftrat. Wie er es den arroganten Westlern gegeben hat, schnell, intelligent, frech und genial. Auch wenn es vielleicht nicht wirklich genial gewesen ist, als erste Ministerhandlung den Mitarbeitern zu erklären, dass die Ossis den Wessis jetzt mal beibringen würden, was arbeiten überhaupt heißt.

Dann ist etwas falsch gelaufen im Leben des Günther Krause. Das Ministeramt weg. Der Landesvorsitz weg. Die Frau weg. Fünfzehn Millionen Mark Schulden. Haftbefehle. Offenbarungseid. Der Wohnsitz am Meer zwangsversteigert. Alles ex, aus, vergangen und verloren.

Der Sohn des Ex-Ministers kommt in einem grünen Golf zum Bahnhof. Er soll mich zu seinem Vater bringen, weil ich den Weg allein vielleicht nicht finde. Er ist ein großer, kräftiger, gut aussehender Kerl. Er studiert BWL in Hamburg. Er erzählt von seinem Studium, offen, selbstbewusst. Sehr sympathisch.

Ich frage ihn, was ich alle Söhne von berühmten Vätern frage, was ich auch den Sohn von Boris Becker, Johannes Rau oder Rudolf Augstein fragen würde: Ob es schwer ist, der Sohn des berühmten Vaters zu sein? Ob die Leute immer, wenn er seinen Namen nennt, fragen, sind Sie etwa der Sohn von Günther Krause?

Der Sohn versteht die Frage leider falsch. Wahrscheinlich ist es auch die falsche Frage gewesen am Tag nach der Versteigerung von Börgerende.

«Wissen Sie, da wird in den Medien jede Menge Bockmist über meinen Vater zusammengeschrieben», sagt er. Der Sohn beginnt, seinen Vater zu verteidigen.

So habe ich es doch gar nicht gemeint.

Es muss alles noch schlimmer sein, als man sich das von außen vorstellt. Der Preis für Politik kann am Ende sehr hoch sein. Und was unter den schnellen, hämischen Schlagzeilen selten zu lesen ist: Zu jedem gescheiterten, zurückgetretenen oder abgewählten Politiker gehört eine Familie, gehören Freunde, Menschen, die den Absturz des Höhenfliegers auffangen und aushalten müssen. Und wenn einer Glück hat, so wie Günther Krause Glück hat mit seinen drei Söhnen, dann bleiben sie und stehen zu ihm.

Günther Krause ist dick geworden. Cortison, geht einem als Erstes durch den Kopf, als er da in der Tür seines kleinen Baubüros im Rostocker Gewerbegebiet steht. Cortison oder Alkohol. Den Kugelbauch würde man vielleicht gar nicht sehen, wenn der Pulli nicht so wahnsinnig eng wäre.

Es ist immer noch ein Vergnügen, sich mit Günther Krause

zu unterhalten. Auch wenn es immer noch eher ein Zuhören ist als eine Unterhaltung, das Entgegennehmen eines Monologs, den Krause in faszinierender Geschwindigkeit und mit assoziativer Intelligenz hält.

Krause beginnt mit einer leicht bitteren Ost-West-Analyse: Wäre Bayern oder Baden-Württemberg von Russen besetzt gewesen, hätte die Parteienstruktur dort nicht anders ausgesehen als in Sachsen oder Mecklenburg-Vorpommern. Dann wären alle, die intelligent waren und Karriere machen wollten, in führenden Positionen der SED oder der Ost-CDU gewesen, «einschließlich Herrn Schrempp und Franz Josef Strauß und wie sie alle heißen».

Wenn man ihn nach einiger Zeit unterbricht und an Angela Merkel erinnert, werden Günther Krauses Pupillen eng. Der Tonfall verschärft sich. Die leichte Bitterkeit schlägt um in schweren Hass.

Er hat ihr 1990 den Wahlkreis freigeräumt. Sie war ja ein Versorgungsfall, weil Lothar de Maizière sich überhaupt nicht darum gekümmert hat, was aus seinen Regierungsmitgliedern nach der Wiedervereinigung werden soll. Sie war so unglücklich. Sie hat ihm so Leid getan. Er wollte ihr einfach helfen.

«Und das ist wahrscheinlich der größte Fehler meines Lebens gewesen.»

Wie räumt man einen Wahlkreis frei?

Rügen-Stralsund war der sicherste Wahlkreis für die CDU in Mecklenburg-Vorpommern. Aber da war für die Bundestagswahl 1990 längst ein Kandidat nominiert. Krause war der Landesvorsitzende. Also hat Krause Formfehler gefunden, damit die Kandidatennominierung nochmal wiederholt werden musste. Angela Merkel wurde nominiert. Angela Merkel wurde gewählt. Sie verdankt das alles ihm.

Und nach der Wahl, als Kohl drei ostdeutsche Minister in seinem Kabinett haben wollte, ist er es gewesen, der gesagt hat: Guck dir doch mal die Angela Merkel an.

«Diese Dame hatte zwei Gönner und Förderer. Der eine war Kohl. Der andere war ich. Und ich musste vor Kohl erkennen: Die Hand, die füttert, wird zuerst gebissen. Jedenfalls ist sie es gewesen, die mich zusammen mit Berndt Seite abgeschafft hat, als ich Schwierigkeiten bekam. Und das, obwohl 85 Prozent der Kreisverbände wollten, dass ich weitermache.»

Krauses «Schwierigkeiten»: Er hat sich kleine und große Extras geleistet. Ein Sohn des Ministers fuhr bereits mit sechzehn Jahren ostentativ im dicken Auto und mit einem USA-Führerschein zur Schule. Die Frau ließ eine Putzhilfe zu 70 Prozent aus Fördermitteln des Arbeitsamtes finanzieren. Krause selbst ließ sich die Umzugskosten von Berlin nach Börgerende aus Steuergeldern bezahlen. Es waren immer Sachen von diesem Kaliber. Er hat es seinen Feinden leicht gemacht. Er hatte auch ein bisschen Pech mit seiner Frau, so wie im Märchen *Vom Fischer und seiner Frau*. Und als sie endlich auch noch ihre blaue Küche hatte, nahm sie sich einen anderen.

Richtig gefährlich werden so genannte Putzfrauen- und Umzugsaffären ja immer erst, wenn sie Leuten aus der eigenen Partei als Folie für etwas ganz anderes dienen. Da war das Unbehagen der Neumitglieder gegen die Blockflöten aus der alten Ost-CDU. Krause hatte ja schon ewig in der Bezirksleitung gesessen. Seit 1975 war er Mitglied der Ost-CDU. Zur Wendezeit hatte er es zum Kreisvorsitzenden gebracht.

Permanenter und oft sehr persönlicher innerparteilicher Konflikt zwischen Menschen, deren Lebensgeschichten gar nicht zusammenpassen, das ist der Preis, den die CDU in fast allen ostdeutschen Landesverbänden für ihren großen historischen Zaubertrick bezahlen muss. Kohls CDU hat sich die Ost-CDU mitsamt ihren SED-Strukturen, ihrer SED-Abhängigkeit, ihrer Mitschuld, aber dafür auch mit ihrem beachtlichen Vermögen, ihren Immobilien, ihren Funktionären und ihrem DDR-Know-how einverleibt. Das war der Trick.

Der Zauberspruch dazu hieß: Wir verteufeln von nun an die

PDS als ewige und alleinige «Nachfolgepartei». Trick und Spruch dienten nichts anderem als dem Machterhalt, wurden aber so nachhaltig als hochwertige moralische Position getarnt, dass inzwischen fast alle in der CDU selber daran glauben. Sie haben sich eine Parteigeschichte erfunden, die mit der DDR nichts mehr zu tun hat und die von den meisten Menschen in Deutschland inzwischen für die wahre Geschichte der CDU gehalten wird.

Wie auch immer: Merkel und der Ministerpräsident Berndt Seite waren Neumitglieder, Krause, wenn man das unfreundliche Wort benutzen will, eine Blockflöte. Als Kohl Günther Krause 1993 unter dem Druck der Affären als Minister fallen ließ, war es bald auch mit dem Landesvorsitzenden Krause vorbei. Angela Merkel wurde seine Nachfolgerin.

Krause erzählt, Merkel habe damals gesagt: Jetzt tritt erst mal zurück. Das ist besser. Wir gucken dann, wie es weitergeht. Ich helfe dir.

Daraufhin habe er gesagt: Okay, dann trete ich zurück.

Sie aber hat ihm nicht geholfen. Nicht, als er 1995 Oberbürgermeister in Rostock werden wollte. Nicht 1998, als er versucht hat, Rostock für die CDU über die Erststimmen zu gewinnen.

Und warum nicht?

«Weil Kohl 1991 in einer Präsidiumssitzung gesagt hatte: Wir müssen uns mal über die Rangordnung einigen. Schäuble ist die Nummer zwei. Und wenn Schäuble, aus welchen Gründen auch immer, ausfällt, ist Krause dran.»

Von da an haben sie ihn alle verfolgt, sagt Krause. Schäuble und Rühe haben ihn verfolgt. Und Merkel eben auch.

«Ihr Hauptförderer, der dafür gesorgt hat, dass sie überhaupt aufs Festbankett kommt, war ich. Und als ich ins Wanken gekommen bin, hat sie den Finalschuss abgegeben. So ist die. So funktioniert die. Und das können Sie durchaus zitieren: Wenn man Frau Merkel den Rücken zudreht, gibt's einen Tritt in den Arsch. Das hat der Kohl erfahren. Das hat der

215

Schäuble erfahren. Und lange vor den beiden habe ich das erfahren.»

Helmut Kohl und er sind sich ganz einig in der Einschätzung von Angela Merkels Charakter, sagt Günther Krause. Helmut Kohl und er haben schon oft darüber gesprochen. Krause sagt sehr häufig «Helmut Kohl und ich». Helmut Kohl und er, das sind die beiden großen, historischen Opfer der Angela Merkel. So jedenfalls geht Krauses Version.

Kohls und Krauses Stammkneipe in Berlin ist die «Pschorr Bierstube» gegenüber vom «Palast-Hotel». Da sitzen Kohl und Krause heute noch oft beieinander, sagt Krause, und sind sich einig: dass sie aus dem Inneren der CDU erst einmal eine Reihe von qualifizierten Leuten ganz neu aufbauen müssen. Dass sie Koch noch nicht für 2006 als Nummer eins empfehlen können. Dass der erst nochmal die Wahl in Hessen gewinnen und sich dann für 2010 bereithalten muss.

Wenn Krause erzählt, wie er mit Helmut Kohl die Zukunft der CDU plant – die Zukunft der CDU nach Angela Merkel, versteht sich –, fängt man natürlich an zu zweifeln. Ob Krauses Realitätsverlust nicht sehr viel stärker ist als die überprüfbaren Fakten?

Dieser Krause spinnt wahrscheinlich, denkt man dann möglicherweise. Der macht sich wichtig mit seinem Helmut Kohl. Dabei ist der doch längst auch weg vom Fenster.

Krause riskiert schließlich auch noch einen erstaunlichen Vergleich. Eine ehemalige FDJ-Sekretärin für Agitation und Propaganda aus der DDR 1991 in die Bundesregierung zu holen, das sei doch ungefähr so, als hätte Adenauer nach 1945 Goebbels zum Familienminister gemacht.

Erst ist er derjenige, der die Frauenministerin Angela Merkel ganz alleine erfunden hat. Und jetzt das.

Man ist ganz schwach auf den Beinen von so viel Bitterkeit, wenn man wieder an die frische Luft kommt nach einem Besuch bei Günther Krause. Zum Schluss hat er noch über das

Haus in Börgerende und über die Trennung von seiner Frau gesprochen.

Und als er dann zum Abschied vor sich hin brummelte: «So ist es nun einmal, wenn alles im Hass endet», war nicht ganz klar, ob er jetzt das Ende einer Ehe oder das Ende einer politischen Karriere gemeint hat.

Dann aber sagte er: «Seit dem 1. Juli dieses Jahres bin ich 25 Jahre in der CDU. Und ich habe noch nicht einmal ein Glückwunschschreiben bekommen.»

Ein paar Monate später, im Juni des Jahres 2001, geschah etwas Seltsames. Der Nicht-mehr-Ehrenvorsitzende und eigentlich auch Nicht-mehr-überhaupt-noch-Irgendetwas Helmut Kohl verhinderte Wolfgang Schäuble als Spitzenkandidat der Berliner CDU. Er traf sich, als sich gerade alle auf Schäuble geeinigt hatten und Angela Merkel sich für diese Lösung auch öffentlich einsetzte, mit dem möglichen lokalen Kontrahenten Frank Steffel zum Essen beim feinen Grunewalder Italiener «Capriccio». Kohl hatte den Fotografen der *BILD*-Zeitung dazu bestellt und riet diesem Frank Steffel für die Schlagzeile: «Frank, *Sie* müssen es machen.»

Frank Steffel wurde tatsächlich der Kandidat. Gegen alle Absprachen und Vereinbarungen, die es bis dahin gegeben hatte. Wolfgang Schäuble war endgültig brüskiert und politisch ausradiert, Angela Merkel wieder einmal als macht- und einflusslose Parteivorsitzende vorgeführt.

Dann drohte Helmut Kohl an, dass er in die Schlacht um Berlin ganz groß einsteigen werde. Und der Kandidat Steffel bedankte sich dafür «mit großer Freude», weil das für die Berliner CDU «eine große Ehre» sei.

Er benutzte tatsächlich und ausgerechnet diese Vokabel.

Da dämmerte es einigen: Kohl ist wieder da. Das System Kohl ist zurück. Möglicherweise war es auch überhaupt nie weg gewesen. Es hatte sich nur vorübergehend unsichtbar gemacht.

Vielen ist im Juli 2001 noch einmal eingefallen, was Helmut

Kohl zu Schäuble und Merkel gesagt haben soll, als er wegen des größten Spendenskandals, der dieses Land je erschüttert hat, seinen Ehrenvorsitz abgeben musste: «Ihr werdet schon sehen, wer von uns übrig bleibt.»

Vielleicht spinnt Günther Krause ja doch nicht. Am Ende trifft Kohl sich tatsächlich unentwegt mit allen zu kurz Gekommenen und sonstwie Grämlichen in der CDU, um die Zukunft nach Angela Merkel zu planen. Mit einigen wird er sowieso noch das eine oder andere übel riechende Geheimnis im Keller liegen haben. Wahrscheinlich telefoniert er Tag für Tag mit der Energie und Kraft des rachsüchtigen alten Mannes, der 16 Jahre lang 16 Stunden am Tag die Partei bis in die letzten Untergliederungen manipuliert und nebenbei ja auch noch ein Land regiert hat.

Als Kohl gefragt wurde, warum er sich da in Berlin eingemischt habe, sagte er scheinbar empört, aber mit unverhohlener Freude über seinen gelungenen Coup wie ein aufsässiges Kind: «Ich habe damit doch überhaupt nichts zu tun.»

Wahrscheinlich hält Helmut Kohl also immer noch einen Teil der Macht, die Angela Merkel so spürbar fehlt. Und gibt sie niemals her. Kann nicht aufhören. Wird nie aufhören: Wir werden ja sehen, wer von uns übrig bleibt.

Vielleicht erklärt sich die jüngste Geschichte der CDU und damit auch die Geschichte der Parteivorsitzenden Angela Merkel doch noch etwas anders, als es auf der Oberfläche immer ausgesehen hat. Vielleicht hätte man Helmut Kohl nie vergessen dürfen. Vielleicht sitzt der tatsächlich wie eine dicke, giftige Spinne im längst schon wieder dichten Netz und spinnt die Fäden. Den Wolfgang Schäuble hat er schon. Dann wäre die Frage nur noch: Wann wird er Angela Merkel verspeisen?

Kohl hat sich nicht nur wie alle anderen eine Geschichte erfunden, die er am Ende für sein Leben hält. Bei ihm geht es um mehr: Er kämpft um seinen Platz in der Geschichte. Das objektive Bild der Geschichte ist die Summe der Lügen, auf die man sich dreißig Jahre später geeinigt haben wird. So hat es Napoleon gesagt.

Und Helmut Kohl kämpft seinen letzten Kampf um die Lügen. Er hat die Partei mit seiner Spendenpraxis an den Rand des Ruins gebracht. Er hat den treuesten und loyalsten Freund geopfert. Wahrscheinlich würde er sogar sich selber opfern und alles mit sich in den Orkus ziehen, wenn dafür sein Bild in der Geschichte nur wieder makellos würde, wenn er Rache nehmen könnte und wenn vor allem eines von ihm genommen würde: die entsetzliche Leere der Machtlosigkeit.

AUFSTEIGEN ODER ABSTÜRZEN

Damals, im November 2000, auf der Autobahn von Rostock zurück nach Berlin, war Zeit genug, um über die Schlagzeile vom Ex-Haus der Ex-Frau des Ex-Ministers nachzudenken. Darüber, warum einige so dramatisch abstürzen aus der Politik wie Günther Krause. Und warum andere so vollkommen unfähig sind, die Macht wieder herzugeben, wie Helmut Kohl.

Irgendwann sind sie alle ex. Der Wechsel gehört zum Wesen der Demokratie. Das haben sie schon in der Schule gelernt. Und doch steuert die Angst vor dem Machtverlust, die Unfähigkeit, mit einer der Grundregeln der Demokratie umzugehen, einen großen Teil ihres Handelns.

Eines demokratischen Tages wird es vorbei sein, kein Chauffeur mehr, keine Sekretärin, keine Kameras und Interviewanfragen, keine Schranzen und Speichellecker, die man wie Marionetten tanzen lassen kann. Nie mehr dieses Gefühl morgens beim Zeitunglesen, sofort zum Hörer greifen und dringend etwas anordnen zu müssen. Davor haben sie alle Angst. Das bringt noch die Intelligentesten zu unfassbaren Vermeidungs- und Abwehrstrategien.

Weil sie längst alle Berufspolitiker sind. Weil viele von ihnen nichts anderes als Politik gelernt haben. Weil einige jahrzehntelang nichts anderes als Machterhalt gemacht und gedacht haben. Macht ist eine heimtückische Droge. Und viele sind richtige Junkies geworden. Abhängig von der Droge Macht. Abhängig von der Politik. Politjunkies.

Wie Krause in Rostock, sitzt genau am entgegengesetzten Ende des Landes, ganz tief im Südwesten, Oskar Lafontaine. Sie nannten ihn den Napoleon von der Saar. Blitzgescheit, politikbegabt, zum Platzen selbstbewusst, erfolgreich und gerissen. Daheim verehrt wie eine Gottheit. *Die* Identifikationsfigur für die Linken in der SPD. Und dann läuft nicht alles ganz genau so, wie er sich das vorgestellt hat. Und er schmeißt hin, auch die Hoffnungen seiner Anhänger. Jetzt erklärt er Gerhard Schröder in der *BILD*-Zeitung, wie Regieren eigentlich geht.

Oder die anderen, die das Ende noch vor sich haben, die die Droge Macht mit den Deformationen der Telekratie gerade noch in der Balance halten. Joschka Fischer zum Beispiel. Joseph Fischer, wie die *FAZ* ihn immer schon nannte und wie er nun auch selber unbedingt genannt werden möchte, seitdem er Außenminister ist und Siegelring trägt. Der vor den Fernsehkameras den verlassenen Ehemann gab, als es ihm ins Kalkül passte. Der seinen Lauf zu sich selbst vermarktete. Und der es heute «zum Kotzen» findet, wenn die Medien über das Scheitern seiner neuen Ehe berichten. Als wüsste gerade er nicht, dass sie immer so dicht an einem Privatleben bleiben, wie man sie einmal freiwillig gelassen hat.

Oder Rudolf Scharping. Was für ein tatendurstiger, normaler Mensch ist der vor vielen Jahren als gerade gewählter junger SPD-Ministerpräsident gewesen. Die Füße auf dem Schreibtisch in der Staatskanzlei, in der schon Helmut Kohl regiert hatte. Frisches Obst auf dem Sideboard. Mozart in der Stereoanlage. Schon damals wirkte das alles ein bisschen wie hindekoriert für den Besuch einer überregionalen Zeitung. Aber dieser neue Ministerpräsident war doch ein in sich ruhender Mann, der Kompetenz ausstrahlte und Handlungswillen, der konkrete sachpolitische Ziele hatte, ein stabiles Zuhause, eine sympathische Frau, drei Töchter und aufrichtige Freunde aus allen Lebensbereichen.

Und heute? Wie ein Roboter läuft Scharping durch Berlin, als hätten sie ihm ein Valiumdepot ins Bewegungs- und Sprachzentrum implantiert. Und turtelt dann bei Biolek oder beim Staatsbesuch im Nahen Osten mit seiner neuen Liebe wie ein sehr schlechter Schauspieler, weil sein Medienberater ihm offenbar öffentliches Turteln nahe gelegt hat, um sein Roboterimage zu bekämpfen.

Ohne Show keine Aufmerksamkeit. Ohne Aufmerksamkeit keine Macht. Ohne Macht ist alles aus. Bedeutung geht vor Leistung. Und Bedeutung leitet sich daraus ab, wie oft einer in den Medien vorkommt. An Scharping konnte man besonders gut beobachten, was die Zwänge einer Ereignisdemokratie mit ihren Eliten anrichten. Rudolf Scharpings Körpersprache erzählt unentwegt vom elenden Zwang, ein Popstar sein zu müssen, obwohl man doch eigentlich nur die Welt verändern wollte.

Ende November 2000 hat Kurt Biedenkopf mir in der sächsischen Landesvertretung noch ausführlich erklärt, woher Helmut Kohls Unfähigkeit zum Loslassen kommt. Der Kohl habe ja von seinem 16. Lebensjahr an ein Leben geführt, das auf nichts anderes als auf die Eroberung von formalen Machtpositionen ausgerichtet war. Der müsse ja kaputtgehen ohne Macht.

Dann hatte Biedenkopf von seinem Vater erzählt. Der war Ingenieur und Vorstand eines Chemieunternehmens, mit Leib und Seele. Und als er mit 67 Jahren in Pension geschickt wurde, wäre er fast gestorben, weil er nicht wusste, was er mit seinem Leben anfangen sollte.

Biedenkopfs Vater hat die Kurve noch genommen und ist 97 Jahre alt geworden. Und der Sohn hatte ein für alle Mal kapiert, was das Klammern an Macht und Position bedeutet.

Sagte der Sohn damals, Ende November 2000.

Nur drei Monate später legte Kurt Biedenkopf in Dresden eine der erstaunlichsten Inszenierungen des alten Stückes hin: Von einem, der einfach nicht loslassen kann.

Obwohl auch in Sachsen noch nicht abschließend geklärt ist, welchen Anteil Helmut Kohls lange Strippen und ungestillte Rachegelüste hatten an dem Aufstand der Jungen gegen ihren König Kurt.

SPRUNGTUCH PROVINZ

Um zu begreifen, dass man die Macht sehr gut behalten kann, selbst wenn man den Vorsitz und alle anderen formalen Ämter längst abgegeben hat, braucht Angela Merkel keinen Helmut Kohl mehr.

Das praktiziert sie selbst: in Mecklenburg-Vorpommern.

1993 wurde sie Landesvorsitzende. Als nach ihrer Wahl die Gratulanten vorbeizogen, einer nach dem anderen, da hat sie jedem Einzelnen ins Ohr geflüstert: Und ruf mich unbedingt an, wenn etwas los ist.

Wenn seither etwas los ist in Mecklenburg-Vorpommern, dann rufen sie an, meistens alle Beteiligten, sodass Angela Merkel immer gleich alle Versionen aller wichtigen Ereignisse hat.

Als sie ihren Landesvorsitz aufgab, hat sie gesagt, sie werde dem Land die Treue halten. Sie nimmt, wann immer sie kann, an den Sitzungen des Landesvorstandes teil. Es passiert nichts in diesem Landesverband, ohne dass sie davon erfährt.

Wenn sie nach Grimmen anreist zu einem Kleinen Parteitag, dann stehen die Leute Schlange, um ihr Devotionalien und gute Wünsche zu überreichen. Erwachsene Parteifunktionäre kneten verlegen und unbeholfen ihre schwieligen Hände, wenn sie Angela Merkel sagen, dass sie sich von den Weicheiern in Berlin, für die sie in der Spendenaffäre ja immerhin die Kartoffeln aus dem Feuer geholt habe, mal nur nicht Bange machen lassen soll. «Vergessen Sie nie, dass wir hier alle hinter Ihnen stehen. Notfalls auch vor Ihnen.»

Alle in der Landespartei loben Merkels Einfachheit, ihre Natürlichkeit, dass sie nichts Gekünsteltes habe, nichts Verborgenes. Und vor allem, dass sie eine so große Ruhe ausstrahle.

Landrat Wolfhardt Molkentin, ein vierschrötiger Mann mit quadratischem Schädel, gerät richtig ins Schwärmen, wenn er von Angela Merkel erzählt. Er freut sich, wenn man ihm berichtet, dass sie von ihm immer als «mein Landrat» spricht. Und er hat im Schreibtisch eine Klarsichthülle mit Fotos: Ich und Angela.

Schaut er sich die Bilder ab und zu an?

Na klar.

In den Jahren nach der Wende standen die Leute Schlange vor Merkels Wahlkreisbüro in Stralsund, in einer kleinen Gasse neben der Bären-Apotheke. Sie standen auf der Straße, im Flur und im Treppenhaus, als ob sie auf ein Wunder warteten. Die sitzt in Bonn im Kabinett, die kann mir bestimmt helfen. Meistens ging es um Rente.

Merkels Krisenmanagement in der zerstrittenen Partei und in der ebenso zerstrittenen Großen Koalition ist im Land Mecklenburg-Vorpommern Legende. Sie hat alle Konflikte moderiert zwischen Mecklenburgern und Vorpommern, zwischen Block-CDUlern und Neumitgliedern, zwischen erstaunlich vielen Katholiken in der Landes-CDU, der Rosenkranz-Fraktion, den Evangelischen und den Ungläubigen, zwischen den schwierigen Insulanern und allen anderen.

Als die Große Koalition 1996 schon fast zerbrochen war, da ist sie einfach unangekündigt in die Sitzung der SPD-Fraktion gegangen, hat denen erklärt, dass die CDU auch eine Schmerzgrenze und einen Stolz habe, hat die Streithanseln wieder an einen Tisch gebracht. Und Harald Ringstorff ist dann wieder rein in die Koalition. Ihretwegen.

Sie verehren sie in Mecklenburg wie eine Heilige. Und man muss lange im Land unterwegs sein, bis man jemanden findet, der sich traut, auch mal ein schlechtes Wort über Angela Merkel zu sagen.

Sogar den politischen Aschermittwoch hat sie eingeführt in Mecklenburg-Vorpommern. Sie hat ja auch in mancher Rede gesagt, das Land solle das Bayern des Nordens werden. Für Aschermittwoch hat sie Staffenhagen ausgesucht. Da hat sich Pfanni angesiedelt und eine große Supermarktkette. Da ist Zukunft. Da gibt es Jobs. Da ist ja schon fast Bayern.

Und jetzt eben auch Aschermittwoch. Mit Bütt und Blaskapelle und Funkengarde. Merkel setzt dann sogar den Dreispitz auf mit Bimmeln und Glocken, obwohl sie findet, dass sie damit wie ein Kaninchen aussieht.

Und die Leute jubeln ihr zu. So wie sie einst Günther Krause zugejubelt haben, jubeln sie jetzt ihr zu. Sie wollen, dass eine aus ihrem Land ganz oben ist. Und wenn schon eine von ihnen ganz oben ist, dann wollen sie die auch unterstützen und stolz sein. In Mecklenburg hat sich vollzogen, was in der Bundes-CDU nicht funktioniert.

Angela Merkel passt nach Mecklenburg. Sie kann aussehen, wie die Leute dort aussehen. Ob sie eine Bäckerei besichtigt oder einen Bauernhof, sie geht da ganz ungekünstelt rein, passt sofort dahin und ist gut informiert. In ihrem Wahlkreis hat sie das ganze Spektrum: Orte mit der höchsten Arbeitslosigkeit in Deutschland und Orte, die mit westlichen Badeorten mithalten wollen und können. Auf ihrer Autogrammkarte steht: Merkels Hobbys sind Lesen, Wandern, Gartenarbeit.

Ach Gott, wie spießig, denken viele in Berlin.

Für die Menschen in Mecklenburg-Vorpommern wäre alles andere fremd und abstoßend: Fallschirmspringen wie Möllemann, Fliegen wie Gysi, Golfspielen wie die Spitzenkandidaten von CDU und SPD in Berlin.

Angela Merkel signalisiert: Ich bin eine von euch. Sie ist eine von ihnen, wenn auch eine ganz Besondere. Sie könnte die Tochter vom Apotheker sein, die Direktorin der Schule. Eine Kleinbürgerin, die nach oben gehört. So stellt sie ein politisches Milieu her, das Milieu der Provinz. Das macht sie wie Helmut Kohl. Und das garantiert Wählerstimmen.

In der mecklenburgischen CDU sitzen viele, die deswegen richtig froh sind, wenn Angela Merkel nicht Spitzenkandidatin im Bund wird. Dann wird sie es ja vielleicht in Mecklenburg-Vorpommern. Sie hätte sowohl eine wirkliche Chance, die Wahl zu gewinnen, als auch wieder eine Große Koalition mit der SPD hinzubekommen, erzählen die örtlichen Experten.

Interessant an diesen Überlegungen ist, dass Angela Merkel nominell ja gar nichts mehr ist in Mecklenburg-Vorpommern. Der Fraktionsvorsitzende heißt Eckhardt Rehberg, Steffie Schnoor ist Parteivorsitzende. Wenn Angela Merkel aber erklären würde, ich will es machen, wird es keine Diskussion geben. Das sagen alle.

Das große Problem für die Landes-CDU ist nur, dass Angela Merkel nichts erklärt. Der Wahltermin in Mecklenburg-Vorpommern fällt mit der Wahl im Bund zusammen. Wenn Angela Merkel sich aber wegen ihrer bundespolitischen Optionen erst spät entscheidet, vielleicht tatsächlich erst im Frühjahr 2002, dann bleibt der CDU in Mecklenburg-Vorpommern keine Zeit mehr, einen anderen Spitzenkandidaten richtig aufzubauen. Keiner in der Landespartei mag das offen kritisieren. Man muss schon sehr genau hinhören, das Tonbandgerät ausschalten und sogar den Kugelschreiber wegstecken, um überhaupt ein leises Murren wahrzunehmen.

Wenn man Angela Merkel nach Mecklenburg-Vorpommern fragt, behauptet sie, das Offenhalten der Kandidatur dort habe nichts mit ihren bundespolitischen Ambitionen, sondern nur damit zu tun, «dass die Alternativen noch nicht abschließend erforscht sind».

Dann sagt sie allerdings: «Das wird in Mecklenburg genau

zu dem Zeitpunkt beantwortet, wenn es auch im Bund beantwortet wird.»

Genau genommen ordnet sie also die Wahlchancen der CDU in Mecklenburg-Vorpommern ihren persönlichen machtstrategischen Überlegungen unter. Wie Kohl das gemacht hätte. Und niemand in Schwerin tut was dagegen. Merkel hat die Macht. Sie ist der Boss. In Mecklenburg-Vorpommern jedenfalls.

Wenn man im Sommer 2001 aus Schwerin zurückkommt nach Berlin und wieder einmal sieht, wie Angela Merkel müde und genervt in das gnadenlose Licht der Scheinwerfer tritt, um müde und genervt zu behaupten, dass sie sich bei der Entscheidung des Berliner Landesverbandes für Frank Steffel und gegen Wolfgang Schäuble schon auch irgendwie durchgesetzt habe, sieht sie gar nicht wie der Boss aus. Nicht wie eine, die die Macht hat. Eher wie ein Junkie.

Schon 1991 erkannte Angela Merkel an sich gewisse Entzugserscheinungen. Wenn sie nur mal drei Wochen Urlaub habe, spüre sie das schon nach zwei Tagen.

1989 im Gespräch mit Herlinde Koelbl hatte sie noch gesagt: «Ich möchte irgendwann den richtigen Zeitpunkt für den Ausstieg aus der Politik finden. Das ist viel schwerer, als ich mir das früher immer vorgestellt habe. Aber ich will kein halb totes Wrack sein, wenn ich aus der Politik aussteige.»

Sie glaubt allerdings, dass Frauen leichter aussteigen als Männer. Es gibt doch viele Beispiele von Frauen, die von heute auf morgen die Politik hingeschmissen haben, sagt sie.

«Wahrscheinlich fällt es ihnen leichter als den Männern, weil sie auch während ihrer Zeit als Politikerinnen einen größeren Zug zum praktischen Leben spüren. Die haben nicht so viel Angst.»

Stimmt: Süssmuth, Hildebrandt, Birthler und Hamm-Brücher sind gute Beispiele für Frauen ohne die ganz große Angst vor dem Entzug. Allerdings tragen ihre Bücher dann immer so resignative Titel wie «Wer nicht kämpft, hat schon verloren» oder «Wer sich nicht bewegt, hat schon verloren».

Angela Merkel kämpft. Sie bewegt sich. Sie hält sich alle Optionen offen. Sie hat das Spiel mit der Macht verstanden. Sie hat auch noch nicht verloren. Aber an manchen Tagen des Sommers 2001 schien die Frage schon gar nicht mehr zu sein, was das Mädchen mit der Macht, sondern nur noch, was die Macht mit dem Mädchen gemacht hat.

Achtes Kapitel
KAMPF UM DIE MITTE

DIE KONSENSFALLE

Sie weiß, dass sie es besser machen muss als alle anderen. Und manchmal macht sie es gerade deswegen schlechter. Auch, weil es schon ein anderer besser macht. Viel besser. Das ist die Ausgangssituation. Das ist die Grundsituation zwischen Angela Merkel und Gerhard Schröder.

Bei der großen Staatsdemonstration gegen rechts am 9. November des Jahres 2000 in Berlin war das wie unter einem Vergrößerungsglas zu besichtigen. Erst haben einige, die unten standen, noch gedacht: Die Merkel hat es wirklich raus. Sieh mal an, wie pfiffig die begriffen hat, dass man auf einer Bühne, wie im Leben ja auch, nicht unbedingt so stehen bleiben muss, wie man angekommen ist oder wie man von freundlichen Sozialdemokraten platziert wurde: in der dritten Reihe hinten. Man kann auch unauffällig noch ein Stück zurück auf die andere Seite gehen und dort plötzlich ganz vorne auftauchen, in der ersten Reihe neben dem Redner, schön ausgeleuchtet und im Blickfeld der Kameras, wo man hingehört.

Dann war genau das der Fehler. Jetzt stand Angela Merkel da, ganz vorne in der ersten Reihe im Blickfeld der Kameras, schön ausgeleuchtet neben Paul Spiegel, dem Vorsitzenden des Zentralrats der Juden. Und die Fernsehnation konnte sich in Großaufnahme anschauen, wie sie reagierte. Während Edmund Stoiber vorsichtshalber lieber gleich in der zweiten Reihe und in der Deckung geblieben war. So konnte keiner sehen oder gar ausleuchten, ob der nun klatschte oder nicht und was für ein Gesicht er machte, als Paul Spiegel sagte, was zu sagen war.

Anfangs hat Angela Merkel noch an Stellen geklatscht, an denen sie als CDU-Frau eigentlich nicht unbedingt hätte klatschen müssen. Nachher hat sie dann gar nicht mehr geklatscht. Nachher hatte sie Mühe, ihr Pokerface im Scheinwerferlicht unter Kontrolle zu halten. Paul Spiegel ließ sich durch ihre physische Nähe nicht davon abhalten zu sagen, was er sich vorgenommen hatte: «Was soll das Gerede um die Leitkultur? Ist es etwa deutsche Leitkultur, Fremde zu jagen, Synagogen anzuzünden, Obdachlose zu töten? Meine Damen und Herren Politiker. Überlegen Sie, was Sie sagen, und hören Sie auf, verbal zu zündeln.»

Die Demonstration vom 9. November war ein Klassiker des Systems Schröder, ein Meisterstück im Darstellen von Führung, im Organisieren von Konsens und im Kaltstellen der Opposition.

An die Bürger des Landes erging die seltsame Aufforderung, mit ihrer eigenen Regierung zu demonstrieren. Der Bürger in einer Demokratie geht ja eigentlich auf die Straße, wenn er von seiner Regierung etwas will, wenn er zum Beispiel Transparente in die Kameras halten möchte, auf denen *Ökosteuer weg* steht. Eine Demonstration der Berliner Bürger am 9. November 2000 hätte nach den vielen Übergriffen Rechtsradikaler, denen die Regierung mehr oder weniger ideen- und tatenlos zugeschaut hatte, auch sehr gut gepasst. Man hätte auf die Transparente schreiben können: *Schröder, hören Sie auf zu reden. Tun Sie endlich was gegen rechts.* Oder: *Wo bleibt das Gewaltmonopol des Staates?*

Wenn eine Regierung aber genau das, was man auf Transparenten fordern könnte, gerade nicht tut und stattdessen unter dem lächerlichen Motto «Wir sind nicht allein» die Bürger zu einer Demo gegen rechts hinter sich versammelt, dann ist das eine telegene Ersatzhandlung. Eine Ersatzhandlung, die raffiniert zur kollektiven Entlastungsorgie erhoben wurde. Der Gipfel symbolischer Scheinpolitik.

An die Opposition war es das schnöde Angebot: Schach oder gleich Matt. Entweder ihr macht mit und hört euch an, was Spiegel zu sagen hat. Oder ihr macht nicht mit. Dann seid ihr erkennbar nicht gegen rechts. Damit stellt ihr euch selber an den rechten Rand, wo wir euch sowieso haben wollen, damit ihr keine Mehrheiten mehr bekommt in diesem Land.

Nichts Effektives gegen rechtsradikale Jugendkultur und Gewalt unternehmen, gleichzeitig aber das Land im pathetischen Akt einer Staatsdemonstration zu einen und nebenbei auch noch die Opposition in eine Entscheidungssituation zu bringen, in der sie nur verlieren kann, das ist etwas für die virtuosen Spieler der Ereignisdemokratie. Da klopfen sich die Spin-Doctors des Konsenskanzlers auf die Schenkel vor Vergnügen. Und die anderen stehen da wie die Anfänger.

Angela Merkel hat mit ihren Vertrauten in der CDU-Zentrale lange und gründlich nachgedacht, was zu tun sei. Es war eine Entscheidung zwischen Skylla und Charybdis. So ist es in der Teledemokratie oft, weil ja nur noch die ganz schlichten Botschaften übermittelbar sind: Die CDU macht mit, oder sie macht nicht mit. Angela Merkel hat bei diesen Beratungen ihren Mitarbeitern von den Erster-Mai-Demos in der DDR erzählt. Das waren auch Staatsdemonstrationen, denen man sich fast nicht entziehen konnte. Außerdem gab es zehn Mark, wenn man teilnahm. Sie hat sich aber trotzdem gedrückt, wann immer es ging, hat stattdessen lieber beim Tellerabwasch geholfen im Rathaus Köpenick oder – ganz listig – einen Rechnertag eingelegt am Institutscomputer. So ein Staatsrechner musste ja schließlich ausgelastet bleiben zum Wohle des Sozialismus.

Dass sie jetzt, als CDU-Vorsitzende in einer freien, parlamentarischen Demokratie, noch einmal genötigt werden sollte, an so etwas teilzunehmen, an einer vom Staat angesetzten und organisierten Demonstration, war ihr zuwider.

Aber es ging gegen rechts. Wenn sie nicht hingegangen wäre, hätte es geheißen, die Leitkultur-CDU unter Angela Merkel ist nicht gegen Rechtsradikale. Die hat sich aus dem Konsens der Demokraten verabschiedet. Teller abwaschen oder Rechnertag einlegen ging sowieso nicht. Also hingehen, mitfinanzieren sogar, Zähne zusammenbeißen und Ohrfeige abholen. Wie Stoiber das auch tat. Nur in die erste Reihe hätte sie sich eben nicht unbedingt stellen müssen. Wenn es ein System Schröder gibt, dann war es an diesem 9. November zu besichtigen und auch, wie unheimlich gut es funktioniert. Alle haben mitgemacht. Alle waren gut gelaunt. Vor Begeisterung über den allgemeinen Konsens gegen rechts nahm kaum jemand Anstoß an den demokratietheoretischen Problemen so einer Staatsdemo.

Schröders Berater haben sich die Konsensstrategie von Bill Clinton abgeguckt. Der hatte vorgedacht und vorgemacht, mit wie viel Erfolg man Politik im postideologischen Zeitalter unter einem griffigen Schlagwort wie «Third Way» als alternativlose Pragmatik jenseits aller Ideologien präsentieren kann. «Dritter Weg», das ging in Deutschland zwar nicht, war ja als Vokabel schon etwas verbraucht. So wurde die «neue Mitte» erfunden: Wo wir sind, ist die neue Mitte der Gesellschaft. Neue Mitte bedeutet per Deklaration Konsens der Vernünftigen, bedeutet Pragmatik, Interessenausgleich, das Beste für unser Land. Bedeutet: Wer uns kritisiert oder bei unseren Vorhaben nicht mitmacht, begibt sich außerhalb dieses Konsenses, stellt sich also automatisch an den Rand. Wer gegen unsere Lösungsansätze argumentiert, ist verdächtig, sich nur profilieren zu wollen und dafür das Gemeinwohl hintanzustellen.

Nach dem Fall der Mauer und den ersten taumelnden Orientierungsjahren ins postideologische Zeitalter war es offenbar ganz einfach, einst Rechte und vor allem einst Linke mit dem einigermaßen vordemokratischen Ansatz einzulullen, es gebe von nun an in der globalisierten, ideologiefreien Welt nur noch die eine vernünftige pragmatische Lösung für ein Problem, die man nur erkennen und durchsetzen müsse. Und zu dieser einen

232

Lösung gibt es selbstverständlich keine Alternativen, schon gar keine konkurrierenden Gesellschaftsmodelle, keine rechte oder linke Politik, nur die richtige.

Interessanterweise konnte die rot-grüne Koalition so den Konsens gerade über die Vorhaben herstellen, die sie als Opposition verhindert oder blockiert hatte: Renten, Steuern, Gesundheit. Die meisten Spitzenbeamten, auch die Schlüsselstaatssekretäre im Verteidigungsministerium, im Arbeitsministerium und im Finanzministerium, wurden mit ihren Konzepten beim Regierungswechsel einfach übernommen. Schröders Wahlversprechen hatte ja auch geheißen: Nicht alles anders, nur vieles besser machen.

Solange es funktioniert, und in Deutschland funktionierte es nach dem holprigen Anfangsjahr der Schröder-Regierung wie geschmiert, konnten alle unbequemen Themen für «zu wichtig» oder «zu sensibel» erklärt werden, als dass sie zum Gegenstand politischer Auseinandersetzungen werden durften. Wer gegen den Einsatz im Kosovo war, schadete dem Ansehen des Landes in seiner neuen internationalen Rolle. Auch wer nur noch ein paar Fragen hatte, bevor deutsche Soldaten zum ersten Mal wieder in den Krieg zogen, stand schon da als einer, der nichts kapiert hat und der dem Land aus altmodischen ideologischen Erwägungen heraus schadet.

Schröder hatte bereits als Ministerpräsident und damals noch zum Ärger seiner Partei gesagt, es gebe doch gar keine rechte oder linke Wirtschaftspolitik, nur die richtige. Da jaulten die Linken in der SPD noch auf. Das war übrigens ungefähr zu der Zeit, als eine unbekannte, junge Physikerin im damals noch anderen Teil Deutschlands für den *Demokratischen Aufbruch* genau dasselbe sagte: Wir sind nicht rechts, wir sind nicht links, wir sind vorn.

Jetzt gibt es keine Linken mehr in der SPD. Jedenfalls keine, die man jaulen hören könnte. Jetzt gibt es nur noch nationalen Konsens. Jetzt bewundern sie Gerhard Schröder, wenn er

Richard von Weizsäcker zum Chef der Kommission für die zukünftige Wehrstruktur ernennt oder Otto Graf Lambsdorff als Unterhändler für das Abkommen zur Entschädigung ehemaliger Zwangsarbeiter bestimmt.

Burkhard Hirsch als Ermittler der dubiosen Aktenvernichtung der Kohl-Administration, Rita Süssmuth an die Spitze der Einwanderungskommission, Lothar Späth in den «Nationalen Ethikrat»: Schröder lässt sich den Konsens von leitenden Figuren der Opposition organisieren. Damit demonstriert er Führung. Er reklamiert die Mitte: Wo ich bin, ist so sehr die Mitte, dass die Vernünftigen der anderen Seite mitmachen können. Und weil er sich jeweils die Antipoden der alten Kohl-Regierung heraussucht, führt er zugleich die neue CDU als ideologisch, altmodisch und rechts vor. Vor allem, wenn sie dagegenhält. Und sie haben natürlich wie die Pawlow'schen Hunde dagegen gehalten. Bis sie kapiert hatten, was gespielt wird. Und das hat lange gedauert.

Als Rita Süssmuth die Leitung der Einwanderungskommission annahm, strich der zornige Friedrich Merz sie sogar von der Rednerliste zur OSZE-Debatte. Guido Westerwelle bot ihr daraufhin scherzhaft politisches Asyl an. Da grölten die Herren aus der CDU-Fraktion tatsächlich: «Ihr könnt sie haben.» Eine peinliche Szene. Und ein zufriedener Konsenskanzler, der hinter den Kulissen die Angelegenheit noch weiter anheizen ließ, indem seine Mitarbeiter ausgewählten Journalisten zuraunten: Eine schöne Stinkbombe haben wir da geworfen.

Angela Merkel, die bei Helmut Kohl gelernt und mit Wolfgang Schäuble die Gründe für die Wahlniederlage der CDU analysiert hat, sagte damals schon: «Wenn wir die Mitte preisgeben und auf andere Felder ausweichen, dann hat Schröder uns in der Ecke, in der er uns haben will. Und in dieser Ecke sind keine Mehrheiten zu holen.»

Friedrich Merz, Roland Koch und der Edmund Stoiber, der noch nicht über eine Kanzlerkandidatur nachdachte, waren

234

nach der Kränkung durch den Machtverlust der Union aber ganz anderer Meinung: Opposition muss doch Draufhauen sein. Krawall. Blockade. Neinsagen. Jedem Muckser der Regierenden sofort einen überziehen. Blockieren im Bundesrat können wir mindestens so toll wie Lafontaine. Also schenkte Edmund Stoiber Angela Merkel nach ihrer Wahl zur Parteivorsitzenden ein paar rote Boxhandschuhe.

Bei den eigenen Leuten, in der Fraktion vor allem, und auch in den Springer-Zeitungen, haben sie immer sehr viel Applaus für dieses Oppositionskonzept bekommen. Und da sie sich offenbar vor allem im eigenen Milieu aufhalten, merkten sie lange nicht: Bei den Bürgern kommt das nicht so gut an. Die Union hat die Bundestagswahl 1998 in der Mitte verloren, nicht am rechten Rand. Und die vier Millionen Wähler, die der Union 1998 untreu wurden, sind durch Fundamentalopposition nicht wieder zurückzugewinnen. Die Mehrheit der Wähler im postideologisch diversifizierten Zeitalter will Konsens. Konsens und Führung. Und erstaunliche 70 Prozent der Deutschen wünschen sich von der Opposition inzwischen vor allem eines: dass sie gut mit der Regierung zusammenarbeitet. Am liebsten hätten sie eine große Koalition gehabt.

So wurden die Hardliner in der CDU Gefangene ihrer eigenen Konfrontationsrhetorik. Sie wollten durch Draufhauen der Konsensfalle ausweichen, dadurch schnappte die erst recht zu.

Angela Merkel dagegen war und ist überzeugt, dass der Weg zurück an die Macht nur über den Verschleiß der jetzigen Regierung, über langfristigen Kompetenzgewinn zu einzelnen Sachthemen und dann, irgendwann über ein besseres, moderneres und sympathischeres Personalangebot führen kann. Angela Merkels Politikbild war und ist, dass CDU und SPD immer schon um die Mitte gebuhlt haben: «Deshalb hat die SPD mit ihrem Godesberger Programm die soziale Marktwirtschaft akzeptieren müssen. Und Schröder hat gesiegt, weil er – 1998 besser als die CDU – die Mitte davon überzeugte, er stehe für die Zukunft. Auch die CDU wird nur über die Mitte gewinnen können.»

Eine Mehrheit für die Union lässt sich ihrer Ansicht nach nicht aus der Wagenburg zurückgewinnen. Und Lafontaines Blockadepolitik lässt sich schon gar nicht erfolgreich wiederholen. Nicht am Anfang einer Oppositionszeit. Erst wenn einmal Götterdämmerung sein sollte bei der Schröder-Regierung. Sie hat von Anfang an gegen diesen Rückzug in die Wagenburg plädiert. Sie hat es nur, wie so vieles, nicht entschieden genug getan. Jedenfalls hat sie sich nicht durchgesetzt.

Merz ist bis heute anderer Meinung. Und Stoiber ist so richtig erst nach der Wahl in England umgeschwenkt, als klar wurde, von rechts geht gar nichts gegen den Dritten Weg. Boxhandschuhe würde er Angela Merkel inzwischen nicht mehr schenken, und wenn, dann schwarze zum Draufhauen im eigenen Laden.

Anders als Merz und Stoiber hat Angela Merkel dann versucht, die Tabus aufzubrechen, die der Konsenskanzler aufgestellt hatte, um seine neue Mitte zwischen ihnen abzusichern. Manchmal gelang ihr das. Wenn sie sagte: Warum sollen wir nicht über Europa reden? Warum nicht über Ausländer? Warum nicht über nationale Identität? Ich lasse mir doch von dem Herrn Bundeskanzler nicht vorschreiben, über was wir diskutieren. Was heißt, das habt ihr in diesem Land zu Ende diskutiert? Jetzt diskutieren wir es eben nochmal.

Manchmal sieht dieser Wettlauf um die neue Mitte auch wie ein lächerliches Hase-und-Igel-Spiel aus. Wenn Merkel sagt: «Wir sind aber schon immer in der Mitte gewesen.»

Und Schröder antwortet: «Jetzt sind aber wir die Mitte.»

Müntefering schreibt in regelmäßigen Abständen Artikel in der *Frankfurter Rundschau*: Warum für die CDU in der Mitte kein Platz mehr ist. Und Merkel spielt in den Briefen an die CDU-Mitglieder und im Internet die trotzige Gebetsmühle: «Es gibt gar keine neue Mitte. Sondern nur die Mitte. Und das sind wir. Wir sind die einzige Volkspartei der Mitte in Deutschland.»

Das sieht wie überflüssiges Insidergeplänkel aus. Ist aber viel mehr. Es ist auch egal, ob man es bei Rohrmoser gelesen hat oder gleich bei Gramsci, ob es einem von Heiner Geißler erklärt worden ist oder von Peter Glotz: Wer die Begriffe besetzt, besetzt die Macht. Definitionshoheit bereitet Machthoheit vor.

Als George W. Bush dann zur Beunruhigung der linken Regierungen in Europa vorführte, dass man die Mitte auch wieder zurückgewinnen kann, wenn man dem reinen politischen Pragmatismus so etwas wie eine Werteorientierung hinzufügt, übersetzte Angela Merkel diesen «compassionate conservatism» in ihr Wir-Gesellschaft-Konzept, in eine moderne Marktwirtschaft, die dem Subsidiaritätsprinzip verpflichtet ist und die den Weg zu ihren pragmatischen Handlungen mit einem christlich-abendländischen Wertekompass sucht und findet.

Die Strategen in der SPD erkannten die Gefahr, die in diesem Ansatz liegt, schneller, als Angela Merkel in der eigenen Partei verstanden wurde. Sie erfanden deswegen das Projekt Wärmestrom. Sie reden nicht viel darüber, achten inzwischen aber bei allen Unternehmungen und Gesetzesvorlagen darauf, dass nicht nur nackter Pragmatismus, sondern auch ein bisschen sozialdemokratische Wärme mittransportiert wird. Und Schröder scheint plötzlich wieder zu wissen, was er an einem sozialdemokratischen Bundespräsidenten wie Johannes Rau und an einem Anwalt des Ostens wie Wolfgang Thierse hat.

Und so ist Schröder im Wettlauf um die Mitte immer der Igel, ist immer längst schon da. Das wird auch so bleiben. Jedenfalls, solange es Angela Merkel nicht gelingt, wenigstens ihrer eigenen Partei deutlich zu machen, was sie mit ihrer Wir-Gesellschaft und ihrem Wertekompass eigentlich will.

Vor jede ernsthafte Konfrontation mit dem Konsenskanzler aber hatten die Götter ohnehin die Auseinandersetzung mit dem Ex-Kanzler gesetzt. Die neue Führung der CDU kämpft seit der Wahlniederlage von 1998 genau genommen gegen zwei Systeme: das System Schröder und das System Kohl. Seitdem Angela Merkel die Parteiführung von Wolfgang Schäuble übernommen hat, geht es möglicherweise auch noch gegen ein drittes System: gegen die systematische Unfähigkeit in diesem Land, mit weiblicher Führung umzugehen.

Der Zwei-Fronten-Kampf begann gleich nach der Wahlniederlage. Und zunächst ist es Wolfgang Schäubles Kampf gewesen. Helmut Kohl gab noch am Wahlabend alle Ämter zurück, erstaunlich gefasst und ohne zu lamentieren, wie es sich in einer Demokratie nach einer solchen Niederlage gehört. Dann zog er in das bescheidene, kleine Abgeordnetenzimmer mit der Nummer SO3, in dem vorher der Abgeordnete Alfred Dregger gearbeitet hatte. Da gab es gerade mal Platz für einen großen Mann, eine Sitzecke und einen Schreibtisch, nicht aber für ein riesiges Aquarium und für die Münz- und Elefantensammlung des Helmut Kohl.

Von außen konnte man erst am Morgen der ersten Sitzung des neuen Bundestages ahnen, dass da möglicherweise doch noch etwas schief lief mit der Machtübergabe in der CDU. Helmut Kohl erschien an diesem Morgen schon um 8:55 Uhr im Plenarsaal. Und er setzte sich neben den Platz von Wolfgang Schäuble. Da sollte aber eigentlich der Parlamentarische Geschäftsführer sitzen.

Meine Güte, wie peinlich, dachte man sich da als Beobachter, haben die gar nicht besprochen, wo der Kohl sitzen soll? Und ahnte noch nicht, dass sie gar nichts besprochen hatten, nicht, wo Kohl in Zukunft sitzen sollte, und auch nicht, was seine zukünftige Funktion und Rolle sein könnte. Schäuble und

Kohl redeten ja überhaupt nicht mehr viel miteinander. Vorher schon nicht. Und jetzt erst recht nicht.

Es war wie eine Vorwegnahme von allem, was dann kommen sollte. Wie der Wahlverlierer Kohl da in seinem Kampf um die erste Reihe lamentierte: Helmut Schmidt habe doch auch immer ganz vorne gesessen, als er nicht mehr Kanzler war. Das könne man doch mit ihm nicht machen. Mit ihm nicht. Wie sie dann alle nickten, aber nichts ändern konnten. Das Problem war: Es gab da im Bonner Bundestag in der ersten Reihe für die Union nur noch vier Plätze. Die Fraktion war ja nach der Wahl nicht mehr ganz so riesig wie vor der Wahl. Also haben sie Helmut Kohl in die zweite Reihe zurückbefördert. Und wer das alles beobachtet hatte, konnte schon damals auf die Idee kommen: Das wird aber nicht gut gehen.

Es ist nicht gut gegangen. Schon bald verstanden alle, wie Kohl sich die neue Zeit vorstellte: Ich nenne mich jetzt Ehrenvorsitzender. Aber ich mache genauso weiter. Das kleine Büro des Abgeordneten Dregger wurde zu einer Art Checkpoint Helmut, es lag ja nur wenige Meter vom Plenarsaal und vom Bundestagsrestaurant entfernt. Alle mussten immer da vorbei, wo Helmut Kohl mit den Resten seines Hofstaates saß und seine gefürchteten Monologe hielt. Und Kohl konnte durch sein Fenster genau beobachten, wer wann mit wem wohin geht. Vor den Parteisitzungen hat er sich dann die Mitglieder des Bundesvorstandes in sein Büro bestellt, hat sie vergattert und eingeschworen. Wie früher. Wie immer.

Die Freunde Kohls erklärten einem damals: Was soll er denn anderes machen? Er kann doch nicht aufhören. Er hat keine Hobbys. Er treibt keinen Sport. Er reist nicht gerne, wenn er selber bezahlen muss. Die Kinder sind aus dem Haus. Was soll er denn tun?

Er konnte verhindern, dass der Neuanfang in der CDU gelang. Er konnte verhindern, dass die Union über die Gründe für die Wahlniederlage auch nur debattierte. Da ein Grund für die

Niederlage ja womöglich er, der Kandidat, gewesen war, beschloss er, noch einmal etwas im Wortsinn auszusitzen. Er saß dann also in allen Sitzungen aller Gremien. Er sagte nie etwas. Aber er kommentierte alles durch sein Mienenspiel.

«Er sitzt da und sitzt und schweigt. Aber er schweigt nur verbal. Er schüttelt den Kopf, oder er nickt. Er lacht oder greint. Es ist schwer zu ertragen», erzählte mir damals ein Vorstandsmitglied.

Und einer aus der Fraktion berichtete: «Kohl sitzt da und geht allen auf den Geist. Sitzt da als Kommentar und stört. Sitzt da als die Fleisch gewordene Frage: War was?»

Wolfgang Schäuble hatte den ehrgeizigen Plan, die nach 25 Kohl-Jahren entmündigte und traditionsversessene Partei schnell wieder fit zu machen für das 21. Jahrhundert und für die ungewohnte Rolle in der Opposition. Sie mussten ja alle erst einmal begreifen, was Opposition bedeutet, dass es da um mehr geht als um das Abnicken der Kanzlervorschläge, dass man da seine Papiere und Vorlagen womöglich selbst erarbeiten muss, weil man nicht mehr auf den Sachverstand in den Ministerien zurückgreifen kann.

Eine möglichst genaue Analyse der Gründe für die Wahlniederlage wäre hilfreich gewesen für den Neubeginn. War es zu viel Sozialpolitik? War es zu wenig? War es zu viel Wirtschaftsorientierung und Reform? War es zu wenig Rücksicht auf die Menschen? Und vor allem: Welchen Anteil hatte Helmut Kohl, der Spitzenkandidat? Welche Chance hätten wir mit einem anderen gehabt?

Diese Analyse hat nie stattgefunden. Es ging einfach nicht, wenn Kohl dabei war. Und er war immer dabei. Also wurde nicht diskutiert. Also bildeten sich zu allen diesen Fragen zwei unmoderierte Lager. Darunter leidet die Partei noch heute.

Auch Peter Hintze war nach der Wahlniederlage zäh. Er wies sogar darauf hin, dass er bis zum Jahr 2000 als Generalsekretär gewählt sei. Schäuble aber wollte einen richtigen Neuanfang. Er wollte die bisherige Umweltministerin. Er hatte Angela Merkel beobachtet, ihren politischen Instinkt, ihren Machtwillen. Er sagt: «Sie hat eine sehr rasche Auffassungsgabe. Sie ist auch sehr gebildet. Sie ist wirklich eine hochintelligente, sehr kluge Frau. Außerdem hat sie diesen interessanten spieltheoretischen Zugang zur Politik: Geht es nicht so, probiere ich es eben anders. Sie hat, was viele immer noch nicht verstanden haben, wahnsinnig viele und gute Kontakte in die Partei. Sie beherrscht den Umgang mit dem Telefon. Und vor allem steht sie für einen ganz anderen Stil der Kommunikation.»

Dass er sie zur Generalsekretärin machte, zählt Schäuble «zu den besten Entscheidungen meiner Amtszeit». Und noch im Januar 2001 sagte er: «Wenn ich der Schröder wäre, würde ich die Merkel mehr fürchten als jeden anderen.»

Weil Schäuble nur höchstes Lob für Angela Merkel hatte, habe ich ihn im Januar 2001 auch noch gefragt, woran sie seiner Meinung nach mehr interessiert ist, an dem Spiel Politik, an der reinen Macht also, oder daran, irgendetwas, wovon sie wirklich überzeugt ist, politisch umzusetzen?

Die Antwort war eine Frage: «Darf ich zwei Kreuze machen? Nein?

Also, wenn nur eine Antwort gilt, dann würde ich sagen: Sie ist mehr interessiert an der Macht.»

Und ist das eine gute Voraussetzung, um heute Politik zu machen?

Da sagte Wolfgang Schäuble: «Vermutlich schon.»

Als zum ersten Mal in der Geschichte der CDU eine Frau Generalsekretärin wurde, als sie Angela Merkel am 7. November 1998 mit 93 Prozent der Delegiertenstimmen gewählt hatten, zitierte sie in ihrer Antrittsrede Hermann Hesse: «Jedem Anfang wohnt ein Zauber inne.»

Es war ein bleierner Zauber.

Sie hat nie öffentlich darüber gesprochen, aber man konnte

sehen und spüren, wie Helmut Kohl ihr auf die Nerven ging. Dieses Nicht-loslassen-Können, das ältliche, selbstgefällige Männergedröhn, die ewigen immergleichen Monologe, die Dauerpräsenz in den Gremien.

Eine, die schon einmal eine scheinbar ewige Herrschaft hat enden sehen, erkennt offenbar früher und schärfer als andere, wann eine Ära zu Ende ist, wann ein Denkmal bröckelt, wann Schluss sein muss. Kaum war sie Generalsekretärin, entließ sie den noch von Kohl berufenen Parteigeschäftsführer und holte sich ihren früheren Staatssekretär Willi Hausmann ins Adenauer-Haus. Drei von vier Haupabteilungsleiterstellen besetzte sie neu. Sie verweigerte Helmut Kohl die von ihm als selbstverständlich vorausgesetzte VIP-Behandlung bei Wahlkampfauftritten. Eine eigene Lautsprecheranlage brauche er wie alle anderen nicht.

Sie suchte eine neue Werbeagentur für die CDU. Dann drehte sie Kohls Wahlkampfslogan um, nicht mehr «Sicherheit statt Risiko», sondern «Risiko statt Sicherheit». Und in das Thesenpapier zur deutschen Einheit schrieb sie «Blühende Landschaften sind nicht alles». Es gehe jetzt darum, «die Wirklichkeit wieder in uns aufzunehmen».

Als einige Kohl-Getreue meinten, so könne man mit dem Ehrenvorsitzenden doch nicht umgehen, sagte Merkel im Bundesvorstand, sie habe acht Jahre als Bundesministerin für und mit Kohl gearbeitet und brauche keine Belehrungen über dessen Verdienste.

Man spürte, sie traute sich mehr als Schäuble, schon damals. Damals dachte man, nun gut, das wird die perfekte Rollenverteilung sein zwischen dem Parteivorsitzenden, der nun einmal moderieren und die Ränder beieinander halten muss, und der Generalsekretärin, die angreifen und austeilen darf.

Es ist aber natürlich auch eine persönliche Geschichte zwischen Kohl und Merkel. Eine Geschichte, die schwer zu entschlüsseln ist. Vor allem, weil beide nicht übereinander reden.

Jedenfalls nicht öffentlich. Es ist möglicherweise eine Geschichte enttäuschter Zuneigung. Erst war sie enttäuscht, dass der große, von ihr bewunderte Helmut Kohl nicht die Größe hatte, rechtzeitig aufzuhören und so für seine Partei und seinen Nachfolger die Weichen in die Zukunft zu stellen. Dann war er enttäuscht, weil er ihre Enttäuschung spürte und als Undankbarkeit interpretierte.

«Zwei Endpunkte einer Diagonalen», so hatte Angela Merkel ein paar Jahre zuvor sich und Kohl beschrieben: «Hier die im politischen Geschäft noch Neue, dort der erfahrene Staatsmann; der Kanzler aus dem Südwesten unseres Landes, ich aus dem Nordosten; der eine katholisch geprägt, die andere im evangelischen Pfarrhaus aufgewachsen; er in ungebrochener Kontinuität der Gründergeneration Konrad Adenauers, ich dagegen mit 35 Jahren gelebter Sozialismus-Erfahrung in der DDR; hier eine Frau, die einer Generation angehört, die nur ein geteiltes Land gekannt hat, dort ein Mann, der die Schrecken des Krieges noch selbst erfahren musste.»

Kohl gehört noch zu den Politikern, die ihren Entschluss, in die Politik zu gehen, mit diesem *Nie wieder* begründeten. Und jetzt gab es da diese junge Frau aus dem Osten, die mit einem ähnlichen *Nie-wieder*-Impetus antrat. Darin waren sie verwandt. Das verband den alten Mann mit der jungen Frau, die seine Entdeckung, sein Geschöpf gewesen war.

Angela Merkel hat Helmut Kohl aufrichtig bewundert, doch daraus ist offenbar nie dieser in der CDU so verbreitete Kadavergehorsam geworden. Sie verdankte ihm fast alles. Aber nicht schon seit einer Ewigkeit, wie die anderen. Das machte sie unabhängiger als alle anderen in der CDU, die jahrzehntelang die Assistenten und Kofferträger im Kohl'schen System gewesen waren.

Schon 1991 riskierte sie Krach mit Kohl. Da war sie gerade erst seine Stellvertreterin geworden und machte gleich mit anderen CDU-Ostlern mehr Dampf für die neuen Bundesländer, als Kohl angemessen fand. Sie sagt, ihr Verhältnis zu Kohl sei immer ein «direkter und furchtloser» Umgang gewesen.

Er sagte in einem Interview mit Wolfgang Stock noch im Mai 2000, überraschend nachsichtig väterlich, fast liebevoll: «Sie hat eine große Begabung, richtig bockig zu werden, eine Trotzhaltung an den Tag zu legen ...»

Noch heute reden die beiden sehr viel häufiger miteinander, als es in der Öffentlichkeit wahrgenommen wird. Aber sie vertrauen einander nicht mehr.

Im Dezember 1998 stritten sich dann auch Wolfgang Schäuble und Angela Merkel: über die Unterschriftenaktion zur doppelten Staatsbürgerschaft. Angela Merkel war dagegen. Dann könne man ja auch gleich Unterschriften für die Todesstrafe sammeln. Plebiszite verletzen ihre Idealvorstellung einer repräsentativen Demokratie. Und außerdem war sie sauer, dass Schäuble und Stoiber das ausgekaspert hatten, ohne sie einzuweihen.

Stoiber hatte die Idee für einen Volksentscheid gehabt. Schäuble hatte ihm zur Unterschriftenaktion geraten. Und Stoiber war damit dann sofort in die Medien gegangen und hatte die CDU so ein wenig erpresst. Man hätte die Idee nur um den Preis wieder kassieren können, dass man den neuen Parteivorsitzenden der CDU beschädigte. Angela Merkel hat die Kampagne dann mitgetragen. Viele andere, die ursprünglich dagegen gewesen waren, auch. Später, zur Europa-Wahl, haben sie den Dissens zwischen Generalsekretärin und Parteivorsitzendem mit einem Plakat ironisiert: Schäuble und Merkel gucken auf diesem Plakat in verschiedene Richtungen. Darunter stand: Nicht immer einer Meinung, aber immer auf demselben Weg.

Dann gewann Roland Koch mit der Unterschriftenkampagne die Wahl in Hessen. Und dieser erste Wahlsieg nach der verlorenen Bundestagswahl verleitete die CDU zu einem Missverständnis und zu einer Heldenverehrung. Das Missverständnis heißt seither: Wir gewinnen eben doch Wahlen, wenn wir polarisieren und am rechten Rand anschärfen. Man muss bei gesunkener Wahlbeteiligung nur die eigenen Leute mobilisieren, dann klappt das. Insofern hat die Hessen-Wahl noch einmal dazu beigetragen, die für die Union notwendigen Erkenntnisprozesse weiter aufzuhalten.

Trotzdem schrieb die Generalsekretärin ihre Erfurter Leitsätze für eine Reform der Partei in der Opposition: Erste Programmkommissionen wurden eingesetzt, Quereinsteigern sollte der Weg in die Partei erleichtert und die soziale Marktwirtschaft neu definiert werden. Mehr als drei Vorstandsämter sollten zukünftig verboten und alle Tabuzonen der innerparteilichen Diskussionen aufgegeben werden. Es war ein Fahrplan zur Wiedereroberung der Mitte.

Die Delegierten des Erfurter Parteitags im April 1999 nahmen die Vorschläge an. Gleichzeitig geriet die Veranstaltung zu einem neuen Tiefpunkt im Verhältnis des Ehrenvorsitzenden zu seinem ehemaligen Kronprinzen und jetzigen Parteivorsitzenden. Helmut Kohl reiste erst am zweiten Tag an und inszenierte seinen Einmarsch wie immer. Als hätte es nie eine Wahlniederlage gegeben. Als sei immer noch er der Parteivorsitzende. Und als säße der jetzige Parteivorsitzende nicht im Rollstuhl, ohne jede Chance also auf einen vergleichbaren Auftritt. Schäuble wurde zum Statisten degradiert.

Einer, der neben Schäuble war in diesem Augenblick, fragte damals fassungslos: «Ist das nicht der Mann, wegen dem wir die Wahl verloren haben?»

Und die Schilderung dieses Parteitags ist eine der bittersten Stellen in Schäubles Buch «Mitten im Leben»: *Für Inszenierungen, das hatte ich nun gelernt, war ich also ungeeignet, und auf Verständnis in der Öffentlichkeit konnte nicht gehofft werden, wenn schon diejenigen, die es wissen mussten, keine Rücksicht nahmen.*

Dann gewann die CDU eine Wahl nach der anderen: Bremen, die Europa-Wahl, das Saarland, Brandenburg, Thüringen,

Sachsen und Berlin. Die Menschen vor ihren Fernsehgeräten gewöhnten sich an diese Generalsekretärin Angela Merkel, die nichts als Siege zu kommentieren hatte. Und sie tat das ja auch ein wenig anders, als man es von den siegreichen Herren gewohnt war in diesem Land.

Sie bremste die Euphorie. Sie wusste, was alle wussten, dass die CDU diese Siege vor allem dem chaotischen Start der Regierung Schröder verdankte. Und sie sagte das auch, sagte Sätze wie: «Die Schwäche der anderen ist noch keine Stärke.» Oder: «Wir haben die Wahl nicht gewonnen, sondern die SPD hat die Wahl verloren.» Oder: «Erst wenn die Menschen uns wieder mehr zutrauen als den anderen, können wir sie zurückgewinnen.»

Natürlich wurden in dieser glorreichen Zeit alle Ideen für einen Neuanfang wieder verdrängt und vertagt. Wer siegt, braucht doch keinen Neuanfang. Mitte Oktober fuhr die Generalsekretärin mit ihren engsten Vertrauten ein paar Tage an die Ostsee, nach Fischland-Darß. Sie beschäftigten sich da mit der Jahresplanung, machten lange Spaziergänge am Strand und überlegten, wie man die Wahlerfolge in einen kontinuierlichen Aufwärtstrend verwandeln und trotzdem die innerparteiliche Reform vorantreiben könne. Über eine Aktion für die Jugend dachten sie nach, auch über die Chancen eines Wahlsieges mit Wolfgang Schäuble schon im Jahr 2002. Die Stimmung soll gut gelaunt bis euphorisch gewesen sein.

Zehn Tage später war die gute Laune vorbei. Der 4. November wurde zum schwarzen Donnerstag, zum schwärzesten Tag in der bisherigen Geschichte der CDU. Es war der Tag, an dem Haftbefehl gegen Walther Leisler Kiep erlassen wurde, der Tag, an dem die Spendenaffäre begann.

Neuntes Kapitel
DER DEMOKRATISCHE AUFBRUCH DER CDU

WILLKOMMEN IM CLUB

Am 10. Januar des Jahres 2001, vierzehn Monate nach dem schwarzen Donnerstag der CDU, gab es in Berlin eine kleine, feine Geburtstagsfeier. Der brandenburgische Innenminister Jörg Schönbohm hatte die Laudatio gehalten. Der amerikanische Botschafter John C. Kornblum reflektierte darüber, warum es «unabhängige Geister» in der Politik so schwer haben, ganz an die Spitze zu kommen. Und Walter Scheel sagte über die «unabhängigen, aber oft unbequemen Geister» in der Politik, dass sie am Ende siegen werden, auch wenn sie durch persönliche Höhen und Tiefen gehen müssen.

Mag sein, dass die Menschen draußen im Land sich den ehemaligen Schatzmeister der CDU Walther Leisler Kiep als einen zwar sehr reichen, aber nach der Spendenaffäre doch auch irgendwie geächteten Mann vorstellten. Dass der wahrscheinlich zwar nicht im Gefängnis, aber doch wenigstens einsam und verlassen in dieser hessischen Villa hause, die das deutsche Fernsehpublikum ja sehr genau kennt, von außen jedenfalls. So ist es aber nicht. So war es schon nicht in der Bonner Bimbes-Republik. So ist es auch nicht in der Berliner Republik geworden.

Die *Welt* schrieb in ihrem launigen Bericht über die Feier zum 75. Geburtstag von Walther Leisler Kiep: *Die Staatsanwaltschaft Augsburg hat ihn medienwirksam gejagt, musste aber – ohne Medienecho – die Ermittlungen einstellen. Jetzt dankten ihm seine Weggefährten aus Politik, Wirtschaft und Gesellschaft.*

247

Egon Bahr, der ja selbst einige Monate Schatzmeister der SPD gewesen ist, dankte Kiep zum Beispiel für dessen guten Stil, «für Kollegialität und Vertrauen über Parteigrenzen hinweg». Und dann sagte der Sozialdemokrat Bahr leichthin diesen Satz, der sich im Laufe des Abends fröhlich weiterspann: «Eigentlich steht so ein Schatzmeister ja immer mit einem Bein im Gefängnis.» Da haben alle gelacht. Ho, ho. Und der Aufsichtsratsvorsitzende der Deutschen Bank, Hilmar Kopper, fühlte sich angeregt, seine schönen Grüße, die er vom neuen CDU-Schatzmeister Ulrich Cartellieri auszurichten habe, mit dem Satz zu verbinden, der Cartellieri wisse möglicherweise noch gar nicht, dass auch er mit einem Bein im Gefängnis stehe.

Vier Monate später wusste er es. Vier Monate später hatte der unbequeme Geist Walther Leisler Kiep aus dem schon fast vergessenen, aber keinesfalls trockengelegten Spendensumpf der CDU noch einmal eine giftige Blase aufsteigen lassen. Kiep, dem zu diesem Zeitpunkt die Steuerfahnder immer näher rückten, überwies von seinen offenbar sehr zahlreichen, weitverzweigten und auf diese Weise angeblich für einen alten Herrn auch etwas unübersichtlich gewordenen Millionenkonten eine unübersichtliche Million an die CDU. Sein knapper Begleitbrief handelte davon, dass sich Bemühungen, *die Geldbewegungen auf meinen Konten in den Jahren 1992/1993 im einzelnen aufzuklären (…), nach wie vor als äußerst schwierig* erwiesen. Und er schrieb von sich *verdichtenden Vermutungen*, dass *über meine Konten Gelder geflossen sein könnten, die nicht mir, sondern wahrscheinlich der CDU zustehen.* Weswegen er veranlasst habe, *dass vorsorglich ein Betrag von 1 Million DM auf das Konto der CDU überwiesen wird.*

Das war am 21. März des Jahres 2001. Vier Tage später, am 24. März, waren Landtagswahlen in Baden-Württemberg und Rheinland-Pfalz, ganz zufälligerweise natürlich. Wie in einem Theaterstück, wie in einer antiken Tragödie stand die ehemals heilige Jeanne d'Arc der Spendenaffäre nun vor einem Dilemma, aus dem sie nur beschädigt oder etwas weniger heilig wieder herauskommen konnte. Jetzt ging es nicht mehr ums Durchlavieren zwischen Skylla und Charybdis. Jetzt hatte sie die freie Wahl zwischen Pest und Cholera.

Und wie nur ganz selten in der Politik, aber oft auf dem Theater und in den Novellen des 19. Jahrhunderts, gewann die Geschichte am Wendepunkt dieses Dilemmas eine symmetrische äußere Anordnung, der man allzu leicht den Charme einer gewissen inneren Gerechtigkeit unterstellt. Mit einer Million von Kiep hatte am 4. November 1999 die Spendenaffäre der CDU und auch Angela Merkels grandioser Aufstieg zur Schutzpatronin der Aufrechten und Aufklärer begonnen. Und diese neue Kiep-Million vom 21. März des Jahres 2001 stutzten sie zurück auf ein: Die ist ja nun wirklich auch nicht viel anders als alle anderen.

Um das Dilemma zu verstehen, muss man Angela Merkels Alternativen durchspielen. Hätte sie tatsächlich getan, was zu ihr und ihrem Aufklärer-Image passte und was im Nachhinein alle von ihr verlangten, hätte sie also drei Tage vor den Landtagswahlen den Journalisten gesagt: ‹Liebe Freunde, es ist schrecklich. Es geht wieder los. Wir haben eine Million Mark von Kiep bekommen. Wir können Ihnen leider noch nicht genau sagen, wo das Geld herkommt und wem es gehört. Deswegen legen wir das jetzt erst einmal auf ein Sonderkonto›, dann wären genau die Leute über sie hergefallen, die ihr später vorhielten, dass sie schwieg. Dann hätte ganz sicher nicht Kiep mit seiner heimtückischen Überweisung, sondern «diese ostdeutsche Frau Saubermann» mit ihrem «Girlscamp» und ihrem «naiven und egoistischen Aufklärungs- und Parteireinigungswahn» die Wähler drei Tage vor wichtigen Wahlen an den schon fast wieder vergessenen Spendenskandal erinnert. Und so die Wahlergebnisse der CDU beschädigt. Dann hätten ihre Feinde wieder in der Partei rumtelefoniert: «Sie kann es einfach nicht. Sie verdirbt alles.» Und die meisten Kommentare hätten ihnen Recht gegeben.

Und wenn sie nur die vier Tage bis zu den Wahlen gewartet und es dann sofort veröffentlicht hätte? Dann wären die Medien und die SPD über sie hergefallen. Weil sie doch schon vor der Wahl von der Million wusste und durch ihr Abwarten also die Wahlen verfälscht hätte.

Sie machten es erst am 23. April im Bundesvorstand öffentlich. In diesem Gremium sitzen fünfzig erwachsene Personen, die die politische Elite der CDU darstellen. Personen, die später ernsthaft und unisono versicherten, sie hätten, wie Willi Hausmann und Angela Merkel selbst ja offenbar auch, überhaupt nicht so recht verstanden, wie brisant der Vorgang war.

Das muss man sich mal für einen Augenblick vorstellen, ganz egal, wie Willi Hausmann es genau formuliert hat und was Angela Merkel wusste. Da fallen anderthalb Jahre nach der gewaltigsten politischen Affäre der Nachkriegszeit die Vokabeln *Kiep* und *eine Million*, also die zwei auslösenden Stichworte dieser Affäre. Und von fünfzig Präsiden der Partei fragt nicht einer mit einem Wort nach. Ganz so, wie sie es bei Kohl gelernt hatten.

Jedenfalls war auch nach der Bundesvorstandssitzung noch einige Tage Ruhe, was schon allein deswegen seltsam anmutet, weil normalerweise ja jede Kleinigkeit raustelefoniert ist, bevor so eine Sitzung überhaupt ihr Ende findet, auch viel kleinere Kleinigkeiten als eine kleine Million von Kiep.

Dann gelang Angela Merkel auf einem ganz anderen Spielfeld ein genialer Zug, eine Demonstration strategischer Finesse: Am Morgen der Abreise zu ihrem ersten offiziellen Besuch als Parteivorsitzende der CDU in Washington erklärte sie, dass die Frage der Kanzlerkandidatur zwischen ihr und Edmund Stoiber und niemandem sonst ausgehandelt werde. Sprach es und flog davon.

Seit Monaten waren sie alle in allen Interviews wieder und wieder gefragt worden, wer denn nun Kanzlerkandidat werden würde, Stoiber, Merz, Merkel oder am Ende doch Koch. Immer wieder hatten sie gesagt: Das entscheiden wir einvernehmlich im Frühjahr 2002. Und wenn man sich bei Angela Merkel erkundigte, ob CDU und CSU sich denn nicht wenigstens langsam mal auf ein Procedere einigen wollten, wer eigentlich wie den Kandidaten bestimmt: Die Bundestagsfraktion? Die Basis? Gemeinsame Regionalkonferenzen von CDU und CSU? – dann hatte sie so etwas geantwortet wie: Auch darüber werden wir uns schon rechtzeitig verständigen.

Und jetzt das: «Stoiber und ich». Damit war Friedrich Merz draußen und die Fraktion war draußen, die Ministerpräsidenten waren draußen und alle, die sonst noch glaubten, mitreden oder gar kandidieren zu dürfen, waren auch draußen. Und Angela Merkel saß im Flugzeug. Up and away. Nachfragen nicht möglich.

Die CDU Deutschlands sollte in Washington gerade wieder in die Weltpolitik aufgenommen werden. Merkel hatte schöne Termine bei den Republikanern, längere Gespräche sogar als Gerhard Schröder. Sie traf sich mit Henry Kissinger. Also wagte zu Hause niemand, ihr ausgerechnet jetzt etwas Übles ins Flugzeug nach Amerika nachzurufen. Ein leises Murren in der Fraktion war zu hören. Aber auch dort überwog offenbar die Gewissheit, dass die Parteibasis jeden schlachten würde, der glaubte, in dieser Situation aus dem Corpsgeist ausscheren zu können.

Das hatte sie also schlau angestellt: Führung gezeigt, sich mit Stoiber geeinigt, innerparteiliche Gegner ausgetrickst, an Parteigremien vorbei Ansprüche gestellt und den guten Zeitpunkt gewählt. Das gab Applaus und erstaunte Kommentare. Da schaut einmal her, was das Mädchen mit der Macht anstellt. Die kann es eben doch. Fast wie Kohl. Ist ja toll.

Ganz so toll blieb es dann aber nicht. Schon bei der Landung in Washington D.C. wurde Angela Merkel zwar nicht nach der Kandidatur, dafür aber nach den Kiep-Millionen gefragt. Jetzt war es also interessanterweise plötzlich draußen. Irgendjemand musste entweder auf einmal doch die Brisanz verstanden oder gedacht haben, jetzt oder nie.

Die nächsten Wochen und Monate wurden zum Glaubwürdigkeits- und Autoritäts-GAU der Angela Merkel. Geld aus dem Spendensumpf auf ein CDU-Konto übernehmen und nicht sofort die Öffentlichkeit darüber informieren, das traf ins Zentrum ihrer moralischen Integrität und damit ins Zentrum der öffentlichen Rolle, mit der Angela Merkel im Laufe der Spendenaffäre Parteivorsitzende geworden war. Die Jeanne d'Arc der Aufklärung stand auf einmal selbst unter Vertuschungsverdacht. Und plötzlich sah es so aus, als sei sie gar nicht so sehr die Musterschülerin der Demokratie als vielmehr die Klassenerste aus dem System Kohl.

Bundesgeschäftsführer Willi Hausmann nahm alles auf sich. Er habe seine Parteivorsitzende zunächst gar nicht und dann unzureichend informiert. Er habe selbst die Brisanz des Vorgangs nicht erkannt, sagte der Mann, der der Experte in der CDU für die Aufklärung der Spendenaffäre und für den Umgang mit Kiep, Lüthje und Weyrauch ist. Angela Merkel und ihre engste Umgebung schwören bis heute alle heiligen Eide, dass es genau so gewesen ist. Seit Beginn ihrer politischen Karriere sei Angela Merkel über nichts so verzweifelt und wütend gewesen wie darüber, plötzlich und zu Unrecht als Vertuscherin dazustehen. Ausgerechnet sie.

Wie immer es in Wirklichkeit war und selbst wenn es kein Dilemma, sondern nur ein dummer Fehler von Willi Hausmann gewesen sein sollte: Angela Merkels Glaubwürdigkeit war mit einem Schlag schwer beschädigt, fast vernichtet. Die ist ja auch nur wie alle anderen, hieß es. Politik deformiert auf Dauer eben auch intakte Persönlichkeiten. Vielleicht verbiegt ein Jahr CDU-Parteivorsitz einen Menschen mehr als 35 Jahre Sozialismus.

Angela Merkels Umfragewerte brachen dramatisch ein. Vor einem Jahr hatten sich noch 78 Prozent der wahlberechtigten Deutschen gewünscht, dass sie eine wichtige Rolle in der Politik spielt. Jetzt wünschten sich das nur noch 48 Prozent. Bei den CDU/CSU-Sympathisanten schrumpfte die Begeisterung von 91 auf 69 Prozent. Und das war erst der Anfang. Wie sehr sie da in ihrer wichtigsten und für ihre politischen Gegner gefährlichsten Kernkompetenz, Glaubwürdigkeit, beschädigt war, konnte man vor allem auch daran erkennen, dass zum ersten Mal der sonst in Sachen Angela Merkel so zurückhaltende Gerhard Schröder das Gefühl hatte, es könne ihm nicht schaden, wenn er auch mal ein wenig nachtritt: «Mir fällt schon auf, dass offenkundig auch Frau Merkel erst mit öffentlichem Druck dazu gebracht werden musste, zu ihrer eigenen Verantwortung zu stehen», sagte er also. Dieses «auch Frau Merkel» war möglicherweise ganz anders gemeint und nur auf die CDU bezogen. Es hallte aber seltsamerweise ein wenig so nach, als hätte er erleichtert gerufen: Willkommen im Club.

WAR WAS?

Kieps Millionen aber verbreiteten eineinhalb Jahre nach dem Höhepunkt der Affäre noch einmal den alten Spendensumpfgestank. Im aufgeregten, hoch beschleunigten Berlin hielten für einen Augenblick alle leicht angeekelt ihre Nasen in den Wind und fragten plötzlich wieder, was nur wenige Journalisten, Staatsanwälte und Zeitungsleser nicht aufgehört hatten zu fragen: Was ist hier eigentlich seit dem Spendenskandal der CDU passiert? Wurde irgendeiner der beteiligten Damen und Herren rechtskräftig verurteilt? Ist wenigstens der Sachverhalt aufgeklärt? Hat die CDU die richtigen Konsequenzen gezogen? Hat sie überhaupt Konsequenzen gezogen? Oder sollte sich nach all der Aufregung tatsächlich wieder einmal gar nichts geändert haben im Staate Deutschland?

Der CDU-Abgeordnete und Europaausschuss-Vorsitzende des Deutschen Bundestages, Friedbert Pflüger, hat in der Zeit der Spendenaffäre ein bemerkenswertes und furioses Buch geschrieben. Es heißt *Ehrenwort – Das System Kohl und der Neubeginn* und ist von aufrichtigem Entsetzen getragen über alles, was da mit den schwarzen Kassen und Anderkonten bei der CDU zutage getreten war: *Was unterscheidet denn dieses illegale Finanzierungssystem von der Mafia? Wohl eigentlich, dass die Mafia sich kaum erdreistet hätte, jüdische Vermächtnisse als Grund für ihren Reichtum zu nennen.*

Pflüger zählte schon vor der Spendenaffäre zu den nicht korrumpierten Köpfen in der CDU. Seine Zeit als Redenschreiber bei Richard von Weizsäcker hatte ihn offenbar mit einer Art Impfschutz gegen die Verführungen von Macht und Anpassung im System Kohl versehen. Entsprechend gebremst verlief seine Karriere in der CDU, was bei einem Mann von Pflügers Format, Ehrgeiz und Fähigkeiten schon auffallend ist.

Im ersten Teil seines Buches beschrieb Pflüger, wie das System Kohl funktioniert hatte. Wie Kohl zur Absicherung seiner Macht auf allen Parteiebenen den abhängigen, jederzeit kontrollier- und steuerbaren Berufspolitiker gefördert hat. Wer obstinat unabhängig blieb in diesem System, wer innerparteiliche Missstände öffentlich benannte oder, wie Rita Süssmuth, auch noch die Frechheit hatte, populärer zu werden als der große Vorsitzende, wurde gemobbt mit dem Argument: Da hat sich einer aus der Kameradschaft verabschiedet. Zur Stabilisierung und Beherrschung dieses Systems wurden ganz schamlos Geld, Ämter und üble Nachrede eingesetzt. Außerdem hatte Kohl sich ein Feindbild gebastelt, das die Unions-Spitzenpolitiker der sechziger und siebziger Jahre bis zur Psychose gepflegt haben: Die Sozen sind gegen uns. Die Presse ist gegen uns. Das Böse siegt, wenn es jemals einen Regierungswechsel gibt. Deswegen ist Krieg. Und wenn Krieg ist, spielt es auch keine Rolle, woher das Geld für die Kriegskasse kommt.

Jeweils am Ende seiner Kapitel hatte Pflüger die psychologischen und materiellen Tricks, die Zuwendungen, die Begünstigungs-, Denunziations- und Mobbingmuster, mit denen *der Demokrator Kohl* in 25 Jahren die schöne CDU in eine erbärmliche Truppe von Abhängigen verwandelt hat, zu einem Kanon von negativen Leitsätzen zusammengestellt. Beim Lesen dieser Leitsätze konnte man allerdings auch auf die Idee kommen, dass ehrgeizige Menschen in der Jungen Union oder im Beraterstab der Angela Merkel sie sich möglicherweise an den Spiegel hängen und auswendig lernen würden. Nicht als warnendes Exempel und zur Abschreckung, wie Pflüger es gemeint hatte, sondern im Gegenteil als eine Art macchiavellistischer Leitfaden: Wie ich auch einmal so mächtig und bedeutend werde wie Helmut Kohl.

Der Mittelteil in Pflügers Buch handelt davon, dass der furchtbare Abgrund, vor dem die CDU plötzlich stehe, auch etwas Gutes habe. Jetzt endlich müssten die Partei und das Parteiensystem reformiert, die demokratischen Institutionen erneuert und die repräsentative Demokratie wirklich von Grund auf gestärkt werden. Jetzt endlich sei die Krise wirklich zu gewaltig, als dass die aus ihr resultierende Chance wieder einmal ungenutzt bleiben könne. Und deswegen werde die CDU nun aber mal so was von voranschreiten und sich stark machen für innerparteiliche Transparenz und Demokratie, für einen freiwilligen Rückzug der Parteien aus den Institutionen des Landes, für eine Begrenzung von Amtszeiten und Ämtermenge und für eine Rekultivierung der demokratischen Spielregeln in Partei und Gesellschaft.

Also hin zu Friedbert Pflüger, Kaffeetassen zur Seite, Buch auf den Tisch, das letzte Kapitel, Seite 181, aufschlagen, es heißt *Den Neubeginn wagen*, und den Autor auffordern: Lassen Sie uns jetzt doch mal gemeinsam Punkt für Punkt durchgehen, was sich seit dem Erscheinen dieses Buches nun tatsächlich geändert hat.

Es war nicht ohne Komik, dass Friedbert Pflüger dann vorschlug, sein Buch gleich wieder einzustecken. «Der Neuanfang gestaltet sich viel schwieriger, als ich es gehofft hatte. Wir haben noch einen langen Weg vor uns. Es gibt gute Ansätze wie die Diskussion über Zuwanderung oder unseren Zukunftskongress im Juni in Berlin.»

Auch die Finanzregeln der CDU wurden verbessert. Und ein paar interne Kontrollinstanzen sind inzwischen aufgebaut. Aber in den Fragen von innerparteilicher Demokratie und Diskussionskultur hat sich nicht viel geändert.

«Wir hatten vorher einen Dominator. Jetzt haben wir Merkel, Merz, Stoiber und diverse Ministerpräsidenten, die alle als eigene Machtzentren auftreten mit eigenen Leuten und eigenen Seilschaften. Dadurch ist aber nicht die innerparteiliche Demokratie größer geworden, nur das innerparteiliche Durcheinander.»

Und deswegen ist die Sehnsucht nach einem neuen oder am liebsten gleich nach dem alten Dominator, nach einem, der ihnen sagt, wo es langgeht, also schon wieder viel größer als die Bereitschaft zum Selberdenken und zur Parteireform?

In der Fraktion zum Beispiel finden sie es wirklich toll und in Ordnung, wenn Pflüger was macht zu Europa oder Amerika. Sobald er aber auch nur ganz leise innerparteiliche Reformen anmahnen will, ist sofort Antistimmung. Das wollen sie von ihm nicht haben. Das wollen sie überhaupt nicht haben.

Und erst recht will niemand in der CDU noch etwas hören von schwarzen Kassen und Anderkonten, von diesen angeblichen Spendern, deren Namen Helmut Kohl bis heute nicht genannt hat, von mindestens 20 Millionen Mark aus Kohls Amtszeit, bei denen man immer noch weder weiß, woher sie kamen, noch, wohin sie gingen.

Das Ermittlungsverfahren in der Sache Kohl ist gegen eine Zahlung von 300 000 Mark «vorläufig» eingestellt. Was will man mehr?

Die CDU hat über 15 Millionen Mark Mitleidspenden an der Affäre verdient. Kohl hat mit seinem «Tagebuch» mehr Geld

gemacht, als er zur Einstellung seines Verfahrens zahlen musste. Worüber also noch palavern?

Verschwundene Akten? Drei Gigabytes gelöschte Regie-
rungsdaten? Bloß nicht darüber sprechen. Wenn doch sogar die
Staatsanwaltschaft nur träge in Gang kommt und erst nach einem Zeitungsaufruf des emeritierten Freiburger Politikprofes-
sors Wilhelm Hennis mehr als 3000 Beschwerden den General-
staatsanwalt zu Köln zur Wiederaufnahme des Verfahrens
zwingen.

Hessens brutalstmöglicher Aufklärer und Ministerpräsident
Roland Koch, der neue Held der CDU, brachte das Jahr nach
der Spendenaffäre vor allem damit zu, die Herausgabe von
CDU-Akten an Untersuchungsausschüsse zu behindern. Dafür
setzte er sich mit aller Kraft für die Aufklärung von Joschka
Fischers Vergangenheit ein, an der es aber offensichtlich gar
nichts aufzuklären gab.

Der Verdacht, dass beim Verkauf von Fuchs-Panzern, von
Eisenbahnerwohnungen und der Leuna-Raffinerie immense
Summen Schmiergelder geflossen sind? Nur nicht dran rüh-
ren, solange der Untersuchungsausschuss derart lust- und er-
folglos im Trüben stochert. Wahrscheinlich wird er als Flop enden, wie der Ausschuss zur Aufklärung der Flick-Affäre.

Eines Tages hat Friedbert Pflüger in der Fraktion moniert,
dass es doch wohl im Sinne der innerparteilichen Aufklärung
und Erneuerung nicht ganz in Ordnung sei, wenn sich der CDU-
Obmann des Untersuchungsausschusses, Andreas Schmidt,
regelmäßig vor den Sitzungen mit Helmut Kohl trifft, um die
gemeinsame Abwehrstrategie vorzubereiten. Da ist der Fraktionsvorsitzende Friedrich Merz aber mal richtig heftig geworden. Nicht gegen Schmidt. Gegen Pflüger.

Von den vollmundigen Ankündigungen aller Parteien, das
Parteiengesetz schnell und umfassend zu ändern, für wirkliche
Transparenz bei den Geldflüssen der Parteien zu sorgen und
auch dafür, dass Spenden zum Beispiel nur noch bei einer neu-

tralen Stelle eingezahlt und dann erst an die Parteien weitergeleitet werden dürfen, ist sowieso nichts übrig geblieben. Die Unabhängige Kommission zur Parteienfinanzierung hat vorgeschlagen, dass Verstöße gegen das bestehende Parteiengesetz künftig strafrechtlich verfolgt werden sollen. Und das Bundeskabinett hat eine «Richtlinie zum künftigen Umgang mit Regierungsakten» verabschiedet.

Es gibt auch eine Kommission «Parteireform» in der CDU. Generalsekretär Laurenz Meyer hat sie von seinem Vorgänger Ruprecht Polenz übernommen. Da haben sie zum Beispiel leidenschaftlich diskutiert, ob die Partei ihre Kandidaten für Abgeordneten-Mandate oder Parteiämter zukünftig nur noch per Urwahl ermitteln soll. Die Leidenschaft war natürlich ein wenig raus, als Angela Merkel bekannt gab, dass die Kandidatenfrage zwischen Stoiber und ihr ganz allein ausgekaspert und im Frühjahr 2002 per Akklamation entschieden werde. Als hätte auch sie sich einen von Pflügers Anti-Leitsätzen an den Spiegel gehängt. Und auswendig gelernt.

Ein Verhaltenskodex für Kandidaten von Bundestag und Landtag soll immer noch erarbeitet werden. Auch gibt es den Vorschlag, nach dem Abgeordnete der CDU in Zukunft fünf Jahre Berufserfahrung vorweisen müssen und Parteiämter nur noch bis zu neun Jahren von einer Person besetzt werden dürfen. Es ist die Debatte einer Minderheit in der Partei. Wegen der fünf Jahre Berufserfahrung sind inzwischen sogar die Mitglieder der reformwilligen Jungen Union dagegen. Viele von ihnen wollen ja selbst unbedingt gleich nach dem Studium in die Politik. Überhaupt scheinen sich alle Vorschläge und der gegen sie zu erwartende Widerspruch zu neutralisieren. Alles ist weit davon entfernt, jemals umgesetzt oder wenigstens in der Gesamtpartei ernsthaft diskutiert zu werden. Alles kann bleiben, wie es ist.

In einer Telekratie scheint ein Skandal wie die Spendenaffäre keinesfalls mehr als «Agent der Transformation der Sitten und Institutionen» zu taugen, wie Marcel Aymé 1936 schrieb. So wie die meisten Skandale der letzten Jahre gar nichts transformiert haben, nicht die Sitten, nicht die Institutionen. Sie haben weder zu einem guten Ende noch zu einer besseren Gesellschaft geführt, sondern nur dazu, dass nach einer hocherregten Empörungsphase sehr bald niemand mehr hingeschaut hat, und alles genauso weiter gehen konnte wie vor dem Skandal. Jürgen Habermas sprach schon im Jahr 2000 von einem «eigentümlichen Missverhältnis zwischen der Größenordnung der CDU-Affäre und ihrer Folgenlosigkeit».

Zum Symbol für diese Folgenlosigkeit wurde der Umgang mit dem Hauptverantwortlichen und nicht mehr Ehrenvorsitzenden. So energisch Angela Merkel Helmut Kohl in der hocherregten Phase des Skandals beiseite geschoben hatte, so klamm und allmählich erzwang er in der Alles-kann-bleiben-wie-es-ist-Zeit seine Restitution. Und diese Restitution des Alten wurde zum Symbol für die Schwäche der neuen Parteivorsitzenden.

TANZ AUF DER EISSCHOLLE

Ende Januar 2000 fragte Alfred Biolek in seiner Sendung die Generalsekretärin der CDU, ob sie denn kein bisschen Dankbarkeit verspüre gegenüber Helmut Kohl. Da schaute Angela Merkel den armen Biolek für eine halbe Sekunde so giftig an, dass ihm das Onkelhaft-Arglose seiner Frage im Gesicht einfror. Dann antwortete sie mit einer Geschichte: Als es die Sowjetunion noch gab, fuhr eines Tages ein Prawda-Reporter auf die Tschuktschen-Halbinsel. Dort fragte er einen sehr alten Mann, welche Erinnerungen an die Zeit vor der großen Sozialistischen Oktoberrevolution er noch habe. Der Alte antwortete: «Ich erinnere mich an Hunger, Kälte und Einsamkeit.»

«Und wie war es nach der Oktoberrevolution?»

«Da hatten wir Hunger, Kälte und Einsamkeit.»

«Aber irgendetwas muss sich doch verändert haben. Ist denn gar nichts dazu gekommen?»

«Doch», sagte der Alte: «Dankbarkeit.»

Die meisten Witze von Angela Merkel sind besser als die Witze über Angela Merkel. Aber sie hat sich nicht sehr oft erlaubt, so geradeheraus und vor großem Publikum zuzugeben, wie verächtlich, wie wütend und wie enttäuscht sie über Helmut Kohl dachte.

Ganz am Anfang der Spendenaffäre waren Wolfgang Schäuble und Angela Merkel ja noch bemerkenswert guter Laune gewesen. Wahrscheinlich glaubten sie: Den Schaden können wir begrenzen, und Kohl werden wir mit dieser Sache endlich los. Sehr bald muss ihnen klar geworden sein, dass sie das Ausmaß der Katastrophe unterschätzt hatten. Und noch etwas hatten sie unterschätzt: Helmut Kohl selber. Die selbstgerechte Energie, mit der Kohl seine Interessen über die seiner Partei stellen würde. Die Gutsherrenart, nach der er dachte: Wenn meine CDU glaubt, ihre Zukunft sei wichtiger als meine Reputation, dann ist es nur mehr als gerecht, wenn sie mit mir untergeht.

Angela Merkel sagte damals, das Erschütterndste sei für sie die Erkenntnis gewesen, dass Helmut Kohl es nach der Flick-Affäre nicht geschafft habe, die notwendige Konsequenz zu ziehen und die Mechanismen noch einmal zu wechseln.

«Er hat ja einfach so weitergemacht. Politisch-kulturell gesehen, ist diese Spendenaffäre die Verlängerung einer Geschichte, die eigentlich Mitte der 80er Jahre abgeschlossen war.»

Und wenn man sie damals fragte: Was ist? Reden Sie mit ihm? Versuchen Sie ihn zu überzeugen, doch noch die Namen der Spender zu sagen?, antwortete sie: «Ich bin doch nicht kindisch. Der Mann ist erwachsen. Er teilt uns per Fernsehen mit, dass er sein Ehrenwort halten will. Er lässt uns hier hängen.

Während wir jeden Tag neue Meldungen haben und ich mich fühle wie auf einer Eisscholle, auf der man nie weiß, was im nächsten Moment Schreckliches passiert. Da gehe ich doch nicht auch noch hin ‹bitte, bitte› machen. Ich habe versucht, mit meinem *FAZ*-Artikel das Ganze weg von den 27 Anderkonten auf die politische Ebene zu bringen und eine Zukunftsbotschaft zu senden.»

Angela Merkels *FAZ*-Artikel vom 22. Dezember gilt bis heute als das historische Dokument für den Bruch der CDU mit Kohl. Und er gilt als das Dokument, mit dem die Generalsekretärin ihren Führungsanspruch formulierte. Glasklar hat sie damals angesagt, dass und warum die CDU den Bruch mit dem alten Schlachtross vollziehen und sich aus der pubertären Abhängigkeit des Systems Kohl lösen müsse. Und genauso glasklar hat sie in diesem Aufsatz angekündigt, dass die CDU diesen Bruch später möglicherweise wieder ein wenig zurücknehmen könne: *... und [die CDU] wird trotzdem immer zu dem stehen, der sie nachhaltig geprägt hat, vielleicht später sogar wieder mehr als heute.*

Das war mutig. Das war weitsichtig. Niemand sonst in der CDU hatte zu diesem Zeitpunkt die innere Unabhängigkeit, so etwas zu denken, zu formulieren und auch noch der *FAZ* zum Abdruck anzubieten. Fast alle, die zuerst erschrocken und irritiert reagierten, sind später auf Angela Merkels Linie eingeschwenkt, auch die, die heute nichts mehr davon wissen wollen. Und als später einige, die übrigens ebenfalls heute nichts mehr davon wissen wollen, über das Ziel hinausschossen und Kohl verklagen und aus der Partei ausschließen wollten, war sie es, die gebremst, moderiert und Kohls Verdienste für die Partei und das Land gerühmt hat.

Es war ein großes Risiko, in dieser Situation diesen Aufsatz zu schreiben. Es war das größte politische Risiko, das Angela Merkel in ihrer bisherigen Karriere eingegangen ist. Und eigentlich müsste sie seit diesem 22. Dezember wissen, wie viel man in der Politik gewinnen kann, wenn man im richtigen Augenblick den Mut hat, ohne Rücksicht auf mutmaßliche Mehrheitsmeinungen nichts anderes zu sagen und zu schreiben als das, was man selber als richtig und notwendig erkannt hat.

Es hätte natürlich auch schief gehen können.

Es ging aber nicht schief. Die CDU folgte ihr. Und das Publikum fand, dass diese Generalsekretärin aus dem Osten eine sehr gute Figur gemacht hatte bei ihrem Tanz auf der Eisscholle.

Warum gerade sie? Warum konnte Angela Merkel so klar schreiben, was die anderen sich noch nicht einmal zu denken trauten?

Weil sie schon zehn Jahre in bundespolitischen Spitzenämtern war, gehörte sie zu den Erfahrenen in der CDU. Aber weil sie erst zehn Jahre überhaupt Politik machte, wirkte sie so offen, unverbraucht und anders, so wenig zynisch, so glaubwürdig, so gar nicht an den Machenschaften beteiligt.

Sie gehörte nicht zum System Kohl. Sie war von draußen dazugekommen. Sie kannte die Herren Waffenschieber und Finanziers nicht einmal dem Namen nach. Zu der Zeit, als Kohl nach der Flick-Affäre einfach weitermachte mit der finsteren Spendenwirtschaft, berechnete sie hinter der Mauer noch Kohlenwasserstoffreaktionen.

Nach dem 22. Dezember ist sie einmal gefragt worden, ob sie sich denn überhaupt nicht fürchte vor Helmut Kohl. Da hat sie geantwortet: «Warum soll ich mich vor ihm fürchten? Ich habe doch acht Jahre mit ihm zusammengearbeitet.» Und man konnte in ihrem Gesicht ablesen, dass sie die Frage gar nicht wirklich verstand. Noch nicht.

Damals hatte sie keine Angst. Damals ließ sie sich nicht von angelernten Verhaltensmustern der westdeutschen Politik leiten. Sie starrte nicht wie alle anderen auf die Randbedingungen der Krise. Sie beobachtete und analysierte, wie in einem naturwissenschaftlichen Experiment, die inneren Parameter der Affäre. Sie rechnete sich aus, wie es weitergehen würde. So konnte sie sich vor allen anderen an die Spitze der Entwicklung setzen.

Ausgerechnet eine aus dem Osten? Gerade eine aus dem Osten!

«Wir sind ja nicht unter Helmut Kohl aufgewachsen», sagt Merkels Physikerkollege, der heutige Theaterintendant Michael Schindhelm. «Wir haben gegenüber der angepassten Assistentengeneration der vierzigjährigen Westdeutschen einen entscheidenden Vorteil: die Erfahrung eines fundamentalen Bruchs, die Erfahrung der wirklich existenziellen, nichtaffirmativen Haltung zu einer Gesellschaft. Das hat uns darauf vorbereitet und auch legitimiert, Verantwortung zu übernehmen.»

Schindhelm kann sich noch gut erinnern, wie Richard von Weizsäcker wenige Tage nachdem die Mauer aufgegangen ist, in den Osten gerufen hat: «Freiheit heißt Verantwortung.»

«Das haben wir relativ früh akzeptieren und begreifen müssen. Und dann haben wir die Erfahrung gemacht, dass unsere Generation im Westen diesen Konnex überhaupt nicht kannte. Für die war Freiheit eben nicht Verantwortung, überhaupt nicht. Die Alten haben das ja alles geregelt, und man musste ihnen nur die Aktentasche tragen, um Karriere zu machen.»

Wenn man Angela Merkel damals fragte, warum die Menschen im Osten nahezu heiter auf die Spendenaffäre der CDU reagierten, gab sie eine Antwort, die auch eine Menge mit ihrem eigenen Selbstverständnis zu tun hatte: «Kann sein, dass Ostler es einfach ein bisschen gelassener sehen können. Es ist eben Umbruch. Und Umbruch hatten wir schon mal. Und nun haben die im Westen eben auch mal ein Problem.»

Jetzt hatte es den selbstgerechten Westen getroffen, den Kern der angeblich so sauberen Bonner Republik.

Sie war von draußen dazugekommen. Sie konnte besser sein als die anderen. Und sie war Generalsekretärin. Vieles von dem, was Angela Merkel später zur Enttäuschung vieler nicht mehr riskierte, würde sie selbst mit ihrer Rolle erklären: Als Parteivorsitzende muss man den Laden doch zusammenhalten. Als Parteivorsitzende hätte sie diesen Artikel nicht schreiben können. So wie Schäuble ihn nicht schreiben konnte.

Helmut Kohls Chargen streuen bis heute, dass Angela Merkel diesen Aufsatz mit Wolfgang Schäuble abgesprochen habe. Angela Merkel sagt, dass es nicht so war. Wolfgang Schäuble sagt, dass es nicht so war. Es gibt keine Indizien für das Gegenteil. Als der Artikel draußen war, ist Angela Merkel übrigens auch nicht zu Schäuble, sondern zu Kurt Biedenkopf gefahren, um mit ihm und seiner Frau zu beraten, wie es jetzt weitergehen könnte.

Und das konnte man in den ersten Wochen des neuen Jahres in Berlin ja sehen, wie es weitergehen würde, wenn Schäuble als Parteivorsitzender nicht zu halten sein sollte. Manchmal waren es nur Kleinigkeiten. Wie diese kleine, alles sagende Handbewegung der Angela Merkel auf einer Pressekonferenz am 24. Januar, bei der Wolfgang Schäuble versuchte, den Journalisten zu erklären, was die Wirtschaftsprüfer über die Anderkonten der CDU herausgefunden hatten. Vor allem musste er allerdings versuchen zu erklären, was sie alles nicht herausgefunden hatten.

Angela Merkel saß da neben ihrem Parteivorsitzenden mit unbeweglich zu den Kameras gerichtetem Pokergesicht, aus dem man keine Regung ablesen konnte, keine Meinung, keinen Kommentar. Aber immer, wenn Schäuble auch nur für eine Sekunde stockte, weil er vielleicht nach dem passenden Wort suchte, schob sie ihre rechte Hand behutsam und unauffällig ein paar Zentimeter nach vorn über den Einschaltknopf ihres Mikrofons, ohne den Knopf zu drücken. Das geschah einmal, zweimal, dreimal. So wie Westernhelden im Saloon sich ihrer Revolver versichern, wenn es brenzlig wird. Dann, als Schäuble gerade auf die Frage antwortete, ob in diesem Bericht nun die Namen aller bisher bekannt gewordenen Spender stünden, und er tat das etwas umständlich und ganz offensichtlich noch von der vorletzten Bemerkung eines Journalisten irritiert, da hat sie den Knopf schließlich gedrückt. Mit lauter, klarer Stimme und großer Selbstverständlichkeit fiel sie ihrem Parteivorsitzenden ins Wort und beendete mit einem einfachen Satz die noch gar nicht wirklich aufgekommene Verwirrung: «Es ist durch diesen Bericht der Name keines einzigen Spenders dazugekommen.»

Wer das sah, konnte schon sehr früh auf die Idee kommen, diese Frau ist im Begriff zu übernehmen, sie hat längst übernommen. Sie ist schon viel mehr General als Sekretärin. Sie wird die neue Parteivorsitzende der CDU werden.

22 Tage später trat Wolfgang Schäuble zurück.

Heute gibt es zumindest hinter den vorgehaltenen Händen interessierter Einflüsterer die Version, dass Angela Merkel sich schon sehr früh mit Volker Rühe besprochen habe, was eigentlich wird, wenn Schäuble nicht zu halten sein sollte. Sie habe in diesem Gespräch zu Rühes Verwunderung gesagt: Aber den Parteivorsitz mache ich. Auch hat sie sich in dieser Zeit mit Helmut Kohl getroffen. Sie habe also einen erheblichen Anteil am Sturz Schäubles gehabt.

Es ist ein schwieriges und für Interpretationen jederzeit weit offenes Kapitel, weil Angela Merkel zu diesem Thema nichts sagt. Und Volker Rühe ist neben Helmut Kohl sowieso der Einzige in der CDU, den man nicht einmal ganz allgemein zu einem Gespräch über Angela Merkel bewegen kann.

Wer Angela Merkel in den entscheidenden Tagen beobachtet hat, wer gehört hat, wie sie wütete, dass es Kohl nicht gelingen dürfe, die Hierarchie der Fehler umzudrehen, kann dieser Version nichts abgewinnen. Es könne doch wohl nicht wahr sein, dass Kohls Verfehlungen am Ende als der kleinere Fehler gälten, nur weil er der größte Staatsmann gewesen sei und weil er alle anderen sturmreif geschossen habe. Man dürfe sich nicht erpressen lassen. Solche Sachen sagte sie damals. Aber sie gab sie nie zum Zitieren frei.

Bis heute scheint es den Einflüsterern jedenfalls nicht gelungen zu sein, das Verhältnis Schäuble/Merkel ernsthaft zu vergiften. Wolfgang Schäubles überdurchschnittliche Intelligenz scheint ihn trotz allem vor Bitterkeit und Rachsucht zu bewahren. Obwohl offenbar keiner von den jungen Leuten in der CDU die Größe hat, unbefangen mit ihm umzugehen. Alles wirkt immer ein wenig verklemmt, wenn Schäuble in der Nähe ist. Als könnten sie Wolfgang Schäuble nicht vergessen, was Helmut Kohl ihm angetan hat. Er erinnert sie durch seine Existenz daran, dass sie es nicht verhindert haben.

Als Angela Merkel auf dem Jubelparteitag zu Essen mit 96 Prozent der Delegiertenstimmen zur neuen Vorsitzenden gewählt wurde, da gab es im Parkett der Grugahalle einige, die schon erste Zweifel hatten am Neuanfang der CDU. Der Jubel war so groß. Und die Nebensätze, die sich überhaupt noch mit der Spendenaffäre beschäftigten, waren so klitzeklein. Man konnte da durchaus schon auf den Gedanken kommen, dass diese CDU möglicherweise gar nicht wirklich neu anfangen, sondern nur dort weitermachen wollte, wo sie vor der Spendenaffäre so plötzlich aufhören musste. Niemand wollte sich tatsächlich vom Führerprinzip verabschieden. Sie wählten nur eine neue Vorsitzende: Mach es schnell wieder heile, glaubwürdige Angela. Auf dass sonst alles bleiben kann, wie es ist.

Es war der erste Parteitag der CDU seit 1951, an dem Helmut Kohl nicht teilnahm. 1951 war Angela Merkel noch gar nicht geboren. Und es war Wolfgang Schäuble, der in die Angie-Angie-Begeisterung hinein seine Nachfolgerin warnte vor einem «Rückfall in die alten Zeiten».

WER ANGST HAT, STÜRZT AB

Wenn man jemanden am Ende des Angie-Parteitages aus Deutschland entfernt und etwa ein Jahr später wieder in Berlin abgesetzt hätte, vielleicht am 1. Oktober und im pompösen

Lichthof vom «Haus der Wirtschaft», der hätte seinen Augen und Ohren nicht getraut. Wahrscheinlich hätte er geglaubt, man habe ihn einfach zurückversetzt in eine andere Zeit, in eine Zeit, als die CDU weder die Bundestagswahl verloren noch über Helmut Kohls Spendenaffäre an den Rand ihrer Existenz geraten war.

Oben auf dem Podium, vor 600 Gästen, die fast alle Mitglieder der CDU waren, stand der leibhaftige Helmut Kohl wie eh und je im letzten Vierteljahrhundert und hielt eine seiner gefürchteten Größter-Staatsmann-aller-Zeiten-Reden. Als ob nie etwas gewesen wäre. Und als er – die Erwartungshaltung im Raum war so, dass man dieses «er» eigentlich in Großbuchstaben schreiben müsste –, und als ER sichtlich zufrieden und schwergewichtig wankend die blau ausgelegte Treppe vom Rednerpult hinunterging, erhob sich im Saal ein Riesenapplaus.

«Lasst uns auf dem Weg in die Zukunft unserer Partei und unseres Landes gemeinsam aufbrechen», hatte er als letzten Satz gesagt. Und der eine oder andere in den ersten Reihen, der vielleicht Kohls «Wir werden ja sehen, wer übrig bleibt» noch im Ohr hatte, leistete sich trotz aller Fernsehkameras und Teleobjektive für einen Moment einen Gesichtsausdruck wie: Bitte, bloß das nicht.

Dann aber erhoben sich nach und nach die 600 applaudierenden Gäste zu stehenden Ovationen, erst die, die weiter hinten saßen, dann nach und nach, wenn auch erkennbar zögerlich und unwillig, die neue Führungsspitze der Partei in den ersten Reihen.

Wir werden ja sehen, wer übrig bleibt.

Ganz vorn links saß mit tapferem, aber versteinertem Gesicht Wolfgang Schäuble in seinem Rollstuhl. Während Kohl sprach, hatte er zur Seite oder auf den Boden geschaut, niemals zum Podium. Und jetzt zupfte er den neben ihm sitzenden Lothar de Maizière aufmunternd am Anzugärmel. De Maizière sah richtig ärgerlich aus. Und er machte auch keine Anstalten aufzustehen. Da buffte Wolfgang Schäuble ihn schließlich kräftig mit dem Ellenbogen in die Seite und zischte ihm zu: «Lothar, steh auf. Der Einzige, der das Privileg hat, sitzen zu bleiben, bin ich.»

Nachher ließ Helmut Kohl sich ostentativ neben Manfred Kanther fotografieren. Überhaupt war er umschwänzelt von allen, die ihn immer umschwänzelt hatten. Er gefiel sich im Scheinwerferlicht. Da war Schäuble längst verschwunden, Lothar de Maizière auch. Auffallend viele hatten das Haus der Wirtschaft sehr schnell wieder verlassen. Und im Rausgehen erzählte Christa Thoben noch einmal erschüttert, wie Wolfgang Schäuble vor sieben Monaten die Tränen gekommen waren, als er seinen Rücktritt ankündigte.

Es war die Parteivorsitzende Angela Merkel, die diese Ersatzfeier für Helmut Kohl arrangiert hatte. Es hatte Streit darüber gegeben, ob er zu zehn Jahren Deutsche Einheit in Dresden reden dürfe. Jetzt hob sie ihn mit einer Reihe von extra zu diesem Zweck erfundenen Ersatzveranstaltungen wieder auf den Denkmalsockel. Sie tat das möglicherweise aus nackter Not, ganz sicher aber in der Hoffnung, dass er als Denkmal vielleicht endlich Ruhe geben würde. Das war ein folgenschwerer Irrtum.

Anfangs hatte Angela Merkel möglicherweise sogar geglaubt, es könne mit Kohl so funktionieren wie mit Krause. Wie lange haben die Mecklenburger trotzig ihren Brause-Krause verehrt, als er schon lange ein Opfer selbst angerichteter Affären geworden war. Wie lange hatte sie ihren Vorgänger Krause in ihren Reden erwähnt, so wie sie jetzt bei jeder Gelegenheit Kohls große Verdienste rühmte, die man durch Aufklärung schützen müsse.

Eines Tages war der Applaus für Krause dünner geworden. Dann war auch das vorbei.

So wird es auch mit Kohl sein. Hat sie gehofft. «Haben Sie gemerkt, in Hamburg war der Applaus beim Thema Ehrenwort schon dünner», hat sie mir einmal gesagt.

Kohl machte dann – vor allem hinter den Kulissen – hinreichend deutlich, dass er seine Partei und die neue Vorsitzende nicht eher in die Zukunft entlassen werde, bis sie ihm zur Wiederherstellung seines angekratzten Ruhmes verholfen hat.

Kohls Entourage spickte Journalisten mit Informationen über angebliche Hubschrauberflüge und über eine frühe Mitwisserschaft Merkels an der ominösen 100 000-Mark-Spende. Auch flog ganz zufällig in dieser Zeit auf, dass auch der Landesverband Mecklenburg-Vorpommern 147 000 Mark aus schwarzen Kassen der Bundespartei erhalten hatte. Und das ist nur das, was man weiß. Jedenfalls konnte man in dieser Zeit von Kohl-Getreuen aus der Bundestagsfraktion unfassbar drastische Vokabeln hören: Wir zerquetschen die Merkel. Die wird getötet. Rache ist Blutwurst.

Je weniger es Angela Merkel und Friedrich Merz gelang, das gewaltige Machtvakuum und die unstillbare Führungssehnsucht, die Helmut Kohl hinterlassen hatte, auch nur annähernd zu füllen, desto dicker wurde der innerparteiliche Applaus für Helmut Kohl, desto stärker wünschten viele, sich wieder zu versöhnen mit Kohl und in Frieden zu leben mit ihm.

Und als Kohl schließlich nicht der Parteivorsitzenden oder dem Fraktionschef, sondern einem ausgewählten Kreis von Anhängern – die sich die 94er nannten – huldvoll mitteilte, er gedenke nach der Sommerpause wieder an den Fraktionssitzungen teilzunehmen, war die Sache eigentlich schon gelaufen.

Als er am 17. März zum ersten Mal wieder in den Berliner Reichstag kam, ärgerte Angela Merkel sich lautstark über die Journalisten, die ihm den Gefallen taten, einen Riesenwirbel zu veranstalten. Später, kurz vor elf, als sich längst alle wieder beruhigt hatten, geschah etwas wirklich Gespenstisches. Einer der Spiegel in der Reichstagskuppel lenkte einen Sonnenstrahl so in den Plenarsaal, dass er ausgerechnet in die sechste Reihe und auf Helmut Kohl fiel. Alle anderen saßen im Halbdunkel, er lichtüberflossen wie auf einem Heiligengemälde. Es war ein

Augenblick von grandioser Ungerechtigkeit und Prophetie. Und alle Kameraverschlüsse klickten.

Es war der Beginn eines Kohl-Revivals.

Kohl hat die neue Solidarisierung dann mit allen Mitteln befördert. Er weiß schließlich, wie es geht. Er telefonierte rum, gab Parolen aus: Die können es nicht. Er erinnerte den einen oder anderen an das eine oder andere gemeinsame Geheimnis.

Er spannte sogar die Abgeordneten von SPD und Grünen für sein Interesse ein. Unaufgefordert und angeblich «aus Versehen» legte er dem Untersuchungsausschuss seinen Terminkalender des Jahres 2000 vor. Dann lehnte er sich zurück und schaute zufrieden zu, was passierte.

Es war der Terminkalender, in dem auch vermerkt war, dass und wie oft Kohl sich mit dem CDU-Obmann Andreas Schmidt getroffen hatte, um das Vorgehen im Ausschuss zu besprechen. SPD und Grüne taten, was sie tun sollten. Sie attackierten diese Treffen als einen unglaublichen und undemokratischen Vorgang. Und die Unions-Fraktion tat ebenfalls, was sie tun sollte, was sie immer getan hatte. Sie schloss unter dem Druck der Sozen-Kritik die Reihen wieder fest zusammen. Sie solidarisierte sich mit Schmidt. Und mit Kohl.

Von diesen Machtkämpfen bekam die Öffentlichkeit nicht viel mit. Bis Angela Merkel zum 10. Jahrestag der Deutschen Einheit Helmut Kohl wieder auf seinen Denkmalsockel stellte.

Das Publikum war enttäuscht. Die Medien haben nicht einmal mehr transportiert, dass Angela Merkel bei ihren Reden nach wie vor sorgfältig und gebetsmühlenhaft zwischen Kohls Verdiensten um die Einheit und seiner schäbigen und parteischädigenden Rolle in der Schwarzgeldaffäre unterschied. Die Botschaft nach außen war: Die CDU unter Angela Merkel arrangiert sich mit Helmut Kohl. Es sah aus wie eine erneute Unterwerfung unter das System Kohl, wie der Verrat am Neubeginn, wie das Ende des demokratischen Aufbruchs. Es wurde als Schwäche interpretiert. Und Angela Merkels glänzende Glaubwürdigkeit bekam ihren ersten Kratzer.

Aber auch die schönste Glaubwürdigkeit hätte Angela Merkel nichts genutzt, wenn die Kohlianer sie einfach weggefegt hätten.

Der Bergsteiger Heiner Geißler hatte Angela Merkel gewarnt: Wer sich umdreht, dem wird schwindelig. Wer Angst hat, stürzt ab.

Angela Merkel mag gedacht haben: Wenn er erst wieder als Denkmal auf dem Sockel steht, wird er uns in Ruhe lassen. Er wird mir dankbar sein, dass ich ihn wieder dahin gestellt habe. Sie hat geglaubt, mit Helmut Kohl lasse sich ein Arrangement treffen. Sie glaubt das möglicherweise noch.

Es ist ein Irrtum gewesen, der vielleicht folgenschwerste Irrtum in der politischen Karriere der Angela Merkel.

Ohne Kohl wäre sie niemals geworden, was sie ist. Mit ihm wird sie nicht bleiben, was sie ist. Er wird es ihr nicht danken, dass sie ihn wieder auf den Denkmalsockel gestellt hat. Weil er ihr nicht vergessen kann, dass sie ihn überhaupt da runtergeholt hat.

Jetzt hängt Helmut Kohl erst recht wieder am Telefon. Jetzt verspricht er sich im Untersuchungsausschuss schon mal und sagt: «Sie haben eine Frage an den Parteivorsitzenden der CDU gestellt.»

Als er im Juni 2001 Wolfgang Schäuble als Spitzenkandidat für Berlin verhinderte und der junge Spitzenkandidat von Kohls Gnaden sagte, es sei für Berlin «eine große Ehre», wenn Kohl beim letzten Gefecht gegen Sozen und Kommunisten tüchtig mitmische, da war das System Kohl in die Bundesrepublik zurückgekehrt.

Und als Satyrspiel erklärte der unglückliche Generalsekretär Laurenz Meyer Ende Juni 2001 der *Süddeutschen Zeitung*, dass die angestrebte Parteireform leider um «mindestens ein Jahr» verschoben werde. Man müsse sich auf dem nächsten Parteitag nun einmal «auf den Abschluss der Sachfragen» konzentrieren. Vor allem aber habe man Sorge, dass man mit einer Reformdiskussion nur die Erinnerung an den Spendenskandal neu wecken könne.

Das von Angela Merkel selbst als Befreiungsschlag inszenierte Kohl-Revival wurde so zum Anschlag auf Merkels Autorität und Popularität. Und je mehr es Kohl gelang, wieder Einfluss zu nehmen, desto weniger fand der demokratische Aufbruch der CDU statt.

Mit Angela Merkel hatte sich aber nicht nur die Hoffnung auf einen demokratischen Aufbruch der CDU verbunden, sondern auch die ganz irrationale Hoffnung auf die Überführung der Bonner Bimbes-Republik in etwas Wiedervereinigtes und Besseres, etwas, das man eines Tages wirklich stolz die Berliner Republik nennen könnte. Diese hehre, politisch romantische Erwartungshaltung spiegelte sich in den hohen Umfragewerten der Angela Merkel auf dem Höhepunkt der Spendenaffäre. Sie spiegelte sich aber auch in der Tiefe ihres Absturzes, als es so aussah, als würde der demokratische Aufbruch misslingen.

Sie war die ideale Besetzung für den demokratischen Aufbruch der CDU, für die Beseitigung des Systems Kohl und für die Rückführung des Landes auf die im Grundgesetz festgelegten Regeln der Demokratie. Als der demokratische Aufbruch der CDU nicht stattfand oder vor lauter Kohl-Revival und Unionsstreitigkeiten nicht sichtbar wurde, wirkte Angela Merkel plötzlich wie eine Fehlbesetzung.

Moralisch und machttechnisch ganz ungeniert da weitermachen, wo Kohl aufhören musste, das können andere vielleicht auch wirklich besser als Angela Merkel. Roland Koch zum Beispiel kann das möglicherweise viel besser.

Zehntes Kapitel
«SONST WERDE ICH NIE CHEF»

KÖNIGIN OHNE LAND

Es ist eine Frage der Macht. Wer etwas will in der Politik, braucht Macht. Wer besser sein will als alle anderen, braucht mehr Macht als alle anderen. Und es nützt nichts, wenn man zwar nominell die ganze Macht hat, also zum Beispiel Vorsitzende einer großen Volkspartei ist, aber eines Tages erkennen muss, dass man in Wirklichkeit machtlos ist, dass jeder kleine Ministerpräsident oder Regierende Bürgermeister einem auf der Nase herumtanzen kann.

In der Woche vor der Abstimmung im Bundesrat über die Steuerreform der Schröder-Regierung war Angela Merkel unterwegs auf einer Sommertour durch Süddeutschland. Mit Betriebsbesichtigungen und Fachgesprächen sollte die Wirtschaftskompetenz der CDU und ihrer Vorsitzenden ein wenig aufpoliert werden. Das funktioniert am besten, wenn bei solchen Touren Journalisten mitfahren, die über die Betriebsbesichtigungen und Fachgespräche berichten.

Der Reisebus, mit dem wir schon seit drei Tagen unterwegs waren, der uns von IBM Stuttgart zum Gartengerätehersteller Garpa gefahren hatte und von einem Start-up-Unternehmen auf der schwäbischen Alb zum nächsten, stand an diesem Nachmittag vor der Freiburger Universität.

Angela Merkel redete im überfüllten Audimax über die neue soziale Marktwirtschaft. Sie sprach frei. Sie wirkte frisch und aufgeräumt. Die linke Hand behielt sie in der Hosentasche. Man konnte sehen und hören, dass sie gern vor einem jungen, akademischen Publikum vorträgt. Und sie hatte offensichtlich auch Spaß daran, ausgerechnet an der Freiburger Universität ihre Vision einer neuen sozialen Marktwirtschaft im Zeitalter der Globalisierung zu entwickeln. Inzwischen weiß sie ja ganz genau, was die Freiburger Schule war, und auch, wie man Müller-Armack schreibt.

Die Studenten und Gäste der Universität, einige von ihnen hatten nur noch auf den Treppen des großen Hörsaals Platz gefunden, hörten mucksmäuschenstill zu. Hier und da unterbrachen sie mit Applaus, Gelächter oder überraschtem Hört-hört-Geraune, wenn die Parteivorsitzende der CDU vom Betriebssystem Linux schwärmte oder gegen die Versklavung der Computerwelt durch Microsoft wetterte. Offenbar kennt die sich aus. Hat sogar Programmiersprachen gelernt.

Wozu ist man schließlich Physikerin?

Am Ende, in der Gibt-es-noch-Fragen-Runde, tat einer der Professoren, was deutsche Professoren immer tun, meldete sich, fragte aber nichts, sondern hielt selbst einen Vortrag zur globalisierten Weltwirtschaft, eine Art Koreferat. Sein Fachkauderwelsch bildete zusammen mit seinen barocken Schachtelsätzen noch einmal einen eindrucksvollen Kontrast zu Angela Merkels klarer, vitaler Sprache.

Im Hinausgehen fragte ich Angela Merkel, wer eigentlich leichter mitzunehmen sei auf die Reise in die neue Marktwirtschaft, ein gemischtes, akademisches Publikum wie hier in Freiburg oder die eigene Partei. Sie antwortete: «Na, diese hier natürlich.» Bei Parteiveranstaltungen säßen ja doch vor allem immer die Spione der Sozialausschüsse einerseits und der Wirtschaftsvereinigungen andererseits, um aufzupassen, dass nicht etwa der Untergang des Abendlandes verabredet wird. – Da war sie noch sehr gut gelaunt.

Als wir wieder zu unserem Bus kamen und einsteigen wollten, sagte Angela Merkel plötzlich: «Wie lange wollen Sie eigentlich noch mitfahren? Müssen Sie denn unbedingt dabei sein, wenn ich umfalle?»

Sie sagte das mit freundlicher Miene, aber scharfem Unterton. Sie sah auf einmal blass aus, enttäuscht und sehr müde. Und sie meinte ganz offensichtlich nicht umfallen, wie man es im Sinne von politisch umfallen, also plötzlich die Haltung wechseln, sagt. Sie meinte tatsächlich physisch umfallen, im Sinne von ohnmächtig werden.

Was war denn nun plötzlich los? In der Zwischenzeit war doch gar nichts passiert.

Außer zwei Telefongesprächen.

Es werden die entscheidenden Telefongespräche gewesen sein. Angela Merkel lernte in jenem Sommer des Jahres 2000 eine bittere Lektion. Die Lektion von der scheinbaren Macht. Die Lektion von der überraschenden Machtlosigkeit der Vorsitzenden einer großen Oppositionspartei.

Wer schlagartig erkennen muss, dass er ohne Macht ist, wer ganz plötzlich seine Ohnmacht fühlt, fürchtet möglicherweise tatsächlich, ohnmächtig zu werden und umzufallen. Schlimmstenfalls vor Publikum. *M. zeigt Nerven!*, steht im Notizblock von jenem Nachmittag.

Morgens in Lindau, beim Frühstück im Hotel mit Blick über den Bodensee, hatte Angela Merkel noch eher gelassen erklärt, sie habe sich für den höchst unwahrscheinlichen Fall, dass die Abstimmung im Bundesrat etwa doch noch schief laufen sollte, natürlich schon zurechtgelegt, was sie sagen werde. Auch in diesem Moment hatte das Funktelefon geklingelt. Ein junger Mann aus ihrer Presseabteilung hatte es ihr gereicht.

Es wurde sehr viel telefoniert in den Tagen vor der Abstimmung im Bundesrat. So entstand immer wieder Zeit, Angela Merkel in Ruhe zu beobachten: wie selbstverständlich und beiläufig sie es inzwischen nimmt, von Referenten, Kellnern, Serviererinnen und Hoteldienern umwieselt zu werden. Und sie nähern sich der Parteivorsitzenden ja alle in dieser devoten, Aufmerksamkeit signalisierenden Körperhaltung, die für VIPs der Stufe Alpha eins vorbehalten ist.

Alpha eins ist aber immer noch dieselbe Frau, die bei ihrem ersten Besuch hier am Bodensee stundenlang unschlüssig auf der Straße herumgelaufen sein muss, bis sie sich endlich traute, eine kleine Pension zu betreten. Weil sie nicht sicher war, ob eine allein reisende Frau im wilden Westen überhaupt riskieren könne, ein Hotelzimmer zu nehmen. Aber das war vor dem Fall der Mauer. Vor vierzehn unfassbar weit zurückliegenden Jahren, in einer Zeit, in der Angela Merkel sich damit beschäftigte, das Verhalten von Kohlenwasserstoffen zu berechnen, nicht das von Parteifreunden.

Heute hat sie nicht überlegt, ob sie sich ein Zimmer nehmen soll. Das haben andere für sie reserviert. Heute hat sie sich zurechtgelegt, was sie sagen wird, falls sie sich verrechnet hat, falls es schief geht mit der Abstimmung im Bundesrat, obwohl doch eine hinreichende Anzahl von Union-Länderchefs in der letzten Präsidiumssitzung verkündet hatten, dass sie gegen die Steuerreform stimmen werden.

Ob sie es für möglich gehalten hat, dass die so genannten Parteifreunde es tatsächlich fertig bringen, im Präsidium etwas zu verabreden und zu versprechen und dann in die Abstimmung zu gehen und das genaue Gegenteil zu tun? Dass Eberhard Diepgen sich gegen alle parteiinternen Verabredungen rauskaufen lässt? Mit Zugeständnissen, die der Bund dem Land Berlin so oder so hätte machen müssen, die Finanzminister Hans Eichel aber noch ein wenig im Körbchen zurückbehalten hatte, um sie jetzt – eins, zwei, drei – als Last-Minute-Angebot hervorzuzaubern?

«Jetzt habe ich eine Erfahrung mehr», hat sie nach der Abstimmung immer wieder und in alle Kameras gesagt: «Das war das erste und das letzte Mal, dass mir so etwas passiert ist.» Und man musste nicht sehr genau hinschauen, um hinter ihrem flauen Lächeln den Zorn zu erkennen, die Wut und die Enttäuschung über die eigene Ohnmacht. Ohnmächtig geworden ist sie aber trotzdem nicht. Jedenfalls nicht öffentlich.

Am Montag nach der Pleite im Bundesrat wurde Angela Merkel 46 Jahre alt. Zwei Tage später war sie hundert Tage im Amt, als erste Frau in der Geschichte Deutschlands, die in einer großen Volkspartei Vorsitzende geworden ist. Die 100-Tage-Bilanzen und Geburtstagsartikel waren vernichtend: Die kann es nicht. Die schafft es nicht. Die hat eben in der DDR nicht gelernt, wie man so etwas macht. Wie soll das auch einer evangelischen Frau aus dem Osten gelingen, die den katholischen Konservatismus nicht kennt? Die ist doch viel zu gut und zu lieb. Moderiert zu viel. Führt nicht. Das wäre Wolfgang Schäuble nicht passiert. Bei dem hätte der Diepgen sich das nicht getraut.

In den Zeiten der personenfixierten Medien werden ja meistens persönliche und charakterliche Gründe als Erklärungen für politische Missgeschicke gesucht und gefunden. Erst recht bei einer Frau. Nach strukturellen Gründen fragen nicht mehr viele. Wenn man aber überlegt, was ein anderer, der nicht aus der DDR und keine Frau gewesen wäre, dafür vielleicht ein langjähriger Kenner des rheinischen Konservatismus, in dieser Situation unter den gleichen Konditionen anders und besser gemacht hätte, dann wird es eigentlich erst interessant. Dann wird an diesem ersten und größten Debakel der neuen CDU-Parteivorsitzenden gleich alles deutlich, zum Beispiel auch, dass das Hauptproblem der Angela Merkel ein Konstruktionsfehler ist. Ein Konstruktionsfehler, der bis heute nicht behoben ist.

Sie hat zu wenig Macht. Sie hat nur die nominelle Macht. Sie ist nicht Fraktionsvorsitzende. Sie ist nicht Ministerpräsidentin. Sie ist nicht einmal Vorsitzende eines starken Landesverbandes. Sie war und ist die erste Parteichefin einer großen Oppositionspartei in der Bundesrepublik, die überhaupt kein anderes Amt hat außer dem Parteivorsitz. Und weil sie nach der Wende quer eingestiegen ist, hat sie, anders als alle anderen, auch keine alten Kumpane, die zur ihr halten, was immer geschieht. Sie ist ohne Seilschaften, eine Königin ohne Land. Eine Königin ohne Land und ohne Truppen.

Dafür darf sie eine Partei anführen, die nach sechzehn Jahren zum ersten Mal wieder Opposition üben muss, die die Gründe für ihre Wahlniederlage beharrlich beschweigt, die verlernt hat, politisch etwas zu entwickeln und aufzubauen. Sie wurde Vorsitzende einer Partei, die von der Spendenaffäre vollkommen paralysiert war, ohne Geld, ohne Wahlchancen, ohne Reputation bei den Wählern und kurz davor, sich selbst aufzulösen wie die *Democrazia Cristiana* in Italien nach ähnlichen Vorgängen.

Die Spendenaffäre hatte ja nicht nur die amtierende Führung, sondern gleich auch noch die zweite Reihe der CDU weggefegt. Und die ewig zu kurz gekommenen Kohl-Söhne wie Rühe und Rüttgers wollten nicht glauben, dass auch ihre Chancen verloren sind, können es ja bis heute nicht glauben. Sie hoffen immer noch auf ein Wunder. Manchmal drehen sie auch dran. Jeder in so einer Partei ist sich selbst der Nächste.

Die CDU war also in jeder Hinsicht in der vollkommen aussichtslosen und desolaten Situation, in der sogar in diesem Land auch einmal eine Frau ein Spitzenamt übernehmen darf.

Am Dienstag vor der Bundesratsabstimmung hatten sich die Managerinnen von IBM Stuttgart bei Angela Merkel beklagt, dass sie als topausgebildete Frauen in Deutschland inzwischen zwar selbstverständlich zweithöchste Positionen, aber immer noch nicht den einen Spitzenjob haben können.

Da hatte die Vorsitzende der CDU eher beiläufig gesagt: «Vielleicht muss die Firma IBM erst einmal in eine richtig große Krise kommen, damit hier auch mal eine Frau übernehmen darf.»

Und die herzhaften Lacher, die sie dafür geerntet hatte, waren etwas bitter und ratlos ausgeklungen.

Die CDU hatte in ihrer richtig großen Krise nun aber auch etwas ganz Besonderes gewagt: Sie gab nicht nur zum ersten Mal in ihrer Geschichte einer Frau die Chance, die Führung zu übernehmen. Sie trennte zugleich, zum ersten Mal in ihrer Geschichte, Fraktionsvorsitz und Parteivorsitz in der Opposition voneinander. Sie verteilte die wenige Macht also auf zwei Personen.

Deswegen kann man möglicherweise auch die ewigen Querelen zwischen der Parteivorsitzenden Angela Merkel und dem Fraktionsvorsitzenden Friedrich Merz viel schlüssiger strukturell erklären als nur mit den Charakter- und Führungseigenschaften der beiden Protagonisten.

Was hätte Angela Merkel anderes tun können? In Essen sagen: Ich nehme diese Wahl nicht an? Oder: Ich nehme den Parteivorsitz nur an, wenn Friedrich Merz mir den Posten des Fraktionsvorsitzes noch dazugibt? Mit der halben Macht ist diese Aufgabe nicht zu stemmen?

Seit der Weihnachtsfeier der CDU/CSU-Fraktion 1998 in der Stadthalle von Bad Godesberg duzen sich Friedrich Merz und Angela Merkel. Da haben die beiden lange zusammengesessen bis spät in die Nacht. Eigentlich verstehen sie sich gut seither, der Katholik aus dem Sauerland und die Protestantin aus der Uckermark. Eigentlich. Wenn nur dieser Konstruktionsfehler nicht wäre. Wenn nur nicht die Journalisten wären, die den Konstruktionsfehler kennen. Wenn nur die Einflüsterer in der jeweiligen Entourage nicht wären, die den Fehler auch kennen und nur das Beste wollen für ihren Chef und für ihre Chefin.

Einmal habe ich Friedrich Merz besucht, um mit ihm über Angela Merkel zu sprechen. Er sagte: «Seitdem wir im Amt sind, gibt es das Phänomen, dass die Medien zwischen ihr und mir Unterschiede herausarbeiten wollen. Wir haben aber eine Vertrauensbasis, die stabil ist und die wir nicht von außen kaputtmachen lassen. Wir lassen uns nicht auseinander treiben.»

Wenn er verstanden hat, wie Medien funktionieren, warum hat er dann ausgerechnet in die Plakat-Debatte hinein, als seine Parteivorsitzende für einen Augenblick sehr schwach dastand, seinen eigenen Anspruch auf die Kanzlerkandidatur reklamiert? «Dazu ist alles gesagt», antwortete Friedrich Merz. Er sagte es etwas kleinlaut und mit spitzer Nase. Er wusste, dass er den Kampf mit Angela Merkel um die Kanzlerkandidatur schon verloren hat. Außerdem wolle er das Gespräch an dieser Stelle sowieso gern beenden, sagte er. Und plötzlich sah der Zwei-Meter-Mann ganz klein aus vor den gewaltigen Deutschland- und Europafahnen, mit denen er sein Fraktionsbüro im Reichstag dekoriert.

Möglicherweise war Angela Merkel zunächst sogar froh, dass ein anderer den Fraktionsvorsitz übernommen hat. Bei 245 erwachsenen Menschen, die in den Parlamentswochen sozusagen in Intensivhaltung einander häufiger sehen als ihre Familien, ihre Frauen oder ihre Ehemänner, gibt es gruppendynamische Prozesse, die man kennen und beherrschen muss. Außerdem sind etwa die Hälfte der Unionsabgeordneten Entmachtete und Verstrickte des Systems Kohl, ehemalige Minister, ehemalige Staatssekretäre, ehemalige Generalsekretäre und ehemalige Handlanger, die jetzt einfache Abgeordnete sind. Sie haben ihre politische Zukunft hinter sich. Deswegen klammern sie sich um so nachhaltiger an die Verklärung der Vergangenheit. Und auch die andere Hälfte der Unionsabgeordneten hat sich in den langen Regierungsjahrzehnten daran gewöhnt, dass zum Wohle des großen Vorsitzenden und Bundeskanzlers immer alles längst ausgemacht und festgezurrt war, wenn es der Fraktion zur Zustimmung vorgelegt wurde.

Wenn so eine Truppe plötzlich in die Opposition gerät, müsse man als Vorsitzender eine Mischung aus Zirkusdompteur, Psychotherapeut, Pfarrer, Beichtvater und Notarzt sein, sagt Friedrich Merz.

Und als Parteichefin fühlt man sich dort gleich ganz fehl am Platz. Auch, weil schon ein anderer der Fraktionchef ist. Angela Merkels Freunde in der Fraktion erzählen, dass sie da immer sehr zurückhaltend, fast etwas unsicher auftrete. So lange war sie ja noch nicht Generalsekretärin, bevor sie Parteivorsitzende wurde. Und als Ministerin sitzt man nicht in Fraktionssitzungen.

Wenn sie es einmal ganz anders probiert, mit Rücksicht auf Friedrich Merz macht sie das natürlich nicht besonders häufig, funktioniert es allerdings sofort sehr gut. Einmal, als es in der Fraktion gegen den Ministerpräsidenten des Saarlandes, Peter Müller, gegangen war, da hat Angela Merkel ein heftiges, scharfes und abschließendes Machtwort gesprochen. Und das hat allen gut gefallen. Sie sind geradezu süchtig nach Führung in dieser Fraktion.

Angela Merkel hat den Konstruktionsfehler von Anfang an bedacht. Wenn es jemals eine risikofreie Gelegenheit gegeben hätte, den Fraktionsvorsitz für sich zu reklamieren, dann hätte sie sie ergriffen. Und wenn sich so eine risikofreie Gelegenheit jemals in der Zukunft ergeben sollte, dann wird sie zugreifen.

MUT, MACHT UND MISSTRAUEN

Ihr Problem jenseits der strukturellen Bedingungen liegt in diesem Adjektiv «risikofrei». Wer in der Politik immer auf die gefahrlose Gelegenheit wartet, wer immer erst alle Risiken und Nebenwirkungen ausgerechnet haben will, bevor er handelt, wer nie spielt, wird seine Macht nicht vergrößern. Er wird sie höchstens verlieren.

Auch das war mit dem Abstimmungsflop im Bundesrat schon deutlich geworden. Angela Merkel hatte sich ja wider besseres Wissen in die Blockadepolitik drängen lassen. Sie hatte sich nur nicht wirklich getraut, ihre Meinung gegen Merz und Stoiber aufrechtzuerhalten: dass man als Oppositionspartei auch im Konsens Profil gewinnen kann. Dass Sozenhass und Fundamentalopposition im postideologischen Zeitalter gerade noch fürs Festzelt taugen, nicht aber für eine tragbare politische Strategie, nicht dafür, Gerhard Schröder die Mitte und die Bündnispartner wieder abzujagen.

Merz hatte zugespitzt: Blockieren wie Lafontaine, das können wir auch! Und Stoiber hatte Angela Merkel die Boxhandschuhe geschenkt. Seine Botschaft zu dieser Zeit ist immer klar gewesen, hinter den Kulissen noch deutlicher als davor: Hau mal drauf, Mädchen, geh klar auf Konfrontation, die Steuerreform muss kompromisslos abgelehnt werden. Die Union fühlte sich superstark.

Sie war es aber nicht. Und dann stand gerade Stoiber da zusammen mit den Jungs von den konservativen Zeitungen und war ein wenig betreten über die blutigen Nasen, die Friedrich Merz und Angela Merkel sich geholt hatten.

«Die am meisten nach dem Kampfanzug geschrien haben, sind ja jetzt als Erste umgefallen», sagte sie. Das ging gegen Diepgen und gegen Brandenburgs CDU-Innenminister Jörg Schönbohm, der erst in alle Mikrofone gerufen hat, es sei für die Union wieder mal an der Zeit, den Kampfanzug anzuziehen, der dann mit Manfred Stolpe gegen die Union gestimmt hatte und der schließlich vor laufenden Kameras auch noch ein sorgenvolles Gesicht aufsetzte und fragte, wie es in der CDU nach dieser Schlappe wohl weitergeht.

Angela Merkel hat die wenige Macht, die sie hatte, nicht wirklich genutzt. Als ob gerade sie vergessen hätte, wie sie einst als Generalsekretärin mit einem einzigen, mutigen Aufsatz und ohne Absicherung nach allen Seiten ihre Autorität, ihr Ansehen und ihre Macht vervielfältigt hat.

Sie sei eben nicht besonders mutig, sie brauche immer eine Weile, um alle Risiken abzuwägen, sagt sie. Und erinnert daran, wie sie einst in Templin 45 Minuten auf dem Sprungbrett meditiert hat. Auch da ist sie ja erst gesprungen, als es klingelte, als die Schwimmstunde eigentlich schon um war. Aber sie muss doch auch wissen, dass sie ihren bislang größten politischen Erfolg errang, als sie einmal vor allen anderen Anlauf nahm und als Erste den Sprung wagte.

Manchmal in den letzten Monaten sah es ja so aus, als stünde nicht nur die CDU, sondern das ganze Land unten am Beckenrand und warte darauf, dass Angela Merkel endlich springt. Und die Ersten gingen schon wieder nach Hause, weil es ihnen zu lange dauerte.

Mit Unbehagen haben ihre Freunde und Anhänger in der Partei beobachtet, wie die kämpferische Generalsekretärin sich als Parteivorsitzende verändert hat. Wie sie sich angebiedert hat bei den Leuten in der Partei, die nicht ihre Unterstützer waren. Wie sie die eigenen Freunde verprellt hat bei ihren Versuchen, ein paar Feinde in Freunde umzuwandeln.

Wie oft hat sie Leute vom ganz äußersten, rechten Flügel ermuntert und zitiert. Sie dachte, sie tue denen einen Gefallen. Sie dachte, sie gewinne so den rechten Flügel für sich. Aber es wurde ihr als Schwäche ausgelegt.

Sie muss doch erst einmal ihre eigenen Leute stärken, sagen dann vor allem diejenigen, die sich zu ihren eigenen Leuten zählen. Das Erste, was eine Führungsperson zeigen müsse, sei doch: Wer sich zu mir bekennt, dem geht es gut. Wenn diese Botschaft ausbleibe, gebe es doch gar keinen Anreiz, mit ihr zusammenzuarbeiten, weder für die, die immer schon für sie waren, noch für die anderen. Da sei sie nach ihrem großen Siegeszug auf eine seltsame Weise zaghaft, die eigene Machtstellung zu nutzen und auszubauen. Das mache sie alles ganz falsch.

Sie selbst sagt, eine Parteivorsitzende dürfe sich nicht auf eine Seite der Partei begeben. Das könne nur scheitern. Sie müsse versuchen, die verschiedenen Enden zusammenzuführen. Also bleibe ihr nichts anderes übrig, als diejenigen, denen sie sich politisch näher fühlt, ständig um Rücksicht zu bitten.

Ist das modernes Teammanagement oder Feigheit? Integrationskraft oder Führungsschwäche? Darüber kann man nächtelang streiten. Darüber wird in der Union nächtelang gestritten. Vielleicht konnte Angela Merkel tatsächlich nur so verhindern, dass die Flügel der CDU nach dem Absturz abbrechen und die christdemokratische Partei wie in Italien auseinander gerissen wird.

Ihr selbst hat dieser moderierende Führungsstil, zumindest in der öffentlichen Wahrnehmung, allerdings enorm geschadet: Die will nichts. Die ist programmatisch nicht konturiert. Die macht ganz lange Krakenarme, um rechts und links alle in der CDU wieder zusammenzubringen. Was sie aber selber will, ist gar nicht mehr zu erkennen. Will die überhaupt was? Und: Wollen wir so eine?

Auch diejenigen, die auf ihrer Seite sind, Leute wie Christian Wulff oder Peter Müller, wie Friedbert Pflüger oder Günter Nooke, sind vor allem immer ein bisschen enttäuscht, dass sie nicht gefragt und nicht eingebunden werden. «Sie bildet keine Beziehungen und keine Koalitionen», heißt es. «Und sie ist so irrwitzig misstrauisch.»

Überall in der CDU kann man inzwischen auf Menschen treffen, die enttäuscht sind, enttäuscht, dass sie von Angela Merkel nicht einbezogen werden, dass sie sie nicht beraten dürfen, dass die Parteivorsitzende so misstrauisch ist.

Die, die in der CDU nichts mehr werden wollen, sagen: Sie darf sich nicht aus Misstrauen einmauern. Sie braucht doch einen Brain-Trust. Sie muss sich eben nur Leute nehmen, die möglichst in dem Laden nichts mehr werden wollen.

Und die, die in dem Laden noch etwas werden wollen, sagen: Sie darf sich nicht aus Misstrauen einmauern. Sie braucht doch so eine Art Think-Tank. Und dazu braucht sie vor allem Leute, die mittendrin sind.

Andere sagen gleich ganz offen: Ich bin enttäuscht, dass sie mich so selten fragt.

Wenn man mit ihr darüber spricht, spürt man, dass sie die meisten Beschwerden einordnet in die Kategorie: persönliche

Eitelkeit. Dann gebe es da einige, die da so einen Beschützer-instinkt hätten und die deshalb für sich in Anspruch nähmen, dass sie sich mehr mit ihnen beraten müsse.

«Damit sagen sie implizit aber eigentlich auch, dass sie es mir so gar nicht zutrauen.»

Ganz am Anfang, als sie noch nicht lange Parteivorsitzende war, hat sie einmal gesagt: «Ja, es ist ein großer Unterschied, ob man Generalsekretärin oder Parteivorsitzende ist. Es gibt jetzt einfach nicht mehr die Möglichkeit zu sagen: Ich frage den Chef noch mal.»

Warum eigentlich nicht? Der Chef, das war zu ihrer Gene-ralsekretärinnenzeit Wolfgang Schäuble. Warum verzichtet sie auf die enorme analytische und intellektuelle Kraft von Wolf-gang Schäuble?

Sie verzichtet gar nicht darauf, sagt sie. Sie fragt ihn. Ab und zu. Aber eine Chefdenkerstelle hat sie ihm ja nun nicht gerade eingeräumt.

«Es wäre das falsche Signal. Ich bin nun einmal überzeugt davon, dass ich in der jetzigen Phase ganz bewusst meinen Weg gehen muss, mit allen Risiken und Nebenwirkungen, wie ich es nicht ganz ohne Ernst bei der CSU gesagt habe. Also muss ich mich auch der Tatsache aussetzen, dass jetzt ich der Chef bin. Sonst werde ich nie Chef. Entweder schaffe ich das, dann schaf-fe ich es auf meine Art. Oder ich schaffe das nicht.»

Wenn man mit Angela Merkel dieses Thema diskutiert, sagt sie allerdings noch etwas Erstaunliches: Es gebe ja auch diese ritualisierten Kontakte, dass einer nur gefragt werden möch-te, damit er gefragt worden ist. Und wenn er gefragt worden ist, sei so einer dann auch bereit, ihre Meinung zu unterstüt-zen. Und zwar ganz egal, was für eine Meinung das schließ-lich ist.

Ja, klar.

«Verstehen Sie, egal, ob meine Meinung so oder so ausfällt. Das ist etwas, das gebe ich zu, das habe ich erst lernen müssen.

Der ist dann auf meiner Seite, auch wenn ich das Gegenteil sage. Nur, weil ich ihn gefragt habe.»

Da ist sie also Parteichefin der CDU geworden und erkennt erst im hohen Alter von 46 Jahren das Grundprinzip aller männlichen Hackordnungen und Seilschaften, das Prinzip des Einbindens, das einer wie Roland Koch bestimmt schon im Kindergarten ausprobiert hat – spätestens, als er mit 14 in seinem Heimatort Eschborn die Junge Union gründete.

Natürlich will Christian Wulff irgendwann mal Kanzler werden, und Roland Koch will das sowieso. Die wollen alle Kanzler werden. Aber jetzt ist sie die Parteichefin. Und deswegen muss sie mit ihnen arbeiten, sie einbinden und souverän genug sein, zu wissen, dass an ihr, gerade wenn sie das vernünftig macht, keiner vorbeikommt.

Und das Misstrauen? Das irrwitzige Misstrauen, von dem alle immer reden?

1991 hat Angela Merkel einmal gesagt: «Ich war schon immer sehr misstrauisch, und das hilft mir auch heute im Westen.»

Ein paar Jahre später fand sie: «Ich glaube nicht, dass ich über die Maßen misstrauisch bin, sodass es meine Arbeit behindert.»

Heute sagt sie: «Manche Sachen kann ich eben nur noch mit ganz wenigen Leuten besprechen. Und ich will gar nicht abstreiten, dass eine gewisse Verschlossenheit die Folge sein kann.»

In der DDR war Misstrauen eine notwendige Überlebensbedingung, in jeder Beziehung. «Misstrauen ist die schwerste Hypothek, die wir Ostdeutschen mit uns herumtragen», sagt Lothar de Maizière.

Und Angela Merkel hat die Misstrauen-Lektion in den Lehrjahren bei Helmut Kohl vertieft. Sie hat ihn ja acht Jahre lang im Kabinett beobachtet, mit der Präzision, mit der eine Naturwissenschaftlerin sich nun einmal ein neues System anschaut.

Misstrauischer als Kohl war keiner, und mächtiger auch nicht. Jetzt, so geht die Klage in der CDU, schottet sie sich im Adenauerhaus mit fünf Getreuen ab wie einst Kohl. Bespricht sich mit keinem. Informiert niemanden. Was das Misstrauen angeht, sei sie tatsächlich das Mädchen von Helmut Kohl geblieben.

Es ist aber möglicherweise ein großer Unterschied, ob einer die ganze Macht hat und sein ausdifferenziertes Misstrauen einsetzt, um die Götterdämmerung noch etwas hinauszuzögern, oder ob eine die Macht erst erobern will. Eigentlich schade, dass Angela Merkel nicht den jungen Helmut Kohl beobachten und analysieren konnte.

Im Grunde genommen wissen sogar diejenigen, die diese Beschwerde führen, dass es gar nicht anders geht, dass eine politische Führungsfigur diesen engen Kreis loyaler und verschwiegener Mitarbeiter einfach braucht. Heutzutage erst recht. Alles, was in etwas größeren Kreisen besprochen wird, im Präsidium oder im Vorstand, ist ja eine Minute später bei den Medien.

Wolfgang Schäuble glaubt, wer mit Ratschlägen, die er Angela Merkel gibt, auf den Markt geht, komme für sie schon nicht mehr als Berater infrage. Verschwiegenheit scheint überhaupt die Bedingung zu sein, um Merkels Misstrauen zu überwinden. Deswegen hört man so wenig von den Menschen, die Angela Merkel wirklich beraten. Dass man nichts hört, darf man aber nicht damit verwechseln, dass da nichts wäre. Wenn man Kurt Biedenkopf in der sächsischen Landesvertretung besucht, wenn man mit Annette Schavan spricht, spürt man nach einer Weile: Mit denen berät sie sich schon. Sie sprechen nur nicht drüber. Leute, die sie wirklich beraten, die laufen eben nicht herum und reden darüber. Die sind im Gespräch über Angela Merkel eher spröde.

Wenn man ein bisschen herumkommt im Land, trifft man in allen Sparten und Branchen interessante Menschen, die sich regelmäßig mit Angela Merkel treffen. Leute, die von Haus aus mit der CDU nichts am Hut haben, sind ihr offenbar am liebsten. Da kann sie neue Impulse bekommen und ihre Gedanken überprüfen. Das macht sie wiederum so, als habe sie durchaus auch den jungen Helmut Kohl studiert. Sie hat exzellente Kontakte in der Wirtschaft. Sie redet mit Freya Klier und mit Thomas Brussig, sie fährt zu Volker Schlöndorff nach Potsdam-Babelsberg. Sie hat mit Ernst-Ludwig Winnacker schon über Gentechnik diskutiert, als Gentechnik noch als wunderliches Steckenpferd des *FAZ*-Herausgebers Frank Schirrmacher galt.

Nur dass sie dann ihre Erkenntnisse und Überzeugungen zu den ethischen Fragen der Genforschung nicht von oben nach unten in die Partei einspeist. Sie lässt es, wie man es sich im Schock der Spendenaffäre versprochen hatte, tatsächlich von unten nach oben diskutieren in Gremien und Kommissionen. Und in diesen Gremien und Kommissonen belauert und blockiert sich die Partei wie eh und je: Süd gegen Nord, Ost gegen West, Mittelstand, Frauen, Wirtschaft, Sozialausschüsse. Da kommen dann meistens Sachen raus, die weichgespült sind. Und vor allem: Das dauert und dauert.

Dann ist eben der Bundespräsident in der Gendebatte schneller und schärfer als die Opposition. Und alle fragen wieder einmal: Wofür eigentlich steht Angela Merkel?

Chirac, Putin, Clinton und auch die Vertreter der neuen Administration in Washington haben ihre Gespräche mit Angela Merkel höflich eröffnet mit ein paar Floskeln über Frauen in der Politik. Dann aber haben alle gefragt: Wofür steht die CDU jetzt? Immer wird sie das gefragt, von Journalisten, von Wirtschaftsleuten, auch in den Gremien der Partei, in den vielen Gesprächen und Konferenzen in allen Landesverbänden. Bis sie verstanden hatte, wie dezidiert eine auftreten muss, die die Macht hat. Es reicht also nicht zu sagen, Herr Clinton, die CDU bleibt, wie sie ist, im Übrigen haben wir verschiedenen Kommissionen installiert, die das neue Programm erarbeiten werden. Sie muss sagen: Monsieur Chirac, solange ich CDU-Vorsitzende bin, garantiere ich Ihnen, dass diese Partei ihren europapolitischen Kurs beibehält.

Eine Parteivorsitzende hat drei Wirklichkeiten zu jonglieren. Ihre eigene Wahrnehmung von Wirklichkeit, die Parteiwirklichkeit und die Medienwirklichkeit. Was sie verhindern muss, ist, dass die innerparteiliche Wirklichkeit die allein bestimmende Wirklichkeit bleibt. Dann sitzt sie in der alten Wagenburg. Je mehr Menschen, die die letzten 25 Jahre Politik mit 25 Jahren Kohl verbinden, jetzt plötzlich gezwungen werden, sich auf etwas ganz Neues einzustellen, je mehr sich Helmut Kohl als Alles-kann-bleiben-wie-es-war-Gespenst andient, umso größer wird die Gefahr, dass die CDU sich wieder einmauert. In der Unionsfraktion kann man das sehr gut beobachten: Dort ist die Welt in Ordnung. Dort herrscht noch Kalter Krieg. Dort ist Deutschland kein Einwanderungsland. Dort sagt man wie Friedrich Merz: Der Abstand zu den Sozialdemokraten muss wieder größer werden. Dort macht man es sich gemütlich mit seinen 30 bis 35 Prozent Stammwählern. Dort bleibt man gesellschaftlich isoliert und ohne Bündnispartner.

Wie aber stellt man es an, einerseits der Gesellschaft zu signalisieren: Ich, Angela Merkel, bin auf der Höhe der Zeit, ich bin weder rechts noch links, sondern vorn? Und andererseits zugleich die eigene Partei mitzunehmen, die im letzten Jahrhundert stehen geblieben ist, die sich in veraltete Dogmen und Überzeugungen verbissen hat wie in ein Glaubensbekenntnis?

Angela Merkel glaubt offenbar an die Langsamkeit. Sie glaubt, dass sie auf diesem Riesendampfer mit seinen 650 000 ohnehin tief verunsicherten Passagieren nur ganz langsam den Kurs ändern kann, weil ihr sonst der Maschinenraum um die Ohren fliegt. Oder weil sie sonst von der Brücke geschmissen wird, sobald sich einer hinstellt, der verspricht, den Kurs zu halten. Und Kurs halten würde doch nur heißen: stur geradeaus in die Vergangenheit.

Wie signalisiert man einer nach 25 Jahren Helmut Kohl hoffnungslos hinter den Themen der Zeit herdiskutierenden Partei: Fürchtet euch nicht, ich nehme euch alle mit? Wenn man andererseits in die Gesellschaft dringend mal etwas anderes funken will, als immer dieses: Als Vorsitzende dieser großen Volkspartei kann ich nun einmal nicht alles so machen, wie ich es persönlich schon lange als richtig erkannt habe?

Medienwirklichkeit bedeutet eben: Dieselbe Öffentlichkeit, die nach der Spendenaffäre erschrocken war, dass die CDU nicht diskutiert, interpretiert die langwierigen Diskussionsprozesse, denen die Partei sich jetzt unterzieht, als Streit und als Unentschiedenheit. Und als Führungsschwäche der Vorsitzenden.

Für die Partei ist das ein frustrierender Prozess. Und die Unzufriedenheit, geschürt durchaus von persönlich Unzufriedenen, von Stellvertretern und anderen zu kurz Gekommenen, entlädt sich in regelmäßigen und immer kürzer werdenden Abständen an der Vorsitzenden. Ein gefährlicher Teufelskreis.

Als Angela Merkel kurz vor der Sommerpause 2001 auf dem Niedersachsen-Parteitag in Hildesheim endlich einmal gedroht hat, als sie gesagt hat: «Wer in dieser Partei nicht begreift, wo die eigentlichen Wettbewerber und die Anzugreifenden stehen, und wer immer wieder Gift und Salz in unsere eigenen Reihen streut, der muss auch zur Verantwortung gezogen werden», da liefen unten durch die Reihen schon wieder so genannte Parteifreunde mit Stänkerparolen: Wie will sie das denn machen? Sie hat doch gar keine Macht. Sie hat doch kein Sanktionsmittel und nicht ein Folterwerkzeug.

Bis sie in Hintergrundgesprächen nachlegen ließ, dass man durchaus auch einmal kooptierte Mitglieder aus dem Parteipräsidium entfernen und das öffentlich begründen könne.

Es ist eine Frage der Macht. Und Angela Merkel arbeitet daran. Ein Machtmittel hat sie sich mit Wolfgang Schäubles Hilfe von Anfang an klug aufgebaut: die Regionalkonferenzen, Angies Roadshows. Da ist sie zur Vorsitzenden hochgejubelt worden. Da kann sie jederzeit auf Tuchfühlung gehen mit der Partei. Da kann sie sich zur Not innerparteiliche Plebiszite gegen die Fraktion abholen. Das ist jederzeit mobilisierbar. In Hildesheim konnte man besichtigen, wie leicht Angela Merkel immer noch die Basis auf ihre Seite reden kann.

Die Macht und das Mädchen. Die einzige richtige Chance für Angela Merkel, ihre Macht nachhaltig abzusichern und zu vergrößern, ist die Kandidatur zur Bundestagswahl. Und das weiß sie auch.

EINER WIRD ES MACHEN MÜSSEN

Als Johannes Rau am 23. Mai 1999 zum Bundespräsidenten gewählt war, sind die Spitzenleute der Union mit ihrer Kandidatin Dagmar Schipanski in ein gemütliches Berliner Lokal gegangen. Die Ehepartner waren dabei. Es wurde gegessen und es wurde getrunken. Dann wurde mehr getrunken. Schließlich wurden Lieder gesungen. Angela Merkel singt gern. Schipanskis singen. Schäubles singen. Sie haben das Rennsteiglied gesungen, das Badener Lied und das Brandenburg-Lied – *Steige hoch, du roter Adler*.

Dann hat Wolfgang Schäuble angefangen, Edmund Stoiber ein wenig zu piesacken. Stoiber solle doch jetzt bitte schön auch mal singen, zum Beispiel das herrliche Lied der Bayern.

Stoiber zierte sich. Schäuble aber war wie vom Hafer gestochen und ließ nicht locker. Ob Edmund Stoiber denn etwa den Text gar nicht kenne, der gehe doch so: «Gott mit dir, du Land der Bayern ...» Oder ob er nur die Melodie nicht mehr wisse? Ob er, Schäuble, schnell mal vorsummen solle? Es sei richtig lustig gewesen, erzählt einer, der dabei war.

Stoiber mag nicht singen, schon gar nicht in Berlin. Aber die anderen drängen ihn immer dazu. Es ist also mit dem Lied der Bayern wie mit der Kanzlerkandidatur. Stoiber mag nicht. Er soll aber.

Und Angela Merkel musste in der Kandidatenfrage erst gegen Friedrich Merz gewinnen. Und sie haben alle, Merkel, Merz und die gesamte CDU, viel Kraft und Ansehen verloren bei diesem stillen Kampf. Dann waren es nur noch zwei: Angela Merkel und Edmund Stoiber.

Seither belauern die beiden einander wie Oskar Lafontaine und Gerhard Schröder im Jahr 1997. Nur dass die sich darum balgten, wer die nächste Wahl gewinnen durfte. Bei Merkel und Stoiber geht es eher darum, wer 2002 für die Union verlieren soll.

Sie sind aber auch ein interessantes Paar, die Vorsitzende der CDU und der Vorsitzende der CSU. Die evangelische, nachdenkliche, unprätentiös auftretende Ostdeutsche, der es immer noch ein bisschen peinlich ist, wenn sie zu heftig im Mittelpunkt steht. Immer genau beobachtend, alles registrierend. Und der katholische, dynamische, schneidige, vor Tatendrang und Selbstbewusstsein vibrierende Edmund Stoiber. Immer auf den Zehenspitzen wippend, immer auf Angriff. Das blonde Fallbeil, wie sie ihn in Bayern nennen.

Zusammen wären sie unschlagbar, sagen die Meinungsforscher und Politikwissenschaftler. Er kann die Leute im eigenen Lager mobilisieren. Sie hätte die Chance, Wähler zu holen oder zurückzuholen, die beim letzten Mal nicht Union gewählt haben. Er zieht im Süden und bei Wirtschaftsfragen, sie im Osten und als Garantin für das Soziale an der neuen Marktwirtschaft.

Den Doppelkandidaten gibt es nicht. Einer wird es machen müssen. Als Angela Merkel sich im März des Jahres 2000 entschieden hat, Parteivorsitzende zu werden, hat sie sich natürlich auch mit der Frage der Kanzlerkandidatur auseinander gesetzt: Kann ich, wenn es sein muss, und wenn ich es will, kann ich das dann machen?

Inzwischen muss sie es machen. Je mehr geredet und geschrieben wird, Angela Merkel sei nur das nette Zwischenspiel vor Koch gewesen, desto wichtiger wird für sie diese Kandidatur. Eigentlich hat sie nur noch zwei Möglichkeiten: kandidieren oder mit der Politik ganz aufhören. Es sei denn, sie nimmt als letzten Ausgang die Kandidatur in Mecklenburg-Vorpommern und läuft für den Rest ihres politischen Lebens als das durch die Landschaft, was die Amerikaner eine lahme Ente nennen, *a lame duck*. Und das ist nichts für eine Frau wie Angela Merkel. Freiwillig steigt die nicht ab. Eher steigt sie aus. Sie hatte ja schon als Kind diese Bergabphobie.

Viele in der CDU stellen sich das inzwischen so vor: Angela Merkel, das Mädchen von Helmut Kohl, die Frau aus dem Osten, durfte in der Katastrophensituation der CDU den Laden zusammenhalten, durfte moderieren und anfangen, ihn neu zu organisieren. Aber sobald dann Geld da ist, ein potenter Bündnispartner und die Chance auf einen Wahlgewinn, werden in der CDU wieder Männer die Macht übernehmen. Am besten der Mann, der am schönsten genau da weitermachen kann, wo Helmut Kohl aufgehört hat.

Für dieses Konzept ist Edmund Stoiber der richtige Kanzlerkandidat. Soll er doch verlieren im Jahr 2002. Dann kann Roland Koch übernehmen und 2006 gewinnen. Stoiber läuft sich auch erkennbar warm. Er reist viel ins Ausland und bezieht eine Repräsentanz am Pariser Platz in Berlin. Wenn die Regierung Schröder überhaupt schwächelt, dann in der Wirtschaft und bei der sehr vorlaut angekündigten Reduzierung der Arbeitslosenzahl. Ein Ministerpräsident, in dessen Bundesland die Wirtschaft boomt und der den effizientesten Regierungsapparat der Bundesländer kommandiert, ist doch dafür der Mann der Stunde. Auch in den Umfragen wollen signifikant mehr Wähler, dass Edmund Stoiber und nicht Angela Merkel gegen Gerhard Schröder antritt. Es läuft also alles auf Stoiber zu.

Wenn man etwas genauer hinschaut, ist das Gegenteil mindestens genauso richtig: In den Umfragen wird ja meistens gefragt, wie viel Prozent wollen, dass Stoiber Kanzlerkandidat wird. Wenn man fragt, wie viel Prozent den Kanzlerkandidaten

Stoiber dann auch wählen würden, sehen die Zahlen schon wieder ganz anders aus. Und sehr ernüchternd für Stoiber.

Edmund Stoibers Position in Bayern und damit auch seine Macht im Bund wird nicht stärker, wenn er die Bundestagswahl verliert. Im Gegenteil: Er gewinnt gar nichts, wenn er verliert.

Angela Merkel dagegen gewinnt alles, auch wenn sie verliert. Sie muss nur ein paar Prozentpunkte mehr für die CDU holen, als Helmut Kohl bei seiner letzten Wahl hatte. Das waren nur 28,4 Prozent, das schlechteste Ergebnis der CDU überhaupt seit 1949. Dann kann sie sagen: Ich habe drei oder vier Prozentpunkte dazugewonnen, zusammen mit der CSU ist die Union nur noch knapp hinter der SPD, also beanspruche ich jetzt den Fraktionsvorsitz. Helmut Kohl hat auch erst ein paar Niederlagen gebraucht ...

Die jüngere Geschichte spricht noch mit einem anderen Beispiel eher für Angela Merkel. Sie hat in einer Talksendung mit Joachim Gauck selber schon mal dezent auf die 16 Jahre hingewiesen, die die SPD in der Opposition verbracht hat, weil sie unbedingt vor jeder Wahl den Kandidaten wechseln musste.

Und falls im Frühjahr 2002 plötzlich doch eine Chance auf einen Wahlsieg besteht? Dann wird sie es erst recht dem Stoiber nicht überlassen können. Dann stehen die beiden wirklich da wie Schröder und Lafontaine im Jahr 1997. Wenn Angela Merkel dann sagt: Ich will, ich möchte Kanzlerkandidatin der Union werden, dann wird die CDU ihrer Parteivorsitzenden folgen müssen. Folgt sie ihr nicht und tritt sie daraufhin zurück, dann wird es die CDU ein paar Monate vor der Bundestagswahl zerbröseln. Und Edmund Stoiber kann aus Bayern allein seinen Wahlkampf machen. Allein gegen den Rest der Welt. Dann ist er derjenige, der den Weg für Roland Koch freigeschossen hat. Dann hat er Angela Merkel auf dem Gewissen.

Und dann, plötzlich, wird großes Lamento sein im Land. Dann werden alle noch einmal den Neuanfang entdecken, den Angela Merkel bedeutet hat, bedeutet hätte. Wie modern die

CDU unter Merkel geworden wäre. Wie diskussionsfreudig. Und auch die Republik wäre ja ganz gewiss ein bisschen anders und besser geworden mit Angela Merkel. Hatte es doch so ausgesehen, als könne auch einmal eine Quereinsteigerin in einer deutschen Partei etwas werden. Eine Frau. Eine evangelische Frau aus dem Osten.

Gerhard Schröder hat aus Respekt vor einem Wahlkampf gegen Merkel inzwischen auf fast jeden neu zu besetzenden Ministerposten eine Frau geholt. In der SPD kann man sich unter dem Eindruck einer CDU-Parteichefin inzwischen auch für das Amt des Bundespräsidenten nichts anderes mehr vorstellen als einen weiblichen Kandidaten.

Eine CDU, die Angela Merkel abgeschafft hat, wird also plötzlich ganz schön alt aussehen mit Roland Koch, auch wenn der 2006 erst 50 Jahre ist.

Sind Angela Merkels Chancen also wieder einmal viel besser, als es aussieht? Steht der nächste Beweis für ihre merkwürdigen Erhaltungssätze bevor? Wenn sie im Sommer 2001 einmal mehr unterschätzt wurde, wird sie dann im nächsten Jahr wieder kräftig überschätzt?

Wie ein Alien ist sie nach zwölfjährigem Dornröschenschlaf aus ihrem staubigen Labor hinter der Berliner Mauer in den westdeutschen Politikbetrieb geschleudert worden. Zu besichtigen war seither die erstaunliche Geschichte von einer, die auszog, die Macht zu lernen. Es ist die Geschichte eines Kampfes. Eines Kampfes zwischen dem idealisierten, vielleicht romantischen Staatsbild, das sich die Menschen hinter der Mauer von der Demokratie gemacht, erhofft und erträumt hatten, und der eher traurigen Wirklichkeit von Staat und Parteien in der real existierenden Bundesrepublik.

Als auf dem Höhepunkt der Spendenaffäre die Verkommenheit des Systems, die Anfälligkeit für Korruption und Machtmissbrauch für jedermann zur Besichtigung ausgestellt war, da projizierte das wieder vereinigte Land in Angela Merkel die

Hoffnung, Staat und Parteien möchten nach dem Ende des Kalten Krieges wieder näher an den Idealstaat heranrücken, an den Staat, den das Grundgesetz gemeint hatte. Das politische Schicksal einer Quereinsteigerin aus dem Osten wurde so zu einer Art Prüfstein für die Regenerationsfähigkeit des politischen Systems. Zur Frage, ob wir in diesem Land angesichts der Spendenaffäre die Grundzüge unserer Demokratie noch einmal miteinander debattieren würden. Oder ob nach der Affäre wieder einmal alles ganz genauso weitergeht im Staate Deutschland wie vor der Affäre.

An Angela Merkels demokratischem Aufbruch konnte und kann man zweierlei erkennen. Das, was Politik eigentlich braucht, um wieder Zustimmung bei den Wählern und vor allem bei der Jugend zu bekommen: authentische, unverbogene, engagierte Politiker, die in ihrem Leben auch schon etwas anderes gemacht haben als Politik. Und das, was die Macht aus den Menschen macht. Und wie viel leichter und sicherer es ist, sich in einem System anzupassen und so zu werden wie alle anderen, als das System zu reparieren.

Wenn Angela Merkel ihre Idealisierung der Demokratie komplett zurücknimmt und sich der Westrealität anpasst oder sich aus der Politik zurückzieht, hat nicht nur sie verloren. Auch das Land hätte verloren. Wenn sie hingegen sichtbar macht, dass sie doch viel lieber die Musterschülerin der Demokratie sein will als nur das schlauste Mädchen aus dem System Kohl, ist der demokratische Aufbruch im doppelten Wortsinn gelungen.

Ihre Gegner sagen, ohne die Spendenaffäre wäre Angela Merkel niemals Parteivorsitzende geworden. Ihre Freunde entgegnen: Richtig. Aber nun ist sie es. Das sei eben wie bei Montserrat Caballé. Die sei damals in New York ja auch nur eingesprungen, weil eine Kollegin sich das Bein gebrochen hat. Und dann begann ihre große Karriere.

Montserrat Caballé, immerhin. Eine Weltkarriere also. Sie

greifen hoch. Jeder Mensch erfindet sich früher oder später natürlich sogar das Ende einer Geschichte, das er für lebenswert hält.

Wenn man andererseits durch die Artikel blättert, die in den letzten Monaten über Angela Merkel geschrieben wurden, dann ist da nicht sehr viel die Rede von Weltkarriere und Montserrat Caballé: Angela Merkel kann es nicht. Sie ist am Ende, bevor sie Gelegenheit für eine erste Bewährungsprobe bekam. Sie hat keinen Führungswillen. Sie beeinflusst die Meinungsbildung in der Partei nicht genug. Sie ist zu ängstlich. Sie geht viel zu viele Kompromisse ein. Sie sollte endlich einmal mehr Durchsetzungsvermögen zeigen. Das alles ist jedenfalls nicht das, was diejenigen erhofft hatten, die sie zur Parteivorsitzenden gemacht haben.

Aber manchmal geht es eben in der Politik, wie im Leben auch, ganz anders weiter, als die geschulten Beobachter es prognostizieren: *Der neue Vorsitzende hat eine Niederlage erlitten, ehe er Gelegenheit bekam, die Bewährungsprobe zu bestehen. Er beherrscht weder die Meinungsbildung, noch zeigt er entschiedenen Führungswillen. Er ist eher zu ängstlich als zu forsch, er geht vorzeitig Kompromisse ein, und er lässt Durchsetzungsvermögen vermissen. Das ist nicht, was diejenigen von ihm erwartet haben, die ihn zum Vorsitzenden wählten.*

Der Leitartikel, den Klaus Dreher im Jahr 1973 für die *Süddeutsche Zeitung* schrieb, trug den Titel *Die CDU im Gegenwind*. Er handelte natürlich nicht von Angela Merkel. Die machte 1973 ja gerade erst ihr Abitur hinter der Mauer in Templin. Er handelte vom neuen, jungen und so überaus enttäuschend schwachen CDU-Vorsitzenden Helmut Kohl.

Der blieb 25 Jahre im Amt.

DANKSAGUNG

Bedanken möchte ich mich bei allen meinen Gesprächspartnern für ihre Offenheit und die Zeit, die sie mir geschenkt haben. Außerdem bedanke ich mich bei Adalbert Zehnder für seine Recherche in Mecklenburg und bei Markus Jauer für die Leipzig-Connection.

Franziska Hirschmann danke ich für ihre Schreibarbeiten, Carola Büchner für das Lesen der Fahnen und Eva Scherwenik, der strengen Hüterin ihres wunderbaren DDR-Archivs, fürs Korrekturlesen. Dorothea Lengert danke ich für das geduldige Abhören und Schreiben der Bänder an vielen Abenden und Wochenenden, für Organisation und Korrekturlesen. Meinen Chefredakteuren Hans Werner Kilz und Gernot Sittner danke ich für ihre Geduld.

Matthias Landwehr danke ich fürs Mitdenken. Vor allem danke ich meiner Verlegerin Siv Bublitz für ihre anfeuernde Begeisterung, für ihre Einwände und Anregungen, für Zuversicht und Kritik.

Und Ingo Hermann danke ich sowieso für alles.

NAMENSREGISTER